A Brief History of Musical Theatre

音楽劇の歴史

オペラ・オペレッタ・ミュージカル

Opera, Operetta, Musical

重木昭信
Akinobu Shigeki

平凡社

音楽劇の歴史——オペラ・オペレッタ・ミュージカル◎目次

目次

はじめに……10

第一章　オペラの誕生（十七〜十八世紀）……13

1　オペラの起源……13

音楽劇の起源／中世の演劇と音楽／ルネサンス文化／宮廷の祭典／オペラの誕生／アリアとレチタティーヴォの分離／ローマとナポリでの展開／ヴェネチアでの展開／初期のオペラ台本／グルックの改革

2　イタリア以外の状況……37

諸外国での受け止め／フランス・オペラの確立／軽喜歌劇の発生／オペレッタの起源／ドイツ語圏の状況／イギリスの状況／バラッド・オペラの流行

第二章　オペラとバレエの黄金期（十九世紀）……53

1　変化する世界……53

王政から共和制へ／科学技術の進歩／芸術家のパトロンの変化

2 黄金期のオペラ……59
オペラ作曲家の生活／著作権の成立／古典オペラ／オペラ黄金時代の始まり／ベルカント・オペラ／イタリア統一／著作権収入／イタリア最後の巨匠
3 フランスとドイツのオペラ……76
革命後のフランス・オペラ／グランド・オペラ／オペラ・コミック座／ドイツのオペラ／ワーグナーと楽劇／バイロイト祝祭劇場／楽劇の終焉
4 十九世紀のバレエ……91
宮廷バレエからオペラ座バレエへ／ロマン派バレエ／古典派バレエ／新オペラ座の完成とバレエの再生
第三章 オペレッタの展開（十九世紀後半〜第一次世界大戦）……100
1 パリ……102
オペレッタの誕生／国際博覧会ブーム／「フォリー」の起源／オペレッタの展開
2 ウィーン……109
ウィーンとワルツ／金の時代／銀の時代／銀の時代の追随者たち

3　ロンドン……120
サヴォイ・オペラ／ギルバートとサリヴァン／エドワード期ミュージカル・コメディ

第四章　アメリカの音楽劇（十九世紀）……132

1　初期アメリカの芸能……132
独立後の経済発展／メロドラマ／パントマイム／バーレスク／ヴォードヴィル／そのほかの芸能／ミンストレルズ／前期ミンストレルズ／後期ミンストレルズの変容

2　オペレッタ……156
輸入オペレッタ／ギルバートとサリヴァンの人気／アメリカ製のオペレッタ／十九世紀のヒット作品

第五章　ミュージカルとレヴューの発生（一九〇〇～三九）……170

1　第一次世界大戦まで……170
ブロードウェイの成立／新しい娯楽の誕生／新しいダンス／アメリカ独自のオペレッタ／エドワード期ミュージカル・コメディの影響／プリンセス劇場ミュージカル／エクストラヴァガンザとヒッポドローム劇場／レヴューの成立／ジーグフェルドの『フォリーズ』／『パッシング・ショー』とシューバート兄弟

2 ジャズエイジの一九二〇年代……191
第一次世界大戦の影響／ジャズの拡散と禁酒法／ラグタイムの導入／ジャズの本格的な導入／
第一次世界大戦後の音楽劇／オペレッタの終焉／編曲者の独立／ミュージカル様式の完成／
『ショー・ボート』／年次レヴューの活況と衰退

3 不況の一九三〇年代……212
不況と技術進歩／歌唱方法の変化／ハリウッドへの転出／社会的視点／
一九三〇年代のヒット作品／新しい作曲家の活躍／パリのエスプリを持ち込んだポーター／
都会風で小粋なロジャースとハート／レヴューを支えたシュワルツとディーツ／
ナチスから逃れたワイル

第六章　台本ミュージカルの時代（一九四〇〜六四）

……226

1 一九四〇年代……226
第二次世界大戦／ミュージカルの録音／全曲盤への挑戦／録音ストライキ／
LPレコードによる全曲盤／ステレオ録音の始まり／『オクラホマ!』と四〇年代のヒット作品／
演劇賞の始まり／台本ミュージカルの踊り／バレエ振付の伝統／振付の発展／振付の保存／
振付と著作権／台本ミュージカルの展開

2 一九五〇年代……250

テレビの普及と映画の大型化／一九五〇年代のミュージカル／新しい作曲家
3　一九六〇年代前半……259
東西冷戦からヴェトナム戦争へ／ポピュラー音楽の変化／一九六〇年代前半のヒット作品／イギリス製ミュージカルの流入／台本ミュージカルを支えた作曲家
第七章　ロック作品とコンセプト作品（一九六五～七九）……270
1　一九六〇年代後半……270
ヴェトナム戦争とカウンター・カルチャー／地域劇団の活発化／オフ・ブロードウェイの新しい波／『ヘアー』／ロック・ミュージカル／マイク使用以前の状況／マイク使用の始まり／ロックによるマイク使用／ワイヤレス・マイク
2　一九七〇年代……287
ヴェトナム戦争の後遺症／ハリウッド・スターの登場／一九七〇年代の作品／ポスト台本ミュージカル／イギリスからの新しい波／振付家の演出への進出／再演ブーム／懐古ブーム
第八章　メガ・ミュージカルの時代（一九八〇～　）……304

1 メガ・ミュージカル……304
ソ連の崩壊とグローバル化／デジタル化の時代／ブロードウェイへの影響／一九八〇年代のヒット作品／メガ・ミュージカル／一九九〇年代のヒット作品
2 映画の舞台化と新しい波……314
映画ミュージカルの舞台への移入／ディズニーの進出／二〇〇〇年代／ジュークボックス・ミュージカル／二〇一〇年代／ラップオペラの誕生／『ハミルトン』
あとがき……325
原題名一覧……357
主要参考文献……360
欧文索引……384
和文索引……407

【凡例】

・人名及び作品名の表記は一般的な慣用に従った。
・日本語の題名が定着していない場合には、内容がわかるように翻訳した。
・巻末に原題名や続演回数を記載した一覧を付した。
・『　』は作品名に、「　」は楽曲名に使用した。
・主要人物には、生没年を記載した。

音楽劇の歴史——オペラ・オペレッタ・ミュージカル

はじめに

音楽劇には、オペラ、オペレッタ、ミュージカルなどがあるが、歌を伴わない作品も含めるならば、バレエや十九世紀のメロドラマ（音楽の伴奏付き演劇）も範疇《はんちゅう》に入る。現在の感覚からすると、音楽劇というのは、純台詞《せりふ》劇に音楽や歌や踊りを挿入したように感じられるかも知れないが、演劇にはもともとこうした要素が含まれていた。

音楽劇は、「音楽」と「劇」で構成されるので、時代や観客に合わせ、音楽の要素が強くなったり、演劇の要素が強くなったりした。今日では、オペラもミュージカルも、作曲家の作品と考えられているが、歴史的に見るならば、出演者の芸を見せる要素が強い時代もあり、台本作家の方が重要と考えられた時期もあった。

現代につながる音楽劇の原点であるオペラは、ギリシャ悲劇の模倣から始まる。中世キリスト教の主題から離れて、ギリシャ神話を手始めに、英雄、歴史などに題材を広げ、十九世紀にはロマン派的な主題や、自然主義的な流れも汲み入れて、同時代の身近な題材を取り上げるようになった。これは絵画、演劇、文学と同様に、神々や英雄ではなく、人間を描くようになったためだ。二十世紀に入ると、音楽劇も純台詞劇と同様に、物語を否定しプロットをなくす実験が行われた。しかし、プロットなしでは主題まで不明確となってしまい、主流とはならなかった。

音楽的には、オペラが出現したのはバロック時代で、古典派、ロマン派、現代音楽と、音楽とともにオペラも大きく変わった。こうした「クラシック音楽」を用いるのがオペラだとしたら、オペレッタやミュージカルは「ポピュラー音楽」を使用している。ポピュラー音楽の大半は歌であり、楽曲には曲名がある。一方、クラシック音楽の器楽曲には具体的な曲名がなく、作品番号で呼ばれることが多い。これは、音楽そのものが抽象的な性格を持っているからだ。現代の抽象絵画に作品番号のような題名が付けられるのに似ている。だから音楽劇も、歌詞や台本よりも音楽性が重視されると、抽象度を増すようになる。そうした作品は、一部のマニアには支持されても、大衆的な支持が得られにくい。

こうしてオペラは、プロットを捨てきれない演劇部分と抽象度を増す音楽部分が、対立しやすい状況となった。二十世紀に入って、「芸術」と「娯楽」が分離したために起きた悲劇である。音楽劇は再演芸術であるため、劇場に人を集めて公演を行う必要がある。特に出演者が多いオペラは、大衆的な人気を得ないと、公演そのものが成り立たたない。芸術性だけでなく商業性も必要なので、二十世紀に書かれたオペラは、上演されない作品が増えてしまった。

それに代わって大衆的な人気を博したのが、二十世紀に登場したミュージカルだ。ミュージカルも、音楽が異なるだけで基本的な構造はオペラと変わらない。ミュージカルは、オペラやオペレッタから引き継いだ伝統的な音楽から、ジャズ、ロックまで幅広く音楽を取り込んだ。音楽に合わせた時代を求めるのではなく、時代に合わせた音楽を使用することで生き延びたのだ。

本書では、音楽劇の歴史を俯瞰して眺めつつ、こうした変化がなぜ生じたのかを概観した。今日では、ミュージカルは「娯楽」で、オペラは「芸術」のように受け止める向きもあるが、興行として考えるならば、オペラも昔は「娯楽」だった。クラシック音楽も、「芸術」である前に「娯楽」だったのだ。

ルネサンス、フランス革命、第一次世界大戦、ヴェトナム戦争などの出来事を通じて、社会だけでなく音楽劇も大きく変わった。本書の狙いは、その変化がなぜ起こったのかを考えることだ。そのため、芸術にとどまらず、政治、経済、社会制度、風俗、技術についても広範に言及せざるを得なくなり、舌足らずな説明も多いが、ご容赦いただきたい。少なくとも、新たな視点だけは提供できたと思うので、忌憚のない批判やご意見を頂けると幸いだ。

第一章　オペラの誕生（十七〜十八世紀）

1　オペラの起源

音楽劇の起源

現在の音楽劇は、クラシック音楽系のオペラとポピュラー音楽系のミュージカルに大別される。公演回数で見るとミュージカルの方が圧倒的に多いが、そのミュージカルも発祥をたどればオペラからの流れを汲んでいる。

オペラはいつ頃に始まったかというと、十六世紀末のイタリアで作られたのが最初といわれている。ルネサンス末期に、古代ギリシャ劇を復活させる試みから誕生した。そこで、オペラの基となったギリシャ劇から音楽劇をたどってみることにする。ギリシャ劇よりも前に音楽劇は存在したかも知れないが、文字による記録がなく存在が確認できないので、音楽劇の起源はとりあえずギリシャ劇ということにしておく。

紀元前五世紀頃のギリシャで、主に神話的な題材を劇化したのがギリシャ悲劇だが、「コロス」と呼ばれる合唱隊が、物語の進行を説明するとともに、主人公の感情を代弁して、劇中でコーラスを歌ったことが知られている。当時の俳優は全員男性で、合唱隊も男性だった。合唱隊の人数は時代とともに変化したが、最も多い時期には五〇人程度。経済的な理由などからだんだんと減って、少ない時期には一〇人程度になったらしい。どのような音楽が使われたかは、当時の記譜法が文字による複雑な表記法だったので、正確にはわからないが、簡単な伴奏楽器により、全員がユニゾンで同じ旋律を歌う形式だったと推測されている。もちろん、和声などは知られておらず、何らかの旋法による旋律だったと思われる。旋法というのは、旋律を作る際に使用する特定の音階を定めたもので、現在一般的に使われているハ長調の「ドレミファソラシド」というのも中世の教会旋法から派生したものだ。日本にも民謡音階や都節《みやこぶし》音階などが存在するが、古代ギリシャにおいては、数学者として有名なピタゴラスが数学的に解析して音階を定めていたことが知られている。

ギリシャ劇は、半円形のすり鉢状の劇場で上演された。半円の直線部分中央に舞台があり、すり鉢の底の部分は「オルケスラー」と呼ばれる円形の平土間となっていて、その部分で合唱隊は歌い、時には踊ることもあった。現在の劇場で平土間席を「オーケストラ」と呼ぶのは、その名残だ。楽団を「オーケストラ」と呼ぶのも語源は同じで、オペラ発展の過程で平土間部分に楽団が置かれた時から、そう呼ばれるようになった。

ギリシャ風の劇場は、紀元前四世紀のアレキサンドロス大王の大遠征で、ヘレニズム文化とともに東方へ伝わったため、現在でも石造りの劇場が世界各地に残されている。この劇場形式の伝統は、ローマ時代にも継承され、各地にギリシャ風の劇場を残した。

ギリシャ劇には、悲劇だけでなく、アリストファネスの『女の平和』のような喜劇も存在した。悲劇では合唱隊が重要な役割を果たしたが、喜劇においては、一部で合唱隊が使用されたものの、重要な役割は果たさなかった。イタリアにおけるオペラは、このギリシャ悲劇の合唱隊を復活させる試みから始まったことが知られている。

古代ギリシャ文明は、紀元前二世紀にローマとの戦いに敗れて滅びた。ギリシャ劇の伝統はローマ劇へと引き継がれるが、合唱隊はほとんど使用されなくなる。ローマ演劇はギリシャ劇の翻訳から始まるが、ローマ人が演劇よりも格闘技などを好んだことや、当初は多神教だったローマで、四世紀にコンスタンティヌス皇帝がキリスト教を公認したことから、キリスト教的な観点での批判を浴びて、見世物や演劇は消滅してしまった。

中世の演劇と音楽

キリスト教会は、娯楽的な演劇には無関心だった。そのため、五世紀の西ローマ帝国の滅亡後には、演劇はスポンサーを失い伝統が途切れてしまう。民衆の演劇としては、旅回り劇団が観客を求めて公演して回るようになるが、記録が残されていないため、正確なところはわからない。

その後の十世紀頃となると、キリスト教会の中で布教のための演劇や音楽劇が演じられるようになる。教会ではキリストの誕生、受難、復活などをテーマにした宗教的、儀式的な演劇が演じられ、劇中では物語を説明するため、また祈りのために歌が挿入された。当時の教会内で使われた音楽は、教皇グレゴリウス一世が七世紀前後にまとめさせたとされる、単旋律のグレゴリオ聖歌が中心だった。グレゴリオ聖歌は、各地方の教会で独自に発展しつつあった聖歌を整理してまとめたもので、歌詞はラテン語による祈りが中心だった。

教会における音楽は、十一世紀頃から多旋律を組み合わせた多声の複雑な音楽となっていく。最初は同一の旋律が四度または五度の音階で並行して歌われる単純な並行多声であったが、記譜法の拡充に伴い、リズムの異なる多旋律を組み合わせた複雑な対位法による音楽へと発展した。グレゴリオ聖歌のように一つの旋律で歌われる単声音楽は「モノフォニー」と呼ばれ、多声による多旋律音楽は「ポリフォニー」と呼ばれている。

キリスト教会で演じられる宗教劇は、キリストの生涯を描く音楽劇であったが、ラテン語で演じられたために一般大衆には難解で、大衆にもわかりやすい上演形式が求められたため、十五～十六世紀には各国の俗語で演じられる「聖史劇」が成立した。聖史劇の扱うテーマはもちろん宗教的なもので、キリストの生涯だけでなく宗教的な奇跡も描かれたが、次第に滑稽な場面や付帯的なエピソードが盛り込まれて、大掛かりで娯楽的な作品となったため、教会はこうした演劇の上演を禁止してしまう。

一方、十世紀以降には教会以外の世俗的な音楽も登場した。最初は神学校の学生や下級聖職者などが、ラテン語で恋愛歌、風刺歌、戯れ歌などを歌っていたが、それが次第に発展して、十二世紀頃の南フランスでトルバドゥールと呼ばれる「吟遊詩人」が誕生した。吟遊詩人は、身分的には騎士で、封建君主の城に出入りする教養人として扱われ、理想とする貴婦人への想いを自作自演で歌った。南フランスのトルバドゥールは、北フランスでトルヴェールとなり、ドイツに伝わるとミンネゼンガーとなった。このような吟遊詩人を描いたオペラには、ヴェルディの『イル・トロヴァトーレ』や、ワーグナーの『タンホイザー』がある。こうした、騎士的なトルバドゥールのほかにも、放浪しながら物語を語る下層階級出身の大道芸人ジョングルールや、特定の王に仕えたジョングルール出身のミンストレルも、日本語では一様に「吟遊詩人」と呼ばれるので注意が必要だ。

十四世紀に入ると騎士道の時代は終わり、ドイツのミンネゼンガーの伝統は、手工業職人たちが組合を作って歌うマイスタージンガーの時代へと移る。マイスタージンガーの中で、最も有名だったハンス・ザックスを描いたのが、ワーグナーの『ニュルンベルクのマイスタージンガー』である。

吟遊詩人の歌のほかにも、農民らが祭りなどの場で歌う民謡的な世俗音楽があったことが知られており、これらは単声の音楽で、簡単な楽器の伴奏で歌われた。十二〜十三世紀頃には封建領主の城でも、こうした世俗的な音楽を使い、歌や器楽、踊りなどの入った世俗的な題材の音楽劇が上演された。

ルネサンス文化

十世紀前後にコンスタンティノープルを中心とする東ローマ帝国は最盛期を迎えるが、十一世紀に入ると東からセルジューク朝トルコの侵略を受けて、現在はトルコとなっているアナトリア半島を失ってしまう。そのために東ローマ帝国皇帝は、ローマ教皇に対して救援を依頼し、数次にわたる聖地回復のための十字軍が十一〜十三世紀に派遣された。

こうして期せずして生じた東西文化の交流の中で、東ローマ帝国で伝承されてきたギリシャ文化や、それを引き継いだイスラムの最新文化を知る多くの知識人が、十字軍派遣の出発拠点となったイタリアへ移り住んだ。これらの知識人が古代ギリシャ文化を伝えたことにより、イタリアでは古代文化を再評価するルネサンスが興り、その動きはほかの国へも伝わった。

イタリアの中でも、強い経済力で文化を保護したメディチ家のお膝元フィレンツェが、ルネサンスの中心となった。美術分野では、十四世紀からチマブーエやジョットが先駆的な作品を描くが、十五世紀に入るとドナテッロ、マザッチョ、フィリッポ・リッピ、ボッティチェリらが登場して、十六世紀の盛期ルネサンスではダ・ヴィンチ、ミケランジェロ、ラファエロらが、北方ルネサンスではクラナッハ、ブリューゲルらが活躍する。

文学の世界では、ラテン語ではなく各国の俗語を用いた文学が登場する。十四世紀のイタリアではダンテの『神曲』やボッカチオの『デカメロン』が、イギリスではチョーサーの『カンタベリー物語』が書かれた。また、十六世紀にはマキアヴェリの『君主論』のような思想的な本も刊行されるようになる。こうした初期の文学作品は、各国語の表記の規範を定め、正書法を確立する役割を果たした。

演劇の世界では、少し遅れて十六世紀後半から十七世紀中頃にかけて、シェークスピアを中心とするエリザベス朝演劇がイギリスで盛んになる。しかし、イギリスのエリザベス朝演劇は、一六四二年の清教徒革命により劇場が閉鎖されて消滅する。スペインはレコンキスタ（イスラムからの国土回復運動）後の十五世紀末にアメリカ大陸を発見し、中南米から持ち帰った大量の金により、十七世紀までの黄金世紀を迎え、美術界にエル・グレコ、ベラスケス、ムリリョが登場して傑作を残すほか、文学では『ドン・キホーテ』のセルバンテス、演劇ではロペ・デ・ベガなどの劇作家を生む。しかし、中南米の金を掠奪し尽すと、文化や演劇も下火となる。

ルネサンスでは、ギリシャ時代の美術などが再評価されたこともあり、絵画の主題もキリスト教一辺倒ではなく、世俗的な主題や、ギリシャ時代の神々を描くような絵画が登場する。ボッティチェリの『ヴィーナスの誕生』や『春』などの作品を思い浮かべれば、キリスト教以外に主題が広がったことが具体的に理解できる。

こうして、一般大衆にも理解しやすい各国の俗語による物語や演劇、世俗的な主題の絵画などが登場すると、それまではラテン語しか認められなかった聖書の翻訳や、祈りの言葉、聖歌の歌詞などに、世俗的な言葉を使いたいという大衆の要望が高まった。そのため、神と人間との間に教会を位置付けたカトリックに対して、各国語に翻訳された聖書や祈りによって、神と直接に結びつこうとするプロテスタントが北方で登場した。

プロテスタントの動きは、グーテンベルクが十五世紀半ばに発明した活版印刷機により、瞬く間に広がり、どちらの信仰を取るかという領主たちの長い争いの時代に入る。結局、ヨーロッパ南部を中心とするカトリック勢力と、北部を拠点とするプロテスタント勢力は、一六四八年のヴェストファーレン条約で講和するまで三〇年戦争で争い続けた。

宮廷の祭典

ルネサンス期には、経済力を持つ地域の名門貴族、王族などがスポンサーとなり、婚礼などの祝いごとのイベントとして、様々な催し物が行われるようになる。有名なのは、十六世紀半ばにフィレンツェのメディチ家の婚礼で行われた祝祭イベントだ。婚礼のイベントは一日中続くが、その一部として結婚を祝う音楽劇や踊りなども挿入された。劇の主題はキリスト教的なものではなく、世俗的なものが中心だった。

メディチ家の婚礼ではイベントが付き物だったので、メディチ家の娘カテリーナが一五三三年にフランス国王のアンリ二世に嫁いだ時に、イタリアから劇団を連れて行き、フランスの王宮でもイタリア式の音楽劇が演じられるようになった。こうしてフランスの演劇は、音楽や舞踊を取り入れ、踊りと演劇を融合して、後にバレエを生み出す。メディチ家では、一五三九年のコジモ一世とスペインのエレオノーラとの婚礼、一五八九年のフェルディナンド一世とフランスのクリスティーヌとの婚礼などでも、大イベントが開催された。

フランスでは、アンリ三世の時代に、王妃ルイーズの妹マルグリット・ヴォードモンの婚礼に際して、『王妃のバレエ・コミック』（一五八一）が演じられた。バレエ・コミックという題名となっているが、コミックという名称は喜劇的という意味ではなく、物語のあるバレエという意味で、『オデュッセイア』に出てくる魔女キルケを題材に、歌や踊り、パントマイムで構成されていた。こうした作品が、フランスの音楽劇やバレエを方向付ける。

アンリ四世の時代にも、一六〇〇年にメディチ家からマリアが嫁いでおり、フランス宮廷にイタリア文化を持ち込んだ。フランスでは国内を統一し、絶対王政を強固なものとするために、王宮への求心力を働かせる必要があり、こうしたバレエ劇などで人気を集めることが求められた。このような音楽劇の流行はイギリスにも伝わり、イギリスではマスクと呼ばれる仮面劇が演じられるようになる。

オペラの誕生

フィレンツェで興ったオペラの創作活動は、前述のようなルネサンス期の社会的な背景の中で理解する必要がある。以前は宗教的なテーマの演劇が教会で上演されたが、盛期ルネサンスの十六世紀に入ると、裕福な貴族や商人たちがスポンサーとなり、世俗的な主題の演劇がラテン語ではなく各国の俗語により演じられるようになる。こうした演劇は田園的な庶民の生活を描くものが多かったので、「牧歌劇」と呼ばれた。牧歌劇にも、教会の宗教劇と同様に、独唱や合唱曲が取り入れられた。

ルネサンスの中心的時期は十五〜十六世紀であり、美術の世界は十七世紀にはバロックへと変わる。そうしたルネサンス最後の時期にオペラは誕生する。フィレンツェでギリシャ文化について研究していた好事家《こうずか》たちが集まり、ギリシャ時代の音楽劇を再現しようとする。一五八五年にはギリシャ時代を模した劇場が作られて、ソフォクレスの『オイディプス王』が上演された。しかし、これにはコロスと呼ばれる合唱隊の歌が欠けていた。ギリシャ劇にはコロスによる合唱曲が挿入されることは知られていたが、ギリシャ時代の音楽がどんなものだかわからないため、再現できなかったのだ。そこで、ルネサンス時代の音楽で代用して、コロスを再現しようとする試みが行われた。

それでは、ルネサンス時代の音楽とは、どのようなものだったのだろう。教会で発達した西洋音楽は、七世紀頃から単旋律のグレゴリオ聖歌が歌われていたが、九世紀頃には記譜法が誕生して二声による音楽が登場し、徐々に複雑さを増し、十三世紀には四声の曲が作られるなど多声化が進み、リズムも二拍子、三拍子などが表せる記譜法の改善が進む。そしてルネサンス期になると、和声的な響きを持つ合唱曲も作られるようになった。

ルネサンス期の教会では、もちろん宗教的な曲が歌われたが、そうした宗教曲は民謡や世俗的な曲から旋律を借用して、それを展開するような作曲技法が使われていた。このような様々な試みの中から音楽理論が確立され、専門の作曲家の手により、対位法を使ったカノンやフーガのような曲が書かれるようになる。

十六世紀には多くの新しい楽器も出現する。弦楽器に加えて鍵盤楽器が登場、声楽曲だけでなく器楽曲も作られ、同時に宗教に関係しない世俗的な曲も流行するようになった。十六世紀における音楽の中心地はイタリアであり、その頃には明確に和音が認識されるようになる。このような音楽的な環境の中で、オペラは誕生した。

音楽劇で歌を入れるとなると、その歌詞が十分に聞き取れないと、物語の理解に支障をきたすため、歌詞を明瞭に伝える工夫が必要になる。その点、当時発達していた対位法的な音楽形式を用いると、多声が同時に異なった旋律やリズムで歌唱するために、歌詞の内容を伝えるという点では問題があった。演劇を構成する、会話や独白などの台詞《せりふ》を音楽的に表現するには、多声を利用する対位法的な作曲技法では対応できなかったのだ。

そこで、歌詞を明瞭に伝えるために、単声で旋律を歌い、それに対して伴奏を付けるという方法が採用された。これは「モノディ」と呼ばれる音楽形式で、当時の伴奏の付け方は、和音の基音となる低音を楽譜上に記載して、奏者が即興で和音を付ける形だった。この方法は「通奏低音」と呼ばれて、この時代に新たに出現したチェンバロなどの楽器が通奏低音用の楽器として用いられた。通奏低音という名前からは、低音が連続的に聞こえてくるような印象を受けるが、その意味するところは、「途切れなく演奏が続けられる和音」という意味で、和音の表記にその基音となる低音が用いられたことから、こうした名称となっている。

通奏低音を伴う「歌」は、旋律として音楽的要素を持つ一方、物語を展開するための台詞としての役割もあり、その両方の性格を有した。ルネサンス時代の人々は、古代ギリシャのコロスを、言葉とリズム、旋律が一致したものだと考えて、こうしたモノディを発明したのだ。

初期のオペラはこのような考え方で作られたため、オペラの歌は音楽と台詞の両義性を後々まで持ち続けることになる。そのために音楽劇は、ある時代には台詞的な部分が強調されて演劇的な性格が強くなり、また別の時代には音楽的な性格が強調されながら発展していくこととなった。

こうしたモノディ形式の音楽により最初に作られたオペラ作品は、ヤコポ・ペーリ作曲の『ダフネ』であり、フィレンツェの芸術愛好家グループが一五九八年に上演した。この作品の楽譜は残っていないために、実際にどんな音楽だったかは、現在では想像するしかない。題名からわかるとおりに、描かれた主題はギリシャ神話を題材としており、アポロンがニンフのダフネに恋する話となっている。

一六〇〇年に上演された『エウリディーチェ』(ペーリ及びカッチーニ作曲)は、現在も楽譜が残っていることから、しばしば最古のオペラと呼ばれる。この作品は、メディチ家のマリアがフランス国王アンリ四世と結婚した折に、メディチ家の別邸で上演された。この作品も題名から明らかなようにギリシャ神話を題材としている。蛇にかまれて亡くなった妻エウリディーチェを深く愛していたオルフェオが、冥界まで行って妻を取り戻そうとする話で、ある意味、結婚にふさわしい題材かも知れない。

アリアとレチタティーヴォの分離

初期のオペラで使われた音楽は、コロスの果たした役割をルネサンス風に再現したモノディ形式の曲が中心であったが、次第に、物語の山場やフィナーレには、舞台を盛り上げるために、より旋律的で繰り返しを含む独立した歌が書かれるようになり、「アリア」として定着する。

アリアは、盛り上がった場面における感情表現や、心情吐露のために用いられた。一方、アリアだけでは物語が進行しないので、物語を進めるための説明的な台詞も必要となり、アリアに比べると旋律的ではなく狭い音域でしゃべるように歌う「レチタティーヴォ」も登場する。アリアは次第にオーケストラによる豪華な伴奏が付くようになり、レチタティーヴォはチェンバロなどの通奏低音楽器による簡単な和音伴奏で歌われた。

このようにアリアとレチタティーヴォが分離する中で、コロス風の合唱は次第に減少し、独唱で歌われるアリアが発展して、同じ旋律を異なる歌詞で繰り返して歌う有節形式のアリアや、繰り返しのない通作形式のアリアなどが確立した。

初期オペラのレチタティーヴォは、「乾いた（飾り気のない）」という意味のレチタティーヴォ・セッコと呼ばれて、通奏低音楽器による簡単な伴奏だけで歌われたが、後にオーケストラの伴奏が付くようになると、「伴奏付き」という意味でレチタティーヴォ・アッコンパニャートと呼ばれるようになる。「セッコ」の方が古い形であり、モーツァルトやロッシーニ初期の作品にも残されている。

オペラにおいて、モノディで歌われる台詞の中から、より旋律的で独立したアリアを明確に位置付けたのは、マントヴァの宮廷音楽家だったクラウディオ・モンテヴェルディ（一五六七〜一六四三）の『オルフェオ』（一六〇七）だった。モンテヴェルディは、医者の息子として生まれたが、音楽を学び、マントヴァの公爵の下で楽師となり作曲にも励んだ。一六〇〇年頃に公爵家の楽長となり、ちょうどその頃フィレンツェで始まったオペラを作曲するようになる。『オルフェオ』でモノディ形式のアリアを書き、オペラの基礎を作った。この『オルフェオ』も題名からわかるとおりに『エウリディーチェ』と同じ話。オペラはギリシャ劇の再現の試みから始まったので、当初は描かれる題材もギリシャ神話が中心だった。

モンテヴェルディらの活躍により、アリアとレチタティーヴォが確立され、その誕生から一〇年で、オペラを構成する基本要素が揃ったことになる。この時のオーケストラは三〇人近い編成で、ほぼ現在のオペラの原型が整っている。モンテヴェルディは、仕えていた公爵が亡くなったのを機にマントヴァを離れて、一六一三年にヴェネチアのサンマルコ大聖堂の楽長となる。大聖堂の仕事のかたわら、オペラを書いてイタリア各地で上演した。有名な作品としては『オルフェオ』のほかに、『タンクレディとクロリンダの戦い』（一六二四）、『ウリッセの帰還』（一六四一）、『ポッペアの戴冠』（一六四二）がある。

ローマとナポリでの展開

フィレンツェから始まったオペラは、たちまち人気が出て、ローマ、ナポリ、ヴェネチアなどでも盛んに上演されるようになる。この時代のイタリアは、一つの国家として統一されてはおらず、各地域で異なった個性を有していたことから、それぞれの都市で、オペラに異なる要素が付け加えられた。

ローマは、文字どおりローマ教皇のお膝元なので、当然にキリスト教的な色彩を帯びた作品が上演されるようになる。当時は、聖書の教えに従い（実は誤って解釈されていたらしいが）教会内で女性が歌うことが禁じられていたので、聖歌隊で高い声部を担うのは変声期前の少年だったが、クレメンス八世が公式に認めたことにより、一五九九年に大人の去勢歌手（カストラート）が聖歌隊に正規に加わった。カストラートとオペラの誕生の時期が一致していたこともあり、ローマでは、キリスト教的な題材だけでなく、カストラートの要素も付け加えられた。

去勢文化は、イスラム圏から伝えられた。イスラム宮廷では、ハーレム維持のために宦官《かんがん》が採用されており、イスラム文化の影響を受けたビザンチン教会や、イスラム期のスペインを通してローマにも伝わった。当初は病気の治療や予防のために去勢が行われたが、十六世紀末にカストラートが聖歌隊に加わったことから、音楽目的での去勢も行われるようになった。

音楽目的で去勢するというのは、人生を賭けての決意なので、立派なカストラート歌手となって稼げるように、きちんと教育する必要があった。その教育で大きな役割を果たしたのがナポリの音楽院で、多くのカストラート歌手を育てた。現在でも声楽の教科書として使われるソルフェージュは、カストラート歌手を育成するための、体系化された教育法として発展した。

十七世紀のナポリはスペインの支配下にあり、十八世紀にはオーストリアやスペインなどの支配を受けるが、有名な音楽院があり、歌手や音楽家も多かったことから、宮廷や劇場でのオペラ公演は活発だった。ナポリでは、神話的な世界や歴史上の英雄を描くオペラ・セリア（正歌劇）だけでなく、喜劇的な要素を付け加えて世俗的な世界を描くオペラ・ブッファ（喜歌劇）の創作が盛んになる。そして、このオペラ・ブッファが、後のコミック・オペラやミュージカル・コメディのルーツとなっていく。オペラ・ブッファは、イタリアの大衆的な喜劇だったコメディア・デラルテ（十六世紀に興った即興喜劇）から、多くの影響を受けたといわれている。

ローマとナポリが生み出したカストラート歌手は、初期オペラの段階から重要な役を演じた。先のモンテヴェルディの『オルフェオ』においても、エウリディーチェ役のほか擬人化した「音楽」「希望」などがカストラート歌手によって演じられている。十七〜十八世紀には技巧的な歌手が望まれたので、カストラートによる力強い高音の歌唱に人気が集まった。従って、アリアにおけるオーケストラの伴奏は、歌唱を邪魔しないように控えめに行われるのが一般的だった。また、歌手が得意芸を披露するために、物語とは関係のない自分の持ち歌を勝手に挿入することもよく行われた。このように、初期のオペラでは、作品よりも歌手の個人芸が優先されたが、歌唱技術を競う中で歌唱法が確立して、現在もオペラ歌手の基本となっている、ベルカント唱法が誕生する効果もあった。

カストラート歌手の全盛期は十七〜十八世紀で、当時のオペラでは、主演の男性役、女性役の両方をカストラートが演じることも多かったが、十九世紀に入るとナポレオン一世が嫌ったこともありカストラート歌手はほとんど姿を消した。最も有名なカストラート歌手は十八世紀に活躍し、スペインのフェリペ五世の専属歌手となったファリネッリである。彼の生涯は映画『カストラート』（一九九四）に描かれている。

現在では十九世紀のオペラ作品が多く上演され、十七〜十八世紀の作品が上演機会に恵まれないのは、音楽的な好みが現代人に合わないことや楽譜があまり残っていないこともあるが、カストラート歌手向けに書かれた作品が多いため、カウンター・テナーと呼ばれる裏声を駆使する歌手でないと歌えないことの方が大きいかも知れない。

ヴェネチアでの展開

ヴェネチアは、ローマやナポリなどと異なり、地中海地域の海上交易で発展した商業都市であり、十八世紀末にナポレオンに侵略されるまでは、長く共和国だった。そのため、オペラも宮廷ではなく一般市民の娯楽として受け入れられた。だから、ヴェネチアで一般市民に開放された商業的なオペラ劇場が一六三七年に建てられると、たちまち人気を呼び、小さな街に多くのオペラ劇場が立ち並んで、六つのオペラ・カンパニー（劇団）を有するようになった。

ヴェネチアは、敵の攻撃から町を守るために河の中州に作られたので、土地はもともと限られており、劇場も小規模だった。これらの劇場は裕福な商人や貴族が商業目的で建てたので、小さな劇場で収益を確保するために、いろいろな工夫をせざるを得なかった。後に影響を与えた工夫は三つある。一つは合唱の縮小や廃止だ。オペラはもともとギリシャ悲劇の合唱隊コロスをモデルにして作られたので、合唱は重要な要素だったが、アリアが重視されるようになると、人数の多い合唱隊はコスト高なうえに、狭い舞台では合唱隊を乗せきれないため、合唱のない作品も書かれるようになった。

二つ目の大きな変更は、楽団の占める場所だ。宮廷の一室などでのオペラ上演では、舞台の後ろまたは横での楽団演奏が一般的だったが、ヴェネチアの劇場では狭い舞台に楽団員が乗りきらないため、舞台前の平土間で演奏させるようになった。ギリシャ時代の劇場でオーケストラと呼ばれた場所に楽団が置かれたのだ。この形式は現在のオペラ劇場の基本形式として残っている。

三番目の変更は、スペクタクルな舞台装置の導入だ。絵画の世界の遠近法はルネサンス期から模索が続けられていたが、その手法が確立するのはルネサンスも後期になってのことだ。オペラの舞台の背景は、平面的な背景から始まり、十七世紀中頃には遠近法による奥行きを感じさせる背景画が描かれるようになる。また、遠近法の利用だけでなく、機械仕掛けによりスペクタクルな舞台演出が行われるようになった。当時のオペラの題材はギリシャ神話などが多かったので、神々が舞台上に吊るした雲の中から登場する演出がブームとなった。

こうした初期のオペラ劇場は、現在も残る古典的なオペラ劇場と同じく馬蹄形の劇場であり、馬蹄形に並ぶ四〜五層のボックス席と平土間席が用意されていた。ボックス席は貴族や裕福な商人が使用権を持ち、庶民は平土間で立ち見するのが一般的だった。この劇場の構造は、ギリシャ時代の劇場に範をとったもので、基本構造は、中央に円形の平土間があり、その一方に舞台がある。平土間を囲むボックス席が作られたのはこの時で、平民と金持ちや貴族などが交じり合い、肩を触れ合って観ることがないよう工夫したものだ。平民と貴族は同じ舞台を観ることができたが、席は分かれていて通常は入り口も別だった。そのため、現在もボックス席と平土間席の入り口が別という古い構造を残しているオペラ劇場もある。なお、舞台と客席とを区切るプロセニアム・アーチと呼ばれる額縁状の仕切りを作ったのは、これよりも早い十六世紀のことで、『芸術家列伝』（一五五〇）を書いたジョルジオ・ヴァザーリの考案とされる。立ち見が一般的だった平土間の前方に椅子が置かれるようになるのは、時代が下ってからだ。馬蹄形の最上階はボックス席ではなく立見席となっていて、ここは、貴族の従者などのための場所だが、ヴェネチアではゴンドラ漕ぎにも開放されていたため、新作のオペラの主題歌を、翌日にはゴンドラ漕ぎたちが歌ったという。

劇場の中で観客たちがどのようにオペラを観たかといえば、ボックス席に陣取った貴族たちは、飲み食いしたり、ゲームをしたりしながら舞台を観るといった具合で、舞台に注意を払うのは、アリアが歌われる時ぐらいだった。平土間の一般庶民にとっても、オペラは気晴らしの娯楽だったので、おしゃべりして騒ぎながら舞台を観ていた。彼らの一番のお目当てはスペクタクルな舞台だった。また、十八世紀までは、劇場の照明はロウソクに頼っていて、公演が始まっても、客席の照明は点灯されたままであり、暗くならなかったので、舞台に注意を集中することはなかった。

こうした観客を前に、出演する歌手も自分の歌に注意を向けさせようと、どんどんと技巧を凝らした歌い方をするようになった。やがて、オペラは歌手の超絶技巧を競う場となってしまう。当時の観客も技巧的な歌手を求めたため、スター歌手の出演料は製作コストの過半を占めるようになり、歌手たちも収入増を目指して技術を磨いた。自分の技量を見せる場面の確保は、歌手にとって死活問題だったので、主役級や助演級歌手たちのアリアの数は厳格に定められ、作曲家はその数さえ自由に決めることができなかった。

また、当時は記譜法が完全ではなかったこともあり、通奏低音が即興で展開されたように、歌手は譜面どおりにではなく、好きな装飾を付けて自由に歌い、自分の魅力を見せることに専念した。能力を十分に発揮できない曲が与えられた場合には、歌手はその変更を作曲者に求めたり、極端な場合には、お気に入りの曲に勝手に差し替えて歌ったりすることもまかり通っていた。作曲家が、こうしたことを嫌って、装飾的な部分まで全部楽譜に書き込むようになるのは、十九世紀の初頭のロッシーニあたりからだ。

初期のオペラ台本

十七〜十八世紀のオペラは、アリアを中心に構成され、物語はレチタティーヴォにより展開するという形式を確立するが、一方で、作品の物語展開やドラマ部分は弱く、そうした観点からの批判も出てくる。また、オペラの台本はすべてイタリア語の韻文詩で書かれる必要があり、アリアの数などの細かな制約も多かったために、当時は作曲よりも台本の方が難しいとみなされていた。

実際、こうした多くの制約の下、優れたオペラ台本を書ける作者は限られており、人気作家の台本は、多くの作曲家によって何度も曲が付けられるという状態だった。多くの台本が荒唐無稽な物語であった時代に、正歌劇の優れた台本作家として知られたのはピエトロ・メタスタジオ（一六九八〜一七八二）だ。メタスタジオは、十八世紀の中頃に活躍して正歌劇の台本を三十数本も書き、当時最も人気が高かった。父親はローマで食料品店を営んでいたが、メタスタジオは少年時代から即興詩の創作で才能を見せたので、教養のある弁護士が後見人となり、彼に教育を与えた。その後はナポリへ出て、法律事務所で働きながら詩作を行うようになる。一七二二年に依頼を受けてオペラ台本を書いたところ好評で、法律事務所を辞めてオペラ台本の創作に専念し始める。

しかし、オペラ台本では売り切り収入しか得られないため、生活は安定しなかった。そこで、一七三〇年にウィーンの宮廷詩人の口がかかると、ウィーンへ移り、オペラ台本を書くかたわら、王室内での古典教育を受け持った。ウィーンの宮廷詩人だったこともあり、メタスタジオの正歌劇の台本は、当時の規範となり、多くの作曲家がその台本に曲を付けた。『皇帝ティートの慈悲』（一七三四）などは、モーツァルトも含めて四〇人もの作曲家により曲が付けられた。このほかに有名な作品として、『オリンピーアデ』（一七三三）、『デモフォンテ』（一七三三）などがある。

当時のオペラは、カストラートが声の曲芸を競い合うようなこともあったが、メタスタジオは、歌手の出番を考慮しつつ、台本をまとめ上げる手腕に優れていた。台本によりカストラートの暴走を止めようとしたのだが、カストラートとは険悪な関係にはならず、有名なファリネッリとは長く親交を結んでいた。

グルックの改革

メタスタジオは当時の制約下で見事な台本を書いたが、スター歌手たちの曲芸的な歌を聴かせるようなオペラは健全ではないとして、ドラマとしてのオペラを回復し、物語を音楽で支えようと考えたのが、作曲家のクリストフ・ヴィリバルト・グルック（一七一四〜八七）だった。グルックは、ドイツのバイエルン地方の生まれだが、チェコで育ちプラハ大学で音楽を学んだ。チェコの貴族に音楽家として仕えるが、イタリアの貴族に認められてミラノで本格的にオペラを学び、初めてのオペラを一七四一年にミラノで上演した。それ以降、各地のオペラ劇場で作品を発表するようになり、金持ち商人の娘と結婚してウィーンに居を定める。宮廷詩人だったメタスタジオの台本で何作か作曲したところ、ウィーン宮廷のマリア・テレジアの目に留まり、宮廷劇場の音楽監督となる。

その頃にグルックはオペラ改革の必要性を認識する。一七六一年に台本作家ラニエーリ・デ・カルツァビージと知り合い、彼の台本で改革を進めたグルックは、行きすぎた声の曲芸をあらため、ドラマ中心のオペラに戻そうと努力した。この時代の代表作の『オルフェオとエウリディーチェ』（一七六二）は、お馴染みのギリシャ題材だ。この作品では主演のオルフェオ役はカストラート歌手が演じたが、相手役のエウリディーチェには女性ソプラノ歌手が起用されて、不自然な配役を解消した。ほかの有名作品には『アルチェステ』（一七六七）、『オーリドのイフィジェニー』（一七七四）などがある。

グルックは、宮廷でマリー・アントワネットの音楽教師も務めていたので、一七七〇年にマリーがルイ十六世と結婚すると、その後押しにより一七七四年にパリ公演を行い、大成功を収めた。グルックは自作品をフランス語でも上演するが、グルック支持派と、イタリア・オペラのニッコロ・ピッチンニ支持派の間で、「グルック・ピッチンニ論争」が起こり、それに巻き込まれてしまう。

一方、グルックがオペラ・セリアの改革を進めようとする間に、オペラ・セリアの人気は低下して、人々の関心はオペラ・ブッファへと移り始めるので、改革は空振りに終わったきらいもある。彼は主にオーストリアで生活したが、書いたオペラはほとんどがイタリア語の作品であり、晩年のフランス公演だけがフランス語で、母語ドイツ語の作品はない。一方、イタリア・オペラのスタイルを維持したまま、ドイツ流の管弦楽を取り入れたという点では先駆者となった。

グルックのこうしたオペラ改革は、一つにはメタスタジオの巧みなドラマ展開に影響されたこともあるが、イタリアの哲学者フランチェスコ・アルガロッティの書いた『オペラ論』（一七五五）にも影響を受けた。アルガロッティは、「音楽や美術などのすべての要素はドラマに奉仕し、それを補強する役割なので、理性や常識からかけ離れるべきではない」と主張していた。

また、バレエの世界でも、フランスのジャン゠ジョルジュ・ノヴェールが、『舞踊とバレエについての手紙』（一七六〇）の中で、物語性を重視するバレエ・ダクシオンの考え方を打ち出すので、そこからも強い影響を受けた。ノヴェールは、一七五五年からロンドンでバレエの振付を担当していたが、その地でパントマイム版のギリシャ劇を観て、バレエにもそうしたマイム的要素を取り入れて物語らせようと考えた。そうして、一七五七〜六〇年にパントマイムを取り入れた、一貫した物語のあるバレエ作品を作り出した。作曲家グルックは台本作家カルツァビージと組み、バレエ・ダクシオンの考えに基づくバレエ・パントマイム『ドン・ジュアン』（一七六一）の曲を書いたので、ギリシャ劇に倣《なら》って物語の一貫性を確保したバレエの存在を知り、オペラも原点に立ち戻り、演劇性の下にオペラ全体を統一すべきだと考えたのも当然だろう。

2 イタリア以外の状況

諸外国での受け止め

フィレンツェで始まったオペラは、イタリアの各都市で人気を呼び発展していくが、同時にフランスやドイツ、イギリスなどの周辺国へも波及して、各国でもオペラが作られるようになる。周辺国での受け止めは様々だが、大きく分けて二つの流れができる。イタリア・オペラの丸ごとの輸入と、自国語オペラの創作だ。丸ごとの輸入は主に各地の宮廷で見られた形態で、作品だけでなく歌手もイタリアから連れてきて上演をする。こうした受け入れが定着してしまうと、地元の作曲家もイタリア語でオペラを書かざるを得なくなり、歌手たちも出演機会を得るためにイタリア語で歌う必要が生じた。

一般庶民の反応としては、自分たちの理解できないイタリア語ではなく、地元で話されている各国語によるオペラを求めることが多く、観客層が一般市民の都市では、イタリア・オペラの翻訳上演や、自国語による創作が試みられた。しかし、各国語によるオペラ作品は、すぐには広まらなかった。その理由は、カストラート歌手を中心に、多くの歌手を育てたイタリアに対して、ほかの国では自国語で歌う能力のある歌手が十分に育っていなかったのだ。そのために、各国語で作品を書いても、満足に歌える歌手がおらず、上演することができなかった。

もう一つの理由は、言語的な特性の問題だ。イタリア以外の国で自国語のオペラを作ろうとすると、困ったことが起きた。イタリア語は語尾の母音比率が高く、アクセントが後ろから二番目の音節にある。そのため、レチタティーヴォのような、歌と台詞の中間的な手法に適した言語だったが、これを母音比率の低い言語に適用すると、音楽への乗りが悪く、言葉が聞き取りにくくなるという問題が生じた。こうした問題が解決されて、各国語によるオペラが作られるようになるのは十九世紀に入ってからのことだ。

諸国の中でもフランスでの受け止め方は、かなり特殊だった。その理由は、フランス語の特質により、アリアにしてもレチタティーヴォにしても、イタリア風のやり方ではうまく音楽に乗らなかったために、フランス的な旋律を模索したことによる。それとともに、フランスではオペラを支持する背景が違っていた。絶対王政の時代に入ったフランスでは、オペラも一番のスポンサーである王宮で気に入られることが必要だった。その王宮ではメディチ家の持ち込んだイタリア文化にはなじんではいたが、舞踊が特に愛好されていた。ルイ十四世が自らバレエを踊っていたのだ。

また、十七〜十八世紀のフランスでは、ルネサンスの影響でギリシャ劇が研究され、コルネイユ、モリエール、ラシーヌなどの大作家を輩出して古典劇を確立したので、自国の演劇に誇りを持ち、イタリア製のオペラに対する態度を決めかねていた。フランスの古典劇では、アリストテレスの著作に触発された「三単一の規則」（時、場所、物語がそれぞれ単一でなければならないとする規則、「三統一」、「三一致」とも訳される）を厳密に守ることが要求されたが、オペラではこうした規則を守ることは難しいと考えられた。この「三単一の規則」が強調されたのは、中世における聖史劇などの宗教的な劇は、その時代の絵画と同様に、複数の時と場所の物語が混在するような形で演じられていたため、それに対するアンチテーゼとして示されたことによる。さらに、イタリア人の愛好するカストラート歌手は、フランスではまったく人気がないという問題もあった。

フランス・オペラの確立

当時のフランス宮廷では、ジャン＝バティスト・リュリ（一六三二〜八七）が音楽師としてルイ十四世に寵愛され、音楽だけでなくバレエも教えていた。リュリは、フランスのバロック・オペラを確立した作曲家兼ダンサーだが、フィレンツェで生まれた純粋なイタリア人だった。フィレンツェ時代から音楽などを学んだが、一六四六年にルイ十四世の従姉モンパンシエ公のイタリア語会話相手としてフランスに呼ばれる。そこで本格的に踊りや音楽を学び、ルイ十四世が太陽役を踊った『夜のバレエ』（一六五三）にダンサーとして出演して国王に気に入られ、宮廷のバレエ音楽の作曲や、王のバレエ教師を務めた。

一六六四年以降、リュリはモリエールと組んで、歌だけでなく踊りも物語と統合した「コメデイ＝バレ」（バレエ劇）を作る。その代表作が『町人貴族』（一六七〇）だ。しかし、モリエールが一六七三年に亡くなり、このコンビは発展しなかった。モリエールの死後に、リュリはフランス語によるオペラ創作に注力する。国王の寵愛を利用してオペラ上演の独占権を手に入れ、亡くなるまでの約十五年間に、毎年一本程度のオペラを書いた。ほとんどの台本は劇作家のフィリップ・キノーが担当している。

リュリは、演劇や文学の好きなフランスの国民性に合わせて、コルネイユやラシーヌの古典劇に対比すべきフランス・オペラを目指し、フランス語の音韻に合わせた独自のレチタティーヴォ形式を確立した。フランス語のアクセントやイントネーションを考慮した結果、抑揚の少ないレチタティーヴォや語るようなアリアとなり、イタリアのドラマチックなアリアとは異なるスタイルとなったが、それがフランス・オペラの規範となった。こうした作品では、イタリア作品とは異なり名人芸的なアリアがない分、機械仕掛けを使ったスペクタクル場面や、大人数のバレエや合唱の挿入などで工夫をせざるを得なくなり、後のグランド・オペラへつながる要素が取り入れられた。

リュリのオペラは、王宮に気に入られるように書かれたので、扱う主題も神話的な題材や歴史上の英雄譚であり、いわば正歌劇（オペラ・セリア）といえるものだった。フランスではこうして独自のフランス・オペラの伝統が確立したので、その後はフランス語によるオペラ劇場と、イタリア語によるオペラ劇場が、公式オペラ劇場として並存する形となった。

イタリア人リュリの後に、フランス・オペラを発展させたのはジャン＝フィリップ・ラモー（一六八三～一七六四）だった。ラモーは絶対王政の時代を生き、フランス革命前に亡くなっている。父親はディジョンの教会のオルガン奏者で、父親から音楽を仕込まれて、本人も五〇歳頃までは教会のオルガン奏者として働き、そのかたわら作曲や和声学の理論書の執筆をしていた。一七三三年頃に、徴税を代行する裕福な徴税請負人の家で音楽監督として雇われ、オペラの作曲を手掛けるようになる。『優雅なインドの国々』（一七三五）、『カストルとポリュックス』（一七三七）、『ダルダニュス』（一七三九）などがヒットして名声を得る。やがて、宮廷でも作品を発表するようになり、国王ルイ十五世の愛人ポンパドール侯爵夫人のために『愛の驚き』（一七四八）を書くが、ペルゴレージの幕間《まくあい》喜歌劇『奥様女中』がパリで一七五二年に上演されると、ブフォン論争（後述四二ページ）に巻き込まれる。この論争で嫌気のさしたラモーは創作から遠ざかり、和声学を中心とする音楽理論書を多く書いた。ラモーの作品は、イタリア・オペラのアリア中心的な旋律重視とは異なり、管弦楽を充実させた和声重視の作風で、後のワーグナーなどの作品につながる流れを作った。

軽喜歌劇の発生

オペラは、十七～十八世紀にかけて音楽面で大きく発展するが、描かれる主題については、ギリシャ劇の模倣から発展した経緯もあり、また、公演を支えるスポンサーが王や貴族であったことから、神話や歴史的な題材から離れることはできなかった。

こうした重苦しい作品は、「真面目な」という意味で、正歌劇（オペラ・セリア）と呼ばれたが、上演時間が長く、観ていて疲れる作品も多かったため、重厚長大な正歌劇の幕間に、気分転換用の短い軽喜歌劇が挿入されるようになった。軽喜歌劇で扱われる主題は、正歌劇のような神話的題材ではなく、身近で庶民的な題材だった。その題材や登場人物の性格付けは、イタリアの民衆演劇であるコメディア・デラルテから強い影響を受けている。ナポリで初演されたペルゴレージ作曲の『奥様女中』（一七三三）は、こうした幕間作品として作られたので、インテルメッツォ（幕間劇、インテルメディオとも呼ばれる）と呼ばれたが、内容と音楽的な面白さで大人気となった。女中が策をめぐらし主人と結婚して奥様に収まるという喜劇で、女中はソプラノ、間抜けな主人はバスで、正歌劇とは異なり、カストラートやテノールから解放された自由さも魅力だった。

『奥様女中』は小編成のオーケストラと少人数の出演者で演じられ、レチタティーヴォ・セッコと多様なアリアで構成された。この気楽に楽しめる幕間喜歌劇は、ナポリを中心に発展して瞬く間に各地に広がり、庶民が描かれた「喜劇」という意味で、喜歌劇（オペラ・ブッファ）と呼ばれた。

一七五二～五四年にかけて、『奥様女中』などのオペラ・ブッファをレパートリーとするイタリアの歌劇団がパリで公演したところ、これが評判となり、ラモーなどのフランス・オペラと、『奥様女中』のどちらが優れているかと、宮廷や知識人を巻き込んだ「喜劇論争」（ブフォン論争）

が起こった。『オペラ名曲百科』や『痛快！オペラ学』を書いたオペラ研究家の永竹由幸は、ルイ十五世を巡って、愛人のポンパドール侯爵夫人（フランス・オペラ擁護派）と王妃（イタリア・オペラ擁護派）が喧嘩しただけとしているが、言語の特性と音楽との関係を、どう考えるかという問題も含んでいるように思える。

思想家のジャン＝ジャック・ルソーは、フランスの作曲家ラモーを攻撃して論陣を張った。つまり、フランス語はイタリア語と音韻特性が異なりレチタティーヴォに乗りにくいため、ラモーのような和音の使いすぎやイタリア風のレチタティーヴォは、どちらもフランス語に合わない、という批判だった。もっとも、D・J・グラウトの『オペラ史』には、「一方はフランスの正歌劇、他方はイタリアのコミック・オペラで、実は大切な問題点がずらされている……」と書かれている。

この「喜劇論争」はルソー自身が書いた『村の占い師』（一七五二）が、フランス語作品の手本となるということで決着したとされているが、フランス語のレチタティーヴォ問題は、後のオペレッタの出現とも深く関係してくる。というのは、オペラで芝居を運ぶための台詞部分は、イタリア語ではレチタティーヴォとして処理されたが、フランス語では処理しにくかったために、地の台詞（歌わない台詞）にしてしまったことがオペレッタの誕生に結びついたからだ。

一般的に、オペレッタはレチタティーヴォではなく台詞を用いる。ドイツ語圏のワーグナーは、レチタティーヴォを廃して台詞にするのではなく、逆に無限旋律と呼ばれる形で、全部をアリアにしてしまった。このレチタティーヴォ部分の扱いについては、現代ミュージカルにおいても、いろいろなスタイルが生まれている。

いずれにしろ、イタリアでオペラ・ブッファと呼ばれた、庶民的な題材の喜歌劇は、フランスではオペラ・コミック、ドイツではジングシュピール、イギリスではコミック・オペラ、スペインではサルスエラやトナディーリャとして定着していく。

こうして『奥様女中』で始まった幕間喜歌劇は、イタリアではオペラ・ブッファとして発展し、パリではフランス革命後にオッフェンバックのオペレッタになった、とも説明できる。しかし、この説明では、オペラ・ブッファのレチタティーヴォ・セッコを廃して、台詞に代えたのは、いったい誰なのかという説明にならない。ブフォン論争では和音の使い方と、フランス語でのレチタティーヴォの難しさが論点となったが、その結果レチタティーヴォを廃するということにはならなかった。

オペレッタの起源

オペレッタの成立には、フランスの音楽劇の昔からの流れが強く関係している。フランスにはもともと、歌の合間に台詞を挟むというオペラ・コミックの伝統があった。作曲家のサン＝サーンスは、一九二一年にこう発言している。「オペレッタは、オペラ・コミックの娘が堕落したものである」。しかし、「堕落した娘というのが、常に魅力を欠いているわけではない」とも述べている。正歌劇のオペラ座、台詞劇のコメディ・フランセーズと並び、台詞入りの音楽劇であるオペラ・コミックが上演されるオペラ・コミック座は、ナポレオン一世の帝政時代から規範的な芸術となった。だから、サン＝サーンスの発言は、オペラ・コミックで使われる音楽が、大衆的な音楽に置き換わったことを以て「堕落」と表現したと思われる。いわば、高貴な血筋を持つ娘が、大衆文化にはまったのだ。この論評に対して、『オペレッタ』の著者リチャード・トローブナーは、「堕落した娘」の父親について、サン＝サーンスはあいまいだが、「母のオペラ・コミックには愛人が多かったので、正確に定めることはできない」としている。

オペレッタの基本的な形式である、台詞を使った音楽劇がどこから始まったのかは、もう少し明確にしておく必要があるだろう。こうした歌と台詞による音楽劇が成立したのは、十七世紀頃と考えられる。貴族階級が正歌劇を楽しんだのに対して、庶民は、小規模な縁日掛けの芝居小屋で、歌と台詞を取り混ぜた芝居を楽しんでいた。そこで演じられる芝居は、正式な作者が書いたものではなく、一座の出演者たちが工夫しながら作ったので、ほとんどの演目は、既存のオペラのパロディや時事的な風刺劇であり、観客である庶民が親しみを持てるように、身近な出来事が描かれていた。使われる音楽も、新曲ではなくオペラからの転用や、民謡や俗曲の替え歌だった。こうしたパロディ作品は「バーレスク」、風刺作品は「ヴォードヴィル」と呼ばれて、内容ではなく、その言葉が十九世紀のアメリカにも伝わった。こうした芸能は、イギリスでは「バラッド・オペラ」となり、大ヒットした『乞食オペラ』（一七二八）を生み出す。

このような雑多な演芸形式を、フランスでは宮廷音楽家も取り入れた。太陽王ルイ十四世の寵愛を受けたリュリが劇作家モリエールと組み、十七世紀中頃に作ったコメディ＝バレも、台詞と歌、踊りが混在している。コメディ＝バレは、世俗的な題材を、歌と台詞、踊りで綴っており、宮廷内での上演ではあったが、内容的にはオペレッタの祖母と呼び得るものだった。こうした伝統は、後の一八一五年にオペラ・コミック座ができると、そこへ引き継がれて、パロディや、風刺的作品など、バーレスクやヴォードヴィル的な作品が上演されたが、徐々に音楽も高度化して正歌劇に近づいていった。それは、きちんと音楽教育を受けた作曲家が作品を書くようになったためだ。

『奥様女中』は、こうしたヴォードヴィルやバーレスクの背景がある中で、十八世紀中頃に登場した。ブフォン論争により、いろいろと議論された結果、新しいフランスのオペラ・コミックを作ろうという気運が出てくる。それは、従来のフランスの伝統に則った音楽劇だが、扱われる主題は、もはや神話的な題材ではなく、身の回りの同時代のものだ。さらに、市中で上演される縁日芝居が、小規模な一幕構成だったのに対して、かなり規模の大きな複数幕構成の作品も作られるようになる。

こうした、オペラ・コミック出現の背景としては、商人を中心とする新しいブルジョア階級の台頭により、扱われる主題も、必然的にブルジョアの好みに応じて世俗的なものに変化していったことがある。従来は教会と王宮・貴族が主たる芸術スポンサーであったが、ブルジョアがそれにとって代わったのだ。十八世紀から十九世紀へのブルジョア革命による社会の変化が、こうしたオペレッタの誕生を生んだともいえるだろう。『奥様女中』の果たした役割は、音楽的な構成よりも、扱う主題に大きな変化をもたらした点で評価されるべきかも知れない。

なお、オペラ・コミックというフランス語は、英語のコミック・オペラ（喜歌劇）の翻訳のように聞こえるが、オペラ史では、「コミック・オペラ」は喜歌劇全般を示す広い意味で使われ、「オペラ・コミック」は固有名詞として、パリのオペラ・コミック座で上演された台詞入りの作品を指す。

ドイツ語圏の状況

イタリアのオペラは、イタリアと国境を接するオーストリアを介して、ドイツ語圏の各地にも広まった。当時のドイツは統一国家ではなかったので、各都市により受け止めは異なるが、領主や有力貴族が支援する場合には、概ねイタリア・オペラの丸ごと輸入が多く、ドイツ語への翻訳や翻案上演は少なかった。そのため、上演の中心となるのはイタリア人だった。

一方、ハンザ同盟の中心的な都市として栄えたハンブルクは、独立した自由都市であり、商業的にも発展していたので、ヴェネチアと同じような市民のための劇場が一六七八年に作られた。ハンブルクでの公演は、貴族ではなく市民向けのものだったので、ドイツ語で上演されるオペラが多く、自由都市でプロテスタントが多く在住していたこともあり、キリスト教的な主題のオペラが多かった。

ドイツ語によるオペラ製作は十七世紀にはいろいろと試みられたが、十八世紀になると勢いを失い、イタリア・オペラに席捲されてしまう。その理由は、製作費のかかる豪華なオペラの製作を金銭的に支えられなかったことが大きい。フランスは絶対王政が確立して、王宮に資金が集まっていたが、ドイツは統一されておらず、地域ごとに小規模な領主が分立する状態だったので、上演資金を賄《まかな》い切れなかったのだ。

もう一つ、イタリア人が歌を好み、フランス人が踊りを好むように、ドイツ人は器楽曲を好んだ。十八世紀のドイツ語圏では、バッハ、ハイドン、モーツァルト、ベートーヴェンなどの偉大な音楽家たちが次々と登場して、音楽界をリードした。モーツァルトはイタリア語の作品も含めて多くのオペラを書いたが、ドイツ音楽界全体としては器楽曲を中心に発展している。

そうしたことから、ドイツ語圏では高い歌唱能力を持った歌手が少なく、オペラ上演にも制約が生じた。歌手が少ないために、フランスで始まった「メロドラマ」と呼ばれる、付随音楽（台詞の背景で、または劇中で単独に演奏される音楽）入りの演劇も多く上演された。一八一〇年にベートーヴェンが書いた『エグモント』は序曲が有名だが、この作品はオペラではなく、詩人シラーの書いた劇の付随音楽だ。特に小さな劇団では、歌手を揃えることが困難だったので、メロドラマ形式で音楽入りの劇を上演することが多かった。こうしたメロドラマの伝統は十九世紀まで残り、メンデルスゾーンはシェークスピアの『夏の夜の夢』の付随音楽（一八四三）を作曲している。

イギリスの状況

十六世紀から十七世紀にかけてのイギリスの宮廷では「マスク」と呼ばれる仮面劇に人気があった。もともとは、イタリアの宮廷などで婚礼などを祝うための催し物であったが、メディチ家の娘たちによりフランスの宮廷に伝わり、フランスではバレエとして発展し、フランスと関係の深かったイギリス宮廷には仮面劇として伝わって、パントマイムや仮面音楽劇として発展した。

フランス王宮でルイ十四世が踊ったように、イギリス王宮でも職業的な役者だけでなく貴族たちも公演に参加した。上演に際しては、台詞のないパントマイム、歌と音楽、台詞劇、踊りなどの要素が用いられたが、清教徒革命により伝統は消えてなくなり、正確な内容がわからなくなってしまった。しかし、同時代に人気のあったシェークスピアなどのエリザベス朝演劇にその痕跡が残されている。

十七世紀のイギリスでは、農業革命や手工業の発展などにより新興ブルジョア層が力を付けていた。そこで、ヨーロッパの中でも、最も早く王権が制限された。一六四二年の清教徒革命では共和制を目指すが、結局は力の強いクロムウェルの独裁政治となり、王政復古する。しかし、その後の国王の一方的な課税に対して不満が強まり、名誉革命により一六八九年に「権利の章典」が成立して、議会が定めた憲法などにより国王の権利が制限を受ける立憲王政へ移行する。

こうした激動の時代に音楽劇が入ってきたものの、プロテスタントは、演劇や音楽に厳しい態度を取ったので、清教徒革命により劇場が閉鎖されて、エリザベス朝演劇も、マスクの上演もなくなってしまう。それらが復活するのは王政復古後で、シェークスピア劇に付随音楽を入れたメロドラマや、台詞の一部を歌ったり踊りを挿入したりするセミ・オペラ形式の演劇のほか、マスクも再び演じられるようになった。

音楽劇分野で最初に頭角を現したのは、イギリス人作曲家ヘンリー・パーセル（一六五九頃〜九五）で、十七世紀後半に活躍したが、三〇代半ばで若くして亡くなる。パーセルは四五作品以上のメロドラマ音楽を書いたが、オペラはほんの数本しか書き残さなかった。

パーセル没後のイギリスでは、貴族階級がイタリア・オペラを好んだため、一七一二年にロンドンにやって来たゲオルク・フリードリヒ・ヘンデル（一六八五〜一七五九）は、イタリア仕込みの音楽でオペラを書いた。ヘンデルはドイツ中部の町で理髪師兼医師の息子として、バッハと同じ年に生まれた。旅行先の教会のオルガンを弾き、才能を見出されて音楽教育を受けた後、教会のオルガニストの口を探していたが、自由都市ハンブルクで上演したオペラ『アルミーラ』（一七〇五）が好評で、ほかにも二作品ほどハンブルクで上演した。その後、本格的にオペラを学ぶために四年ほどイタリアへ赴き、その地でもオペラを二つ書いている。

一七一〇年にハノーヴァーの宮廷楽長となるが、イギリスで彼のオペラ『リナルド』（一七一一）が成功すると、ハノーヴァーの職をさっさと辞めて、イギリスへ渡り、その後の三〇年間に毎年一本以上のペースで四〇作品近いイタリア語のオペラを書いた。困ったことに、彼が職を辞したハノーヴァー選帝侯が、ステュアート朝アン女王の死去に伴い、一七一四年にイギリス国王ジョージ一世となるので、ヘンデルは『水上の音楽』（一七一七）をテームズ川で演奏してご機嫌を取ったという。

ヘンデルの作品としては、ジュリアス・シーザーを描いた『ジュリオ・チェザーレ』（一七二四）や、『ロデリンダ』（一七二五）が好評で、一七四一年までオペラを書き続けるが、そこでオペラの筆を折ってしまい、その後は英語版のオラトリオ（主に宗教的題材による大規模な叙事的楽曲）しか書かなくなる。その理由はいろいろと推察されている。一つには、ヘンデルのオペラに対抗する勢力が現れて、競合した結果共倒れになったともいわれている。しかし、一番の大きな理由は英語で上演されたバラッド・オペラ『乞食オペラ』の大ヒットかも知れない。

バラッド・オペラの流行

一七二八年に上演されたバラッド・オペラ『乞食オペラ』は、ジョン・ゲイが台本を書いた作品。音楽は既成曲の流用で、当時流行していたイタリア風のオペラや民謡などの旋律を用いて風刺的な歌詞が歌われた。ヘンデルのオペラはイタリア語なので庶民には理解できなかったが、『乞食オペラ』は英語なので、誰でもよく理解できた。この作品は庶民に大受けで、繰り返し上演されただけでなく、続編や類似の作品も作られたことから、ヘンデルは嫌気がさしてオペラ作りをやめたともいわれている。イタリア語のオペラは人気がなくなったため、一七三〇年以降のヘンデルは、徐々にオペラよりもオラトリオに注力するようになった。

十八世紀のイギリスは、通商面でも世界へ航路を広げて、商工業も発達した。また、科学的な啓蒙を踏まえた産業革命の始まる段階に達して、ロンドンの人口も増えて一般市民層の経済的な蓄積も進んでいた。そうしたことから、立憲君主制として王政の形式は残っていても、実質的には新興のブルジョア層の趣味が娯楽面でも反映されて、『乞食オペラ』がヒットした。

こうした既成曲を使用するバラッド・オペラは、作曲家が不要であり、簡単な旋律の歌を風刺的な歌詞で歌うのだから、政治や社会に不満を持つ庶民層には大受けで、上演にも専門の歌手が不要であった。そのため、ドイツでもドイツ語によるジングシュピールという、台詞と歌の音楽劇形式を生み出すこととなった。これらは、フランスにおけるバーレスクやヴォードヴィルと同様の形態だ。このような社会風刺劇は、社会的なストレスの高い時代にヒットするので、『乞食オペラ』は第一次世界大戦（一九一四〜一八）後の不況で苦しむ一九二〇年にロンドンで再演され、一五〇〇回近い続演となった。また、これを観たドイツのブレヒトとクルト・ワイルは、音楽を新たにした『三文オペラ』を一九二八年に上演して、これまた記録的な大ヒットとなった。

第二章　オペラとバレエの黄金期（十九世紀）

1　変化する世界

王政から共和制へ

十九世紀は、西欧世界で王政が消えていく時代だった。封建的な王政は領地内の農民への保護と支配、徴税などの関係が成立していたが、交易が盛んになり、生産力が向上して、新たな工業が誕生すると、平民の中から富裕層のブルジョアが現れて、経済力で貴族や王族と並ぶようになる。こうした動きは農業革命や産業革命によって加速されて、ルネサンス以降の自然科学の進歩による科学革命と相まって、ブルジョア層の力を強めていった。

アメリカは一七七六年に独立宣言を採択して独立国となり、独自の文化を生むための準備が始まる。その後も国力を増すものの、南北戦争が十九世紀中頃にあったため、音楽劇の歴史に登場してくるのは、二十世紀になってからだ。

フランスは、ヴェルサイユ宮殿を中心とした一極集中の絶対王政が続いていたが、イギリスの名誉革命から一〇〇年遅れて、十八世紀末にフランス革命が起こった。フランスでも絶対王政から共和制への転換はすんなりといかず、ナポレオンによる帝政や、王政復古などを繰り返して、最終的に一八七〇年の第三共和制で落ち着くまでにはさらに八〇年を要している。この動乱期にブルジョア層は大きく力を伸ばし、舞台芸術も、王宮趣味一辺倒ではなく、市民の趣味が反映されるようになる。その結果、オペラ・コミックからオペレッタが派生するが、これについては次章で詳述する。

宗教改革により生じた三〇年戦争（一六一八〜四八）の後、ドイツは小さな公国や王国に分かれていたので、オスマン・トルコに脅《おびや》かされながらも、ウィーンのハプスブルク家がオーストリア、ハンガリー、ボヘミア（現在のチェコ西部）などを押さえて権勢をふるい、十八世紀のマリア・テレジア時代に絶頂期を迎える。しかし、十一女のマリー・アントワネットがフランス王ルイ十六世に嫁ぎ、フランス革命で処刑されたために、オーストリアはフランス革命に干渉せざるを得なくなり、逆にナポレオンが率いるフランス軍に敗れてしまう。

その結果、一八〇四年にナポレオン一世がフランス帝国皇帝となり、ハプスブルク家のフランツ二世は一八〇六年に神聖ローマ帝国皇帝の座を捨てて、オーストリア皇帝フランツ一世となった。小国の並んだドイツはナポレオンの躍進を止めることはできずに、ナポレオンはロシアまで進むが、ロシアの酷寒に耐えられず撤退を余儀なくされる。その後のドイツは王国の連邦制となり、一八四八年に市民革命が起きて憲法制定を試みるが失敗、ビスマルク率いるプロイセン王国が徐々にドイツを統一していく。第一次世界大戦後に、やっと市民革命が成功し、ワイマール共和国とオーストリア共和国が誕生する。

ドイツ語圏では十八世紀の古典派の時代に、バッハ、ハイドン、モーツァルト、ベートーヴェンなどの大作曲家が現れ、十九世紀に入ると、ブラームス、シューベルト、メンデルスゾーンらのロマン派音楽家を多く生んだ。しかし、音楽は器楽曲や歌曲、管弦楽曲が中心で、オペラは少なかった。そうした中で、十九世紀後半には、オペラを楽劇に発展させたワーグナーが登場して傑作を多く残した。

十九世紀初頭のイタリアは、各国の支配を受けて小国に分かれていたが、サルデーニャ王国のヴィットリオ・エマヌエレ二世が中心となってイタリア統一を進め、一八六一年にイタリア王国が成立する。しかし、諸外国の支配を退けて国として統一することに精いっぱいで、大地主制が残って工業化が進まず、新興ブルジョア層の台頭は遅れた。イタリア統一により、普通選挙ではなかったものの、議会政治が始まるが、独立のための戦争経費負担が大きかったので、農民には重税が課せられた。そうした中、北部の都市を中心としてオペラは盛んに上演され、偉大なオペラ作曲家ヴェルディを生み出す。

イタリアでは地方ごとに独自の文化を持つ傾向が強いため、国家統一前には各地域で地元の有力者が中心となってオペラ上演を支援していたが、統一後には国家に資金が集中するようになったので、皮肉なことに各地域でオペラを支える力は徐々に弱まった。

科学技術の進歩

産業革命期以降の科学技術の進歩は目覚ましく、十八世紀後半には紡績機、蒸気機関などが発明され、それまでは専売法で対処してきたイギリスで、ジェームズ・ワットが一七九六年に特許を正式取得したことから、発明が加速されるようになる。十九世紀に入ると、蒸気機関は船、鉄道機関車、自動車などに利用されるようになり、世界中で鉄道の建設が進んだ。こうした輸送機関の進歩は、物資の輸送だけでなく、人の移動も容易にしたので、工業化による都市への人口集中も進み、潜在的な劇場観客の増加をもたらした。

また、技術の進歩は劇場も大きく変えた。十九世紀初頭までの劇場照明はロウソクやランプによっていたが、一八一七年にロンドンのコヴェント・ガーデン劇場でガス照明が導入された。一八三七年には、水素ガスを燃焼させて石灰に当てることにより強力な白色光を出すことができる石灰照明（ライムライト）がコヴェント・ガーデン劇場に導入されて、今日のスポット・ライト照明の役割を果たすようになる。さらに、十九世紀後半における電気の発見、電球の発明により、衣装に引火したり火事を引き起こしたりする危険なガス照明は、電気照明へと置き換えられていった。初めて電気照明を全面的に取り入れたのは、一八八一年のサヴォイ劇場である。

電気照明の導入により、舞台はそれまでよりも圧倒的に明るくなり、舞台の背景に書割《かきわり》の絵を使うだけでなく、立体的な造形物と照明の組み合わせにより、舞台上に陰影を付ける新しい舞台造形手法が誕生する。アドルフ・アッピアなどが、新たなワーグナーの舞台装置を提案したのも、そのような電気照明の導入と無縁ではない。

また十九世紀中頃に、低炭素の鋼鉄が連続的に大量生産できるようになったことも見逃せない。こうした良質な鉄や、板ガラスの大量生産が始まったことから、一八五一年の第一回ロンドン万国博覧会で作られた水晶宮のような鉄骨ガラス張りの建築物も可能となり、建築に対する美的意識も大きく変わる。こうした美意識の変化は、もちろん舞台美術の造形にも大きく影響してくる。

芸術家のパトロンの変化

文学の世界では、十九世紀になると各国の言語で多くの小説が書かれるようになる。ドイツでは、シラー、ゲーテ、グリム兄弟、ホフマン。イギリスではオースティン、ディケンズ。フランスでは、バルザック、スタンダール、ユゴー、ゾラ、モーパッサン。ロシアでは、ツルゲーネフ、ドストエフスキー、トルストイなどが登場した。各国の文学作品は、発達した印刷技術により書籍となり、広く読まれるようになっただけでなく、すぐに演劇に脚色され、音楽劇やバレエにもなった。こうした小説がたくさん登場したのは、もちろん文字を読むことのできる読者が増えたことによるものである。

美術界は、十八世紀にはロココが中心だったが、十九世紀になった途端にロマン派、写実派、印象派などが台頭して賑《にぎ》やかになってくる。ルネサンス期までの絵画はほとんどがキリスト教主題で、ロココ期には貴族的な主題だったのに対して、十九世紀には市民的な主題が増えてくる。こうした主題の変化は、絵画を購買するパトロンの影響を受けたもので、ロココ期には王侯貴族からの注文が多かったが、十九世紀になると新興ブルジョア層が発注の主体になったことによるものだ。また、発注を受けて画家が描くのではなく、画家が好きに描いた絵画を、画商を通して市民が購入するという形態も出てくる。

美術に限らず、創作物を作成する芸術家たちは、十七世紀までは教会から、十八世紀には王侯貴族らから生活の糧《かて》を得たが、十九世紀に入ると新興ブルジョア層から糧を得るようになっただけでなく、十九世紀後半には芸術家として自立し、自分の好きな作品を作れる環境が整う。芸術家が自分の好きな作品を作り、それをブローカーが仲介して売るという近代的な形になるのだ。さらに二十世紀になると、芸術家は自己の芸術分野で、創作の自由を完全に得られるだけの経済環境が整い、芸術表現は大きく進歩するが、その反面、鑑賞者や観客がついていけないほどの、前衛的な作品を生み出すようになる。

音楽の世界に目を転じると、十九世紀には音楽家という職業に変化が生ずる。主に十八世紀前半に活躍したバッハは教会と宮廷に雇われていたし、十八世紀後半に活躍したハイドンはずっとオーストリアの伯爵家に雇われていた。同じ十八世紀後半でもモーツァルトはフリーランスとなるものの、安定収入が得られず借金を重ねて苦労した。

ところが、十九世紀前半に活躍するベートーヴェンは、ウィーンの貴族数人がお金を出し合い、彼をウィーンにとどめるために支援している。そうしたことから、ベートーヴェンは特定の貴族に雇われずに作曲に打ち込むことができ、自分の書きたい曲を書くことができた。それまでのハイドンやモーツァルトとは大いに異なる生き方だ。同じく十九世紀前半に活躍したシューベルトは、定職に就けずに友人の世話になりながら作曲していたが苦労を重ねて三一歳で亡くなってしまう。同じ時期のウェーバーは、オペラ劇場の指揮者の職を得て生活をした。

特定の貴族などに雇われるのではなく、音楽そのもので生活するという点では、名演奏家として世間に受け入れられたパガニーニ、リスト、ショパンなども、主に演奏会収入や、弟子たちに教える教授料で生計を立てることができた。これは十九世紀だからこそ成立した生き方だろう。

2　黄金期のオペラ

オペラ作曲家の生活

イタリアでのオペラ作曲家の生活は、どのように支えられていただろうか。十九世紀の初めに活躍したロッシーニは、オペラの作曲家として生計を立てることができたが、一八二五年に書いた『ランスへの旅』をフランス国王シャルル十世に献上してご機嫌を取り、フランスで終身年金を得たので、一八二九年の『ギヨーム・テル』で筆を折り、三七歳から美食三昧《ざんまい》の年金生活に入った。

ロッシーニの後に現れたドニゼッティとベッリーニは、オペラだけで生活したが、ドニゼッティは三十年近く、年に三本ぐらいのペースで書き続ける必要があった。ベッリーニが書いたのは十年間ぐらいだが、その間は年間一本のペースで書いている。これは、まだ著作権が確立しておらずに、初演時に作曲料が支払われるだけだったので、生活のために書き続ける必要があったからだ。

イタリアの巨匠ヴェルディが活躍するのは十九世紀半ばから後半にかけてであり、ドニゼッティ、ベッリーニの後になる。ヴェルディは五〇年間に約三〇編のオペラを書いているので、それまでの作曲家に比べるとゆったりとしたペースで書いたことになるが、亡くなった時には相当の財産を築いており、恵まれない音楽家たちのための養老院まで建設している。これは、著作権が確立して、楽譜出版や上演により収入を得る道が開けたことが大きい。

著作権の成立

フランスではフランス革命後に、著作権の概念が成立して法的な整備がなされたが、イタリアは十九世紀前半にはまだ分割統治されており著作権は確立していなかった。イタリアでは、一八六一年の国家統一の後、一八六五年に国内法が統一されたので、十九世紀後半に活躍したヴェルディは、かろうじて著作権の恩恵を受けることができた。

このように著作権法は国ごとに整備が進んだが、著作者の権利が他国でも保護されないのは不合理だとして、フランスの作家ヴィクトル・ユゴーが名誉会長となって国際著作権法学会が一八七六年に設立されて、彼の死後一八八六年に国際的に著作者の権利を守る「ベルヌ条約」が締結される。ヨーロッパ各国では、この条約により著作権は国際的にも保護されるようになるが、アメリカでの著作権は、著者の権利が自然発生するという考え方ではなく、複製権を保護する考え方だったため、著作物を保護するには管理機関への登録が必要であった。そのため、ヨーロッパの作家の著作権はアメリカで保護されない状態が続き、オペラやオペレッタの上演では、正式の許諾を受けない公演が多かった。こうした状況が是正されたのは第二次世界大戦後の一九五二年で、アメリカも含めた万国著作権条約が締結されてからだ。

新たに確立した著作権の恩恵を受けて、ヴェルディが財産を築いたのに対して、ほぼ同時代に活躍したドイツのワーグナーは、いつもお金に苦労していた。バイエルンの国王ルートウィヒ二世の金銭的な支援によりバイロイト祝祭劇場まで作ったとはいえ、ドイツの近代化の遅れを反映して、十八世紀的に王族の支援を受ける生活から抜け出ることはなかった。

古典オペラ

音楽の世界では、古代からピタゴラスが数学的に定義した完全五度を基本とする「ピタゴラス音律」に基づく音階が長く使われていた。和声が知られるようになると三和音（基音、三度、五度の音による和音）が美しく響く「純正律」の音階が使用されたが、一オクターブを一二に均等分割した「平均律」が十八世紀に普及して、様々な楽器による合奏が容易になり、転調などによる複雑な音楽表現も可能となった。当然、オペラの音楽も、より高度な表現が求められた。ヴォルフガング・アマデウス・モーツァルト（一七五六〜九一）は、オペラだけでなく、オペラ・ブッファやジングシュピールなどの音楽劇も、演劇的、音楽的に発展させ、十九世紀オペラの基礎を築いた。

モーツァルトの洗礼名は、ミドル・ネームが「テオフィリス」とラテン語風だったが、それをイタリア語に翻訳した「アマデウス」を通称として使った。「神の愛する」という意味で、その名前に相応《ふさわ》しい早熟の天才だった。わずか五歳で作曲を始め、最初のオペラは一一歳で書いている。父はザルツブルク大司教お抱えの音楽家で、モーツァルトも父と同様に大司教に抱えられたが、宮仕えが嫌で、二五歳の時にウィーンでフリーランスとなり、作曲料と教授料、演奏会収入で生計を立てるようになる。しかし、安定的な収入を得ることができずに、健康を害してわずか三五歳で亡くなった。

モーツァルトが活躍した時代は、フランス革命直前であり、宮廷または教会の音楽家にならないと、音楽家としては生活が難しい時代だった。しかし、モーツァルトは敢えて仕官を拒み、フリーメイソンの会員などに支えられて生きようとしたが、彼を支えるだけの市民階級はまだ育っておらず、得られる収入は売り切りの作曲料や演奏会収入しかなかった。そこがフランス革命後に活躍した、ベートーヴェンやロッシーニなどの作曲家とは違うし、著作権収入を得ることのできたヴェルディ以降の作曲家とも大きく異なった。

生涯に約二十のオペラ作品を書いたが、三分の一がイタリア語の正歌劇で最も多い。次いでドイツ語のジングシュピールが五本、喜歌劇が四本となっている。オペラ以外にも、交響曲や協奏曲、器楽曲、歌曲など広い分野で曲を書いた。ザルツブルクで生まれ、器楽の盛んだったドイツと、オペラの盛んだったイタリアの両方を旅行してその音楽を体得したため、モーツァルトの作品では、オーケストラと歌とがうまく融合している。そこが、オペラ専門の作曲家や、器楽曲を得意とする作曲家が書くオペラとは異なっている。

モーツァルトのオペラの中では、晩年に台本作家ロレンツォ・ダ・ポンテと組んで書いた喜歌劇『フィガロの結婚』（一七八六）、『ドン・ジョヴァンニ』（一七八七）、『女はみんなこうしたもの』（一七九〇）の三作品がとりわけ高い人気を得ている。これらの作品は、慣習的にオペラ・ブッファの訳語である喜歌劇と呼ばれるが、必ずしも喜劇的な内容とは限らず、単に神話や英雄、歴史的な題材ではない庶民を描いた作品という意味で、喜歌劇の言葉が使われている。そうした意味では、歌舞伎の「世話物」狂言に近い。そのほか、ジングシュピールでは、フリーメイソンの入団儀式的な『魔笛』（一七九一）、『後宮からの逃走』（一七八二）、正歌劇では『皇帝ティートの慈悲』（一七九一）、『クレタ王イドメネオ』（一七八一）などが現在でも人気だ。

モーツァルトのオペラ作品では、物語と歌、登場人物の性格が見事に統一されており、グルックが提唱したオペラ改革の最もよい実践例となっている。なお、正歌劇では、モーツァルトもカストラート歌唱を前提に書いている。十八世紀後半には、カストラートは衰退し始めてはいたが、正歌劇においてはまだ一般的だったからだ。ただし、過度に装飾的なアジリタ歌唱（細かい音符で区切られた速い装飾技法）などは控えめで、歌唱が物語の統一を乱すことのないように注意が払われている。

オペラ黄金時代の始まり

十九世紀初頭のロッシーニから、ドニゼッティ、ベッリーニ、ヴェルディを経て、二十世紀初頭のプッチーニまでの約百年間が、イタリア・オペラ黄金期と呼ばれる時代だ。この間に、イタリアでは国家統一運動が起こり、外国の支配を脱して独立を果たすが、この国民国家意識の高まりの象徴となったのがヴェルディのオペラだった。ヴェルディは愛国的なオペラを書き、祖国統一の象徴となった。黄金期のオペラでは、レチタティーヴォとアリアが明確に分離されており、アリアには先頭から順番に番号が付されていたので、一般的に「番号付きオペラ」と呼ばれる。番号付きオペラは、十九世紀後半まで生き延びたが、ワーグナーの出現により、レチタティーヴォとアリアの区別はあいまいとなり、その後のオペラでは、こうした区分のない作品が主流を占めるようになる。

モーツァルトが亡くなった三か月後に、ジョアッキーノ・ロッシーニ（一七九二〜一八六八）がイタリアのペーザロで生まれる。ロッシーニは、モーツァルトの書いた古典的なオペラをさらに発展させて、イタリア・オペラの黄金時代の幕を開ける働きをしたが、生活面では職業作曲家としてある程度の自立を確保できた。モーツァルトはフランス革命前の王侯貴族社会の中で生きるのに苦労したが、ロッシーニは、フランス革命勃発後に生まれて、共和制、帝政、王政復古など、目まぐるしく動く波瀾の時代を生きた。父親も管楽器奏者だったが、革命の混乱の中で、逮捕されたり楽団に復帰したりしている。

ロッシーニが亡くなったのは七六歳で、三五歳で亡くなったモーツァルトに比べると二倍以上生きたことになるが、オペラを書いたのは三七歳までなので、実質的な活動期間としてはモーツァルトとあまり変わらない。モーツァルトが二十本ほどのオペラを書いたのに対して、ロッシーニは四十本ほどのオペラを書いており、オペラに関してはロッシーニの方が断然多いが、交響曲や協奏曲などはほとんど書いていない。活動期間が重なっているベートーヴェンは、ロッシーニを高く評価していたが、芸術音楽ではなく大衆音楽とみなしていたようだ。ロッシーニはその話を聞いて『ギヨーム・テル（ウィリアム・テル）』を書いたともいわれている。

ロッシーニは、ボローニャで音楽教育を受けた後、ミラノやヴェネチア、ローマ、ナポリなど、イタリア国内で活動していたが、一八二四年にパリのイタリア座で指揮者となり、フランス語のオペラも書いた。王政復古時代のシャルル十世に気に入られて、五本のオペラを書くことと、それとは別に年六〇〇〇フランの終身年金を受け取る契約を一八二九年に結ぶ。しかし、翌三〇年の七月革命でシャルル十世は退位して、締まり屋のルイ・フィリップが国王になり、年金の支給が止められそうになったため、政府を相手取って裁判を起こし、五年がかりで勝訴して年金を獲得する。そうしたことから考えると、ロッシーニは王侯貴族から生活を支えられた面もあるので、革命前の十八世紀的な性格と、革命後の十九世紀的な性格を併せ持ったといえるだろう。

ロッシーニが、『ギヨーム・テル』（一八二九）を最後に、オペラを書かなくなった理由は、いろいろと推察されている。年金が得られたので生活に困らず、書く必要がなくなったことが大きいが、一八三〇年の七月革命でオペラ座の民営化などがあり、そうした混乱に嫌気がさしたともいわれる。その後のロッシーニは、故郷のイタリアやパリで暮らすが、食道楽であったため、牛フィレ肉のステーキの上にフォアグラのソテーを載せ、トリュフをトッピングする「ロッシーニ風ステーキ」にも名を残している。

正歌劇と喜歌劇の両方を書いているが、その両者の間でメロディを使いまわすという職人的な芸当も見せている。また、カストラートが残っていた最後の時代だったので、正歌劇ではカストラートを念頭に置いて書いているが、装飾音符まで譜面に書き込み、歌手が勝手に歌うのを許さなかった。イタリア的な明るい曲調で、ロッシーニ・クレッシェンドとして知られる長く続くクレッシェンド（だんだんと音が大きくなる）は、有名な『ギヨーム・テル』序曲にも入っている。

有名な作品としては、『絹のはしご』（一八一二）、『タンクレディ』（一八一三）、『アルジェのイタリア女』（一八一三）、『セビーリャの理髪師』（一八一六）、『チェネレントラ』（一八一七）、『泥棒かささぎ』（一八一七）、『アルミーダ』（一八一七）、『湖上の美人』（一八一九）、『セミラーミデ』（一八二三）、『ランスへの旅』（一八二五）、『オリー伯爵』（一八二八）、『ギヨーム・テル』などがある。

ベルカント・オペラ

ロッシーニの時代までは、正歌劇におけるカストラートの歌唱や、チェンバロなどの通奏低音（分散和音）楽器による伴奏のレチタティーヴォが残っていたが、十九世紀に入りカストラートが不在となると、ソプラノやテノールが活躍するベルカント・オペラの時代となる。「ベルカント」とは「美しく歌う」という意味だが、十九世紀前半におけるイタリア・オペラの歌唱では、カストラート時代の超絶技巧的な歌唱法の余韻が残っていて、アジリタなどの技法を駆使したドラマチックなアリアが歌われた。そうした超絶技巧を見せるために、「狂乱の場」と呼ばれる場面が物語の中に挿入され、見せ場を作った。そうしたベルカント・オペラを書いたのがドニゼッティとベッリーニで、この二人は現在でもよく上演される人気演目を書いた。

ガエターノ・ドニゼッティ（一七九七〜一八四八）はロッシーニの五年後にイタリア北部のベルガモで生まれ、ボローニャで音楽教育を受けた。速筆だったため、五一年の生涯に約七十本のオペラを書いている。そのうち約半数が正歌劇で、喜劇的な作品も半数近くある。ドニゼッティの作品は各地で上演されたが、一八三五年に『ランメルモールのルチア』がナポリのサン・カルロ劇場で上演されて歌劇場の経営危機を救ったことから、ナポリ国王に気に入られて王立音楽学校の校長となり生活が安定する。しかし、両親や愛妻、子供に相次いで先立たれて体調を崩し、心機一転してパリに出て、『連隊の娘』、『ファヴォリータ』などのフランス語の作品を書いた。ベルカントらしい超絶技巧的な歌唱や、それを活かした狂乱の場などを取り入れただけでなく、イギリスの女王三部作など、歴史に題材を取った作品も多い。

有名な作品としては、『劇場の都合』(一八二七)、『アンナ・ボレーナ』(一八三〇)、『愛の妙薬』(一八三二)、『ルクレツィア・ボルジア』(一八三三)、『マリア・ストゥアルダ』(一八三四)、『ランメルモールのルチア』(一八三五)、『ロベルト・デヴリュー』(一八三七)、『殉教者』(一八四〇)、『ファヴォリータ』(一八四〇)、『連隊の娘』(一八四〇)、『シャモニーのリンダ』(一八四二)、『ドン・パスクアーレ』(一八四三)などがある。

ドニゼッティが多作だったのに対して、ヴィンチェンツォ・ベッリーニ(一八〇一~三五)は、わずか一〇作品しか残さなかった。生まれつきの病弱な体質により三三歳で亡くなったためだ。ナポリで音楽教育を受けたので、ナポリらしい美しい旋律を多く書いた。有名な作品には『キャプレッティ家とモンテッキ家』(一八三〇)、『夢遊病の女』(一八三一)、『ノルマ』(一八三一)、『清教徒』(一八三五)などがある。

イタリア統一

十九世紀中頃のヨーロッパはフランス革命後の混乱が続いており、ナポレオン追放後のウィーン会議（一八一四～一五）による王政復古時代には、イタリアは地域ごとに分割された王国または大公国となっていて、一部はオーストリアやフランスの支配下に置かれていた。そのため、イタリアでは外国支配から脱却して、国を統一しようとする動きがあった。フランスの王政復古時代、シャルル十世の反動的な政治に反発した一八三〇年の七月革命の後、イタリアでも革命の動きは高まるが、オーストリア軍により鎮圧されてしまう。また、一八四八年の二月革命でフランスの第二共和制が成立すると、イタリアでも再び独立の動きが出て、第一次独立戦争が起きるものの、オーストリアの将軍ラデツキーに負けて独立は果たせなかった。ラデツキーはこの戦争でミラノ風カツレツを知り、ウィーンに戻りウィンナ・シュニッツェルを作らせた。ラデツキーが凱旋すると、ヨハン・シュトラウス一世は、わずか二時間で「ラデツキー行進曲」を書き戦勝を称《たた》えた。

しかし、一八五九年にサルデーニャ王国の首相を務めていたカブール伯爵が、第二帝政時代のナポレオン三世と同盟を組み、第二次独立戦争でオーストリア軍を破る。さらに一八六〇年にはガリヴァルディ率いる義勇軍赤シャツ隊が活躍して、サルデーニャ王国のヴィットリオ・エマヌエレ二世の下にイタリアを統一し、一八六一年にイタリア王国が成立した。その後もオーストリア支配下にあったヴェネチアや、教皇領となっていたローマを併合して、一八七〇年にイタリア全土がほぼ統一された。

　作曲家ヴェルディが活躍したのは、こうしたイタリアの独立気運の高まった時代であり、Verdiの綴りが、「イタリア国王ヴィットリオ・エマヌエレ二世」の頭文字と同じであったこと、そのオペラに革命的な血潮がみなぎっていたことから、ヴェルディはこの時代の国家統一の象徴と見られていた（と、後のファシスト政権時代に宣伝された）。そうしたことから、ヴェルディはイタリア統一後には国会議員におさまり、一八六五年までその職にあった。

　ジュゼッペ・ヴェルディ（一八一三～一九〇一）は北イタリアのパルマ県の寒村に生まれ、才能を認められて奨学金を得て、ミラノに出て音楽教育を受けた。一八三六年頃からオペラを書き始めるが、彼の作品が初めてスカラ座で上演されるのは一八三九年で、好評を博した『ナブッコ』は一八四二年に上演された。この作品は、聖書にある古代バビロニア王ナブッコがエルサレムを攻める話だが、囚われのヘブライ人たちの歌う「行け、わが思いよ、金色の翼に乗って」が、当時のイタリア人たちの置かれた心境を代弁しており、まるでイタリア国歌のように人々の間で歌われた。

　その頃は独立の気運が高まっていた時期であり、次の『十字軍のロンバルディア人』（一八四三）も、聖地エルサレムを解放しようとする十字軍を描いてはいるが、人々はイタリアの解放を思い描いてこの作品を観たので、ヴェルディは一挙にイタリア統一のシンボルとなっていく。その後も、『エルナーニ』（一八四四）、『アッティラ』（一八四六）のような作品で、愛国的な合唱や題材が人々を興奮させた。

革命の熱気が冷めてくると、ヴェルディも『マクベス』（一八四七）など、ドラマを重視した作品に取り組むが、一八四八年にフランスで二月革命が起こると、愛国的な作品『レニャーノの戦い』（一八四九）を書く。レニャーノの戦いというのは、十二世紀にイタリアがドイツに勝った話で、歴史になぞらえて当時のイタリア人の心境を語る作品だ。同じ頃に、シラーの戯曲をオペラ化した『ルイザ・ミラー』（一八四九）も書いている。

この頃までの愛国的な作品でヴェルディは人気を博するが、一八五〇年頃からは中期の傑作群を書く。『リゴレット』（一八五一）、『イル・トロヴァトーレ』（一八五三）、『椿姫』（一八五三）は、この時期に書かれた三大傑作だ。この中の『イル・トロヴァトーレ』ではイタリアの愛国的な熱い血が感じられるので、オーストリア占領下のヴェネチアを描いたヴィスコンティ監督の映画『夏の嵐』（一九五四）の冒頭場面にも使われている。

その後もパリで初演した『シチリア島の夕べの祈り』（一八五五）、『シモン・ボッカネグラ』（一八五七）、『仮面舞踏会』（一八五九）、ロシアのサンクト・ペテルブルクで初演した『運命の力』（一八六二）、パリで初演した『ドン・カルロ』（一八六七）、スエズ運河開通を記念してカイロで上演した『アイーダ』（一八七一）などを書いた。

ヴェルディはその後田舎に引きこもって、隠遁生活を送るようになる。十分に稼いで広大な土地を手に入れたヴェルディは、生活の糧を得るためにオペラを書く必要はなくなったのだが、そうした彼をもう一度創作に向かわせたのはワーグナーの存在だろう。ワーグナーの『トリスタンとイゾルデ』（一八六五）以降の作品で、演劇と音楽との統合を図ろうとする楽劇の存在を知り、それに対するヴェルディの回答として、もう一度オペラを書いたのではないかと思われる。ワーグナーの特徴であるライト・モティーフこそ使用しなかったが、レチタティーヴォとアリアを明確に分けずに、オーケストラの役割を充実させた形式で、シェークスピア原作の『オテッロ』（一八八七）を書き、イタリア・オペラに新風を吹き込んだ。その後もシェークスピアの喜劇に登場する愛すべき人物を題材として『ファルスタッフ』（一八九三）を書いた。

著作権収入

ヴェルディ以前のオペラ作曲家は、歌劇場の依頼を受けて作品を書き、初演時に作曲料を得る形だったので、その作品が繰り返し上演されても著作権収入を得られなかった。しかし、ヴェルディは楽譜出版や公演からの収入で生活できたので、著作権収入で生計を立てた初めてのオペラ作曲家だといえる。そうした著作権収入があったので、五〇歳代後半で隠遁生活に入ることも可能となり、故郷に大きな農園を持っただけでなく、多額の遺産で音楽家のための養老院も建設できた。

こうした、ヴェルディの蓄財の背景には、イタリア統一による国内法令の一本化により著作権を確保できたことと、新興の楽譜出版社リコルディの活躍がある。創業したジョヴァンニ・リコルディ（一七八五〜一八五三）はミラノの小さなオペラ劇場のコンサート・マスターだったが、楽譜の印刷方法を学び、スカラ座の新作オペラの印刷出版権を獲得する。さらに一八二五年にはスカラ座の倉庫にあった古いオペラの出版権を二束三文で獲得して、出版により大儲けする。リコルディはベッリーニやドニゼッティの作品の出版権も得て、それを各国に転売して儲けるようになる。

その後も、リコルディ社は有力なオペラ作曲家を探し続け、ヴェルディに目を付けた。ヴェルディはリコルディ社とほかの出版業者とを競わせる形で、一時金だけでなく印税方式の歩合収入が得られるようにしたので、作曲だけで十分な生活が成り立つようになった。この方式が確立したことにより、ヴェルディ以降のオペラ作曲家は、王侯貴族やパトロンの顔色をうかがわずに作品を書けるようになるが、そうした生活の安定が作曲家をどんどんと純粋芸術の追求に向かわせ、大衆の好みとの乖離《かいり》を生じさせることとなる。

イタリア最後の巨匠

イタリア・オペラ黄金時代の最後の巨匠となったのはジャコモ・プッチーニ（一八五八〜一九二四）だ。父親がヴェルディと同い年なので、プッチーニはヴェルディよりも四五歳年下で、ヴェルディの後を埋めるように登場してイタリア・オペラを支えた。しかし、一九二〇年代となると、新しい文化やアメリカ発祥のジャズ、映画などの娯楽が続々と登場して、十九世紀的なオペラやオペレッタの人気が低下し、プッチーニが最後の巨匠となった。

プッチーニはイタリア中部の町ルッカで、何代にもわたり音楽家を生み出した家に生まれたが、彼が五歳の時に父親が亡くなったため、生活に苦労し、奨学金を得てミラノへ出て音楽を学んだ。最初の作品『ヴィッリ』は、新興楽譜出版社ソンツォーニョ社の懸賞に応募して落選したものの、ダル・ヴェルメ劇場で一八八四年に上演され、それが縁でリコルディ社と契約する。二作目の『エドガール』は不評で、この時に台本の重要さを認識したプッチーニは、以降の作品では徹底的に台本を吟味するようになる。

プッチーニの存在を広く知らしめたのは『マノン・レスコー』（一八九三）の成功で、ヴェルディ最後の作品『ファルスタッフ』と同じ年に上演された。続いて、パリのボヘミアンたちを描いた『ラ・ボエーム』（一八九六）、ローマを舞台とした『トスカ』（一九〇〇）、日本を舞台とした『蝶々夫人』（一九〇四）、アメリカを描いた『西部の娘』（一九一〇）と名作を残した。その後は、ウィーンから依頼されたものの、第一次世界大戦勃発によりモンテカルロで初演された『つばめ』（一九一七）を書く。この作品はパリを舞台としたブルジョア銀行家とその愛人の話だが、低調に終わった。次はニューヨークからの依頼で書かれた一幕物の三部作で、『外套』『修道女アンジェリカ』『ジャンニ・スキッキ』（一九一八）だが、『ジャンニ・スキッキ』はプッチーニ唯一の喜劇作品として人気がある。その後は合唱曲なども書いたが、中国を舞台にとった大作『トゥーランドット』（一九二六）の作曲中に亡くなり、指揮者トスカニーニの依頼によりアルファーノが加筆して全編を完成させた。

プッチーニのオペラは、ワーグナーの影響で大規模オーケストラを活用したが、イタリア伝統の美しい旋律で全編が覆われているため、現在でも人気が高い。ヴェルディ以降の時代だったので、デビューまでは苦労したものの、リコルディ社と契約してからは生活も安定し、ゆったりとしたペースで作品を書くことができ、三部作を一つと数えるとわずか一〇作品しか残さなかった。

イタリアのオペラは、十九世紀前半までは、神話的な題材や英雄、歴史物などを主題とする正歌劇と、庶民の生活を描く喜歌劇に分類されていた。これは歌舞伎の世界で言うと「時代物」と「世話物」という分類に相当するが、プッチーニは、「世話物」狂言にあたる庶民や市民の生活を中心に描いた。従来であれば、こうした物語は喜劇的な性格を帯びて、喜劇となるのだが、『ジャンニ・スキッキ』以外の作品はどちらかというと悲劇的な話となっている。こうした、庶民の実際の生活を描くという態度はヴェリズモ（イタリアのリアリズム）的であり、英雄や神話的な題材を好んで描いたワーグナーとは、題材の取り方が正反対といえる。

3　フランスとドイツのオペラ

革命後のフランス・オペラ

十八世紀末のフランス革命によって、オペラやバレエは大きな影響を受けた。それまでのスポンサーであり観客でもあった王侯貴族がいなくなり、それに代わったのはブルジョア層だった。ブルボン朝の絶対王政時代には、演劇やオペラなども国王の許諾により上演されたが、革命後に状況が変わる。もちろんオペラ座も、国王の処刑後には「王立」の冠を外して、パリ市の運営下に入らざるを得なくなる。上演する作品も、王立時代に主流だった歴史や神話などの題材は影を潜めて、共和制ならば革命賛美、ナポレオンが出てくれば英雄賛美のような演目となる。

王政復古後の一八三〇年の七月革命後に、オペラ座は民営化される。運営補助金は得られたものの、それだけでは維持が困難となり、入場料収入を増やそうと、金満家のブルジョアを定期会員として経営の安定を図った。そうした工夫によってオペラ座のオペラやバレエは、かろうじて生き残る。

貴族は日中に決まった仕事をするわけではないため、オペラ座の開演時刻も午後五時と早かったが、ブルジョアは金持ちであっても昼間には仕事をしたので、開演時刻はだんだんと遅くなり、午後八時頃からの開演へと変わる。しかも、定期会員たちは、仕事の後でゆっくりと食事をして、それからオペラを観に来るので、開演時刻に間に合わず、いつも遅れて来た。そのため、遅れてもオペラに挿入されたバレエを見逃さないように、バレエは二幕以降に入れるのが慣習となる。

オペラの主題も大きく変わった。革命前は神話的、歴史的題材が中心だったが、革命後には同時代の人々の生活が好んで描かれるようになる。そのため、十九世紀になって出てきた多くの文学作品などが格好の題材となった。同じ頃に、台詞劇に音楽の伴奏を付けたメロドラマも流行するようになる。メロドラマでは歌が入るわけではないが、劇の雰囲気を盛り上げるために、背景音楽を台詞の後ろで演奏して、時には序曲も加えられた。こうしたメロドラマは、ブルジョア層に好まれて、ドイツでもロマン派演劇の付随音楽がたくさん書かれるようになる。メロドラマの主題も同時代のもので、危機が起きたり囚われたりする波瀾があり、恋人や兵士による救済によって解決する。十八世紀までであれば、物語の解決は神の介入によることが多かったが、革命後の十九世紀には、もはや神は登場せずに人間の芝居となった。

グランド・オペラ

こうしたメロドラマにおけるブルジョア趣味はオペラにも波及して、「グランド・オペラ」（フランス語ではグラントペラ、大歌劇）が成立する。いわば革命前の正歌劇が、革命後にはグランド・オペラとなり、大規模でスペクタクルな見世物として発展し、必ずバレエも挿入されるようになる。グランド・オペラは一八三〇年頃から第三共和政が成立する一八七〇年頃まで盛んに上演された。何が「グランド」なのかというと、何もかもが大きい。幕数が多いだけでなく、出演者や合唱人数も多く、オーケストラも舞台装置も大規模だった。描かれる題材も、波瀾万丈の物語が多く、盗賊物や、囚われの身からの危機脱出劇などをスペクタクルな演出で見せた。盗賊を描くという点では、幕末期の歌舞伎で、黙阿弥の「白浪物《しらなみもの》」が流行ったのと似ている。グランド・オペラ時代の作者としては、オーベールやマイヤーベーアが活躍した。

フランソワ・オーベール（一七八二～一八七一）はフランス革命直前に生まれて、ナポレオン後の王政復古期から第二帝政時代に活躍した。フランスへ来ていたイタリア人作曲家ルイジ・ケルビーニに学び、主にオペラ・コミックを書いた。最初に高い評価を得たのは『石工』（一八二五）で、それ以降は台本を担当したウジェーヌ・スクリーブと組んで、多くのヒット作品を書いた。代表作に『ポルティチの唖娘』（一八二八）、『フラ・ディアヴォロ』（一八三〇）、ドニゼッティの『愛の妙薬』の基となった『惚れ薬』（一八三一）、『ギュスタフ三世』（一八三三）、『青銅の馬』（一八三五）、『黒いドミノ』（一八三七）、『王冠のダイヤモンド』（一八四一）、『マノン・レスコー』（一八五六）などがある。

ジャコモ・マイヤーベーア（一七九一～一八六四）は、フランスで活躍したが実はドイツ人で、一七九一年にベルリンの裕福な銀行家のビーア家に生まれて、親類のマイヤー家からも遺産を引き継いだためマイヤーベーアと名乗ったという。ロッシーニの前年に生まれているので同時代人だといえる。幼少の頃から音楽的な才能を発揮して、二〇歳くらいでピアニストとして評価されるが、ドイツ語で書いたオペラはどれも不評だった。一八一五年にヴェネチアで観たロッシーニの『タンクレディ』に感銘して、イタリア風のオペラを書くようになる。イタリアで書いた『アンジュのマルゲリータ』（一八二〇）、『エジプトの十字軍』（一八二四）が評判となり、『エジプト』の公演のためにパリへ出て、そのままパリで活動するようになる。パリで書いたフランス風の『悪魔のロベール』（一八三一）が大好評で人気が出る。人気となったのは三幕に挿入された悪魔に呪われた修道女のバレエで、ポアント（つま先立ち）の名手だったマリー・タリオーニが踊る場面が評判となったからだ。その後は、『ユグノー教徒』（一八三六）、『預言者』（一八四九）、『北極星』（一八五四）、死後に発表された『アフリカの女』（一八六五）などを書いた。

オペラ・コミック座

ナポレオンが皇帝の座に就くと、芝居や音楽劇の整理が図られた。ナポレオン自身はコルシカ島の出身で、フランス語だけでなくイタリア語にも堪能だったので、イタリアの喜歌劇なども好んだが、補助金を出して劇団を統合して、オペラや芝居を自己の宣伝活動にも使おうとする。このようなプロパガンダ戦略は、二十世紀のファシズム政権と同様だった。

こうしたことから、大規模で本格的なオペラはオペラ座で、庶民の好む台詞入りの喜劇的な音楽劇はオペラ・コミック座で上演すると公式に定められた。オペラ・コミック座では、市中で人気のあったバーレスクやヴォードヴィルも取り込み、喜歌劇の流れを汲む小規模で喜劇的な作品を上演する建前だったが、本格的に作曲を学んだ音楽家が作品を提供するようになると、次第に大規模な作品も上演されるようになり、オペラ座のグランド・オペラと同じようになってしまった。このような背景のオペラ・コミック座で、後世に残る『カルメン』を書いたのがビゼーだ。

ジョルジュ・ビゼー（一八三八〜七五）は、ナポレオン時代後の王政復古期に生まれ、第二共和政や第二帝政時代を経て、第三共和政が成立した年にわずか三六歳で亡くなった。音楽一家で育ち、パリ音楽院で音楽を学び、一八五七年のローマ賞作曲コンクールにカンタータ『クロヴィスとクロティルド』で応募して大賞を獲得した。また同年にオッフェンバックの募集した、『ミラクル博士』に曲を付けるオペレッタの作曲コンクールで、ルコックと一位を分け合い、オッフェンバックの劇場ブフ・パリジャンで上演された。

ローマ賞の副賞として与えられた三年間のローマ留学で、イタリアのオペラ作りを学び、パリに戻って『真珠とり』（一八六三）を上演するものの、よい批評は得られなかった。その後『美しいパースの娘』（一八六七）などを書くが成功せず、アルフォンス・ドーデの戯曲『アルルの女』（一八七二）に付随音楽を書いたりしている。この音楽は、後に組曲として有名になった。

ビゼーを有名にしたのは何といっても『カルメン』（一八七五）だ。初演はオペラ・コミック座で台詞入りの作品として上演されたが、ビゼーの死後にオペラに改作され、台詞部分はレチタティーヴォとして上演されるようになった。現在ではこの版が一般的に上演されるが、改作により台詞が大幅にカットされたために、台本がわかりにくく、人物描写があいまいになったとの批判もある。

ドイツのオペラ

十九世紀のドイツは、多くの大作曲家を輩出したにもかかわらず、ドイツ語で書かれたオペラが少ない。十八世紀末から活躍したベートーヴェンは『フィデリオ』（一八一四）しか書かなかったし、その後に出てきた、ブラームス、マーラー、ブルックナー、メンデルスゾーンなどは、器楽曲がほとんどだ。歌曲をたくさん残したシューベルトは、オペラも書いたが、あまり上演されなかった。

これは、明るい太陽の下で描かれるイタリア絵画と、暗い森の中での幻想も取り込むドイツ絵画が、まったく異なる雰囲気を醸し出すのと同様に、イタリア人は声楽を好み、ドイツ人は器楽曲を好んだということかも知れない。あるいは、ドイツ国内でもイタリア・オペラが上演されていたため、ドイツ語でオペラを歌える人材が育ちにくかったとも考えられる。しかし、ウィーンを中心にモーツァルトが活躍して、ドイツ語のオペラを残しているので、これを引き継ぐ作曲家が出現しなかったのは残念だ。ヘンデルにしても、マイヤーベーアにしても、ドイツ人でオペラを書いた人材は、イタリアで学び、ドイツ以外の国で活躍したためにドイツ語の作品を残していない。

一方、ナポレオンの時代に、フランスのメロドラマはドイツにも進出したため、メロドラマはたくさん書かれた。ベートーヴェンも『エグモント』（一八一〇）を書いたし、メンデルスゾーンも『夏の夜の夢』（一八四三）を書いている。

そうしたことから、カール・マリア・フォン・ウェーバー（一七八六〜一八二六）が、十九世紀前半では数少ないドイツ・オペラの作曲家だった。彼は生涯に十作品ほどオペラを書いたが、大半がロマン派のオペラで、中世的な伝説や民話などに基づく作品だった。代表的な作品としては『魔弾の射手』（一八二一）がある。この『魔弾の射手』を観てオペラを志したのが、ワーグナーだった。

ワーグナーと楽劇

リヒャルト・ワーグナー（一八一三〜八三）は、ヴェルディと同じ年に生まれたので、活動時期もほぼ同じだ。ちょうどナポレオン後の王政復古時代の激動期にあたり、生涯の大半はドイツ連邦下で過ごした。ザクセン州の首都ドレスデンから少し離れたライプツィッヒで生まれ、音楽に関係ない普通の家庭で育つが、生後すぐに父親が亡くなり、母親は生活のために舞台役者と再婚する。そのため、ワーグナーも幼い時から演劇や文学に親しんだ。十歳ぐらいからピアノを習い、練習には熱心ではなかったが、ベートーヴェンの曲を聴いて音楽家になろうと決心し、ウェーバーの『魔弾の射手』を観てオペラを志すことにする。そのため音楽学校に通い作曲を学ぶ。もともと、演劇や文学に親しんでいたため、オペラの台本も自分自身で書くようになる。

三十歳ぐらいまでは習作期で、ドイツやロシアのオペラ劇場で指揮者などをしながら何本かオペラを書くが芽が出ず、借金を踏み倒してパリへ行き、そこでも認められずに写譜などの仕事で糊口を凌ぐ。パリではユダヤ人のマイヤーベーアが勢力を持ち、ワーグナーの実力が認められなかったため、生涯にわたりユダヤ人に反感を持つようになった。やがて売り込みが奏して自作が上演されることになり、一八四二年に故郷ともいえるドレスデンに戻り、パリ時代に書いた『さまよえるオランダ人』（一八四三）を初演する。この作品が評価されて故郷ザクセンの宮廷歌劇場の楽長となり、『タンホイザー』（一九四五）を上演してようやく生活も安定する。

一八四八年にフランスのルイ・フィリップが二月革命で退位すると、その革命気運がドイツにも波及して、一八四九年五月にワーグナーは革命運動に参加する。しかし、革命は鎮圧されて、ワーグナーに逮捕状が出るので、スイスへ亡命した。ドイツへ戻れなくなったために、自分自身の書いた『ローエングリン』（一九五〇）の初演にも立ち会えないありさまで、スイスの支援者の提供してくれた家で、芸術論の著作やオペラの執筆をしつつ、支援者の妻を口説いたりする。

運が向いてくるのは、一八六四年に若いルートウィヒ二世がバイエルン国王となってからで、ワーグナー信奉者だった国王は、それまでの借金を肩代わり清算して支援を行う。『トリスタンとイゾルデ』（一八六五）、『ニュルンベルクのマイスタージンガー』（一八六八）、『ラインの黄金』（一八六九）、『ワルキューレ』（一八七〇）などが、バイエルン王国の首都ミュンヘンの宮廷劇場で初演された。

ルートウィヒ二世は、ディズニーランドのシンデレラ城のモデルとなった鉄骨コンクリート製のノイシュバンシュタイン城（『ローエングリン』にちなみ「新白鳥城」と命名）を、一八六八年から作り始めるが、ワーグナーも自分の理想とする歌劇場が欲しくなり、ルートウィヒ二世の後援を受けて、一八七二年からバイロイトに祝祭劇場を建設して一八七六年に完成させる。バイロイトは、バイエルンの北部に位置し、ミュンヘンとドレスデンとの中間地点にある。彼は、各国の王侯貴族を招き、新劇場で四部作からなる『ニーベルングの指環』（一八七六）《『ラインの黄金』『ワルキューレ』『ジークフリート』『神々の黄昏《たそがれ》』》と、『パルジファル』（一八八二）を上演した。この新しい劇場は木造で、劇場全体を楽器に見立てて音響設計したとされる。バイロイト祝祭劇場はかなり特殊な構造であったため、オーケストラの響きも独特のものがあり、ワーグナーはそれを考慮して『パルジファル』を書いた。そのため、ほかの劇場でこの作品を上演することを禁じた。ワーグナーは『パルジファル』を初演した翌年に心臓発作で亡くなる。

ワーグナーは、初期段階においてはイタリア・オペラのスタイルを踏襲しており、『ローエングリン』までは、アリアが独立した番号付きオペラ形式で書いたが、『トリスタンとイゾルデ』以降の作品では、人物や物などのテーマごとに作られた示導《しどう》動機（ライト・モティーフ：短い旋律）を展開して、あたかもアリアがずっと連続する（無限旋律）ような作品を書いた。また、演劇性のあるドラマと音楽とを真に融合させた新しい音楽劇だとして、オペラと区別してこれを「楽劇」と呼んだ。従来のように、声を存分に聴かせる協奏曲のようなスタイルではなく、オーケストラの音と人の声を融合させてモティーフを展開する交響曲のような作品だともいえる。従来のイタリア・オペラが、声を聴かせるために、オーケストラは伴奏の域を出ていなかったのに対して、人の声もオーケストラの一部になったような作品だ。

ワーグナーは、ほかのオペラ作曲家とは異なり、自分で台本まで書いたが、その扱う題材は、神話的、宗教的なものが多い。もちろん、こうした題材は十七世紀から使われてきた伝統的な主題ではあるが、十九世紀後半のイタリアやフランスのオペラでは、神話的な題材はほとんど姿を消し、歴史上の英雄的な主題さえ減って、一般市民や庶民の生活が描かれていたので、かなり特異な主題選択だといえる。さらに、この時代の音楽家は、大半が作曲料、演奏料、著作権料などにより生活をしていたが、ワーグナーは一時代前の音楽家のように、国王ルートウィヒ二世の支援により生活の糧を得ていた。そうしたことから、ワーグナーの作品には、時代に相応しくない古めかしさや、大時代的な表現が感じられる。

歌舞伎の演目でも、元禄（一六八八〜一七〇四）から宝暦（一七五一〜六四）の絶頂期には格調の高い時代狂言が作られているが、幕末の爛熟期（十九世紀前半）に入ると、次第に鶴屋南北の生世話物《きぜわもの》や、河竹黙阿弥の白浪物《しらなみもの》に代表される、庶民を描いた作品が増えてくる。イタリア・オペラにおいても、同じような展開で、爛熟期にはプッチーニやヴェリズモの作品群が登場しているが、同じ時代にワーグナーのような突然変異的な作品が登場しているのは、ドイツの置かれた状況を反映していたのかも知れない。ワーグナーの楽劇路線は、リヒャルト・シュトラウスによって引き継がれるものの、その路線はほどなく修正を余儀なくされる。

ワーグナーの作品や楽劇の考え方は、他国のオペラにも大きな影響を与えた。バイロイトの祝祭劇場用に書かれた『パルジファル』は、ほかの劇場では上演を認めなかったために、ヨーロッパのほかの地域では上演できなかったが、著作権のベルヌ条約に未加盟だったアメリカでは問題なく上演できた。オペラの黄金時代だったイタリアでも、ワーグナーの影響は大きく、ヴェルディの晩年の作品や、プッチーニの後期作品、ヴェリズモ・オペラなどに明確な影響が見られる。

バイロイト祝祭劇場

従来のヨーロッパの伝統的なオペラ劇場は、馬蹄形の基本構造を持ち、外周部分に幾層かのボックス席を配置している。舞台の正面にあるボックス席はロイヤル・ボックスと呼ばれて、国王の専用席であり、周囲のボックス席からは舞台だけでなく、王の姿を見ることができるように配置されている。一階部分は傾斜のない平土間となっており、貴族ではなく、兵士や平民たちが利用したが、傾斜がないために後方では舞台を見づらいという問題があった。そのため、平土間には固定的な椅子はなく、移動可能な普通の椅子を使うか、立って見ることが多かった。劇場内の照明はロウソクなどのシャンデリアだったので、オペラの上演中も客席は明るいままであり、上演が長時間に及ぶと、照明と人の熱気で劇場内が暑くなり、空気も澱むため、シャンデリアの上方の天井には、空気を循環させて入れ替えるための空気穴が設けられていた。

バイロイトの劇場は、こうした従来のオペラ劇場とはまったく異なる設計だった。平土間にあたる部分の床に傾斜を付けて、前に座る人の頭が邪魔にならないように階段状に客席を配置し、ボックス席を廃止した。さらに、舞台を見る時にオーケストラや指揮者が邪魔にならないように、オーケストラ・ボックスは舞台の下に潜り込むような形で配置され、舞台と客席との距離を近づけた。そのためオーケストラ・ボックスの床にも階段状の傾斜が付いている。また、場内の照明も天井のシャンデリアを廃止し、最新のガス灯が設置されたので、上演中には場内の照明を暗くして、観客が舞台に集中できるようにした。

それまでは、舞台の上演中であってもスポンサーである王侯貴族たちは、ボックス席に陣取り、自分たちは勝手なことをする社交場としてオペラ劇場を使っていたが、バイロイトでは客席の照明が暗くなるため、観客は舞台を見るしかなかった。この変化こそが、王侯貴族たちの社交場からオペラを観るための劇場へ変わる転換点となった。そして、社会が封建制から共和制へと移る、時代の転換点とも一致していた。十九世紀末には、電気照明の普及と共和制への転換が進み、既存のオペラ劇場でも、上演中に客席の照明を落として舞台に集中させる動きは、徐々に広まっていった。

楽劇の終焉

ドイツの中でも特異的な楽劇を作ったワーグナーの後を継いだのは、リヒャルト・シュトラウス（一八六四〜一九四九）だ。シュトラウスはワーグナーの五一歳年下で、ワーグナーの亡くなった後、代わるように楽劇やオペラを書いた。ワーグナーはヴェルディと同世代だったが、シュトラウスはプッチーニと同世代で、プッチーニの六年後に生まれた。しかし、プッチーニが第一次世界大戦後の一九二四年に亡くなったのに対して、シュトラウスは第二次世界大戦後まで生きたので、二つの世界大戦による社会変化をまともに受けた。さらに、プッチーニはオペラ専門だったのに対して、シュトラウスは管弦楽曲も多く残している点が異なる。

シュトラウスはミュンヘンに生まれるが、父親は宮廷楽団の有名なホルン奏者で、音楽的な環境の中で育った。シュトラウスが生まれた年に、若きルートウィヒ二世が国王の座に就き、ワーグナーを支援したので、当然に若い時からワーグナーを聴く機会があったが、ホルン奏者の父は大のワーグナー嫌いだったという。シュトラウスは、二〇歳代の時には交響詩などの標題音楽を書いていたが、三〇歳くらいからオペラを書き始める。

最初のオペラは、ワーグナー風に書かれた中世騎士物語の楽劇『グントラム』（一八九四）だが、まったく評価されなかった。次も楽劇の『火難』（一九〇一）だが、これも人気が出なかった。オペラで評価されたのは『サロメ』（一九〇五）で、台本にはオスカー・ワイルドの戯曲をほとんどそのまま使った。次はウィーンの劇作家フーゴー・フォン・ホフマンスタールと組み、ギリシャ悲劇を題材とした『エレクトラ』（一九〇九）を書き、これが評価されたので、その後はホフマンスタールの台本で多くの作品を書いた。

『サロメ』と『エレクトラ』は、実験的、前衛的な作風で、不協和音に満ちていたが、その次に書かれた『ばらの騎士』（一九一一）は、ワーグナーではなくモーツァルトを意識して書かれた。

取り上げた主題も、モーツァルトの『フィガロの結婚』と似ているが、そこにはフランス革命前の貴族階級に対する批判はなく、十九世紀末ウィーンの風俗描写だけが残った。芝居の時代設定は、十八世紀ウィーンのマリア・テレジア時代となっているが、描かれている世界は十九世紀末そのものでありワルツで飾られている。

なぜシュトラウスが作風を変えたのかについては、いろいろな見方があるが、一般的には新古典主義的な時代の流れに沿ったと説明される。美術界においては、古代遺跡の発掘により、ギリシャ・ローマ時代の均整がとれた重厚な古代の美術世界に戻ろうという動きが出て、十八世紀中頃から十九世紀前半にかけて新古典主義の時代があった。それと似た動きが、二十世紀初頭の音楽界にもあった。ワーグナーの音楽をさらに発展させることが難しく、行き詰まりを感じて、古典に戻ろうとしたのだ。音楽ではギリシャ・ローマの古典には戻れないため、バッハからハイドン、モーツァルトあたりの十八世紀の古典に戻ろうとする動きが、新古典主義と呼ばれる。美術の定義とは時代も内容もかなり異なるため、同一視は危険だが、あえて大胆に考えるならば、過度に装飾的、技巧的になりすぎた様式を改めて、自然で整った古典的な世界に戻ろうとする点では似ている。

こうしたシュトラウスの変化が、個人の内面から出て来たのかどうかはわからない。聴衆の好みの変化に敏感に反応したのかも知れない。この時期のドイツは、プロイセンが強いとはいえ、小さな王国が同盟によってまとまっているような状態だった。そこでシュトラウスも宮廷音楽家のような肩書を持ってはいたものの、一方では産業革命が進み、鉄道の普及により人口の都市集中も始まっていたため、新たに台頭してきたブルジョア層や一般大衆をも音楽やオペラの新たな聴衆として意識する必要があった。こうした動きは第一次世界大戦後の王国の崩壊により決定的となるが、その直前である一九一〇年頃にも、新しい傾向として現れていた。そのため、公演収支を厳しく管理して、観客の入りをいつも気にしていたシュトラウスは、聴衆の好みの変化を敏感に感じ取り、それに適合しようとした可能性がある。

この音楽様式の転換は必然的に演劇的な主題の変化も伴い、神話的、歴史的、英雄的な題材は消え去り、単なる恋愛喜劇となった。その後もシュトラウスは、台本のホフマンスタールと組み、モリエールの芝居『町人貴族』の劇中劇として挿入される形式の『ナクソス島のアリアドネ』(一九一二)、第一次世界大戦直後に初演され、モーツァルトの『魔笛』に似ているといわれる『影のない女』(一九一九)、『エジプトのヘレナ』(一九二八)、『ばらの騎士』路線の『アラベラ』(一九三三)などを書いた。『アラベラ』の執筆中にホフマンスタールが亡くなったため、その後は何人かの別の台本作家と組み、『無口な女』(一九三五)、『平和の日』(一九三八)、『ダフネ』(一九三八)、『ダナエの愛』(一九三八)、『カプリッチョ』(一九四二)などを書いている。

『無口な女』では、ウィーンの作家シュテファン・ツヴァイクと組んだ。彼の台本は、ホフマンスタールほど堅苦しくなく、シュトラウスの書きたかった喜劇的要素があったので、シュトラウスも大変気に入ったが、ツヴァイクがユダヤ人であったために、初演時のポスターにツヴァイクの名前を出すか否かでナチスの間で揉め、トラブルを恐れたツヴァイクは、それ以降は台本を書かず亡命した。シュトラウスはその後の活動から、ナチス協力者のようにも伝えられるが、積極的に協力したというよりも、宣伝塔として利用しようとするナチスに対して、のらりくらりと抵抗して自分の生活を守り、何とか『無口な女』を上演しようとしただけだ。いずれにしろ、この時期のシュトラウスは、ナチス統治下における自分の地位を利用してドイツ国内で著作権料の管理団体を作り、音楽家の生活を守ろうとした。

ワーグナーの後継者として出発したシュトラウスのオペラは、『ばらの騎士』でモーツァルト路線を見出したものの、第一次世界大戦（一九一四～一八）が終わると、新たに登場してきた映画（無声だったが）などの新しい娯楽に押されて大衆の支持を失った。結局、進歩しすぎて調性音楽の枠をはみ出したオペラは、難解すぎて大衆層の支持が得られず、一九二〇年代以降にはオペラの新作が減少し、十九世紀作品の再演が多くなった。

4　十九世紀のバレエ

宮廷バレエからオペラ座バレエへ

バレエは、イタリアからフランスの王宮に伝えられ、ルイ十四世が踊り好きだったこともあり、フランスを中心に発展する。ルイ十四世は踊り手たちを育てるために、一六六一年に王立舞踊アカデミーを設立し、現在のバレエの基礎となった「五つのポジション」なども定めた。ルイ十四世は、一六七〇年を最後に、自らは踊らなくなるので、その後は職業的な踊り手の踊りを鑑賞する時代となる。一七一三年にはパリ・オペラ座バレエ団が設置され、同時に付属のバレエ学校も設立された。

教育体制が整備され、バレエ・ダンサーが職業として成り立つようになったため、十八世紀には超絶技巧を披露するダンサーたちが現れた。もっとも、超絶技巧でスターとなるダンサーは、オペラ座のバレエ学校出身ではなく、イタリアなど外国出身者が多かった。このように、初期のバレエは、作品ではなく技巧の披露から始まった。これは、十八世紀のオペラで、カストラートが超絶技巧を競い合ったのと同じだ。十九世紀には器楽演奏の技巧を競うヴィルトゥオーゾ（名人芸的な演奏家）の時代があり、二十世紀になっても、タップダンスやブレイクダンスは、路上での競い合いにより発展している。

踊りの技巧合戦といっても、当時の女性の衣装は大きく広がった長いスカートだったから、ジャンプして脚を素早く交差させるアントルシャのような技が中心だった。これは当時の踊りが、宮廷の一室などで演じられ、近くで観ることが前提だったためで、後に劇場での踊りが中心になると、動きは大きくなり、自由に脚を動かすために、スカート丈はどんどん短くなる。

ジャン＝ジョルジュ・ノヴェールは、『舞踊とバレエについての手紙』（一七六〇）を書いて、こうした超絶技巧の競い合いではなく、物語により踊りが統合された「バレエ・ダクシオン」を作るべきだと主張した。踊り手の技巧ではなく、物語を踊りで表現することを求めたのだ。この動きは、オペラ界におけるグルックの改革と呼応している。二十世紀のミュージカルにおいて、台本ミュージカル（ブック・ミュージカル）が登場するのも同じような考えの上に立っている。

ノヴェールは単なる理論家ではなく、女性名手カマルゴと一緒に踊ったダンサーだった。本の中で保守的なオペラ座をさんざん批判したため、パリでは自分の主張を実践できずに、一七六〇年にシュトゥットガルトの宮廷に招かれて、その地で物語バレエの実践を始める。その物語バレエが評判になり、マリー・アントワネットの推薦により、一七七六年にはパリのオペラ座でメートル・ド・バレエ（芸術監督）となる。彼はさっそく物語バレエの上演を始めるが、オペラ座内部の保守勢力の妨害にあい、一七八一年には辞任している。しかし、一七八九年に起きたフランス革命により、マリー・アントワネットと関係の深かったノヴェールは、身の危険を感じてロンドンへ逃げざるを得なくなってしまう。

フランス革命の後は、共和制や、ナポレオンの帝政、王政復古など、目まぐるしく変わる時代が、一八七〇年に第三共和政が成立するまで続いた。政治体制が変わると、新興のブルジョア勢力が台頭して、オペラ座はブルジョア層の社交場として維持された。そこで、貴族ではなくブルジョア層の好みに合わせた形に、オペラもバレエも変わっていく。バレエは、よりダイナミックとなり、つま先立ちするポワントのテクニックが誕生する。

ロマン派バレエ

一七八九年のフランス革命の後、ナポレオンが登場し、そのナポレオンが失脚した後、王政復古となるが、シャルル十世が一八三〇年の七月革命で倒されて、ブルジョアの担いだ国民王ルイ・フィリップが立憲君主制の王となる。オペラ座も王や貴族の援助を受けられなくなり、新興ブルジョア層の好む演目を上演するように路線変更しただけでなく、ブルジョアを呼び込むために、大口の定期会員にはホワイエと呼ばれる舞台裏の練習場への立ち入りを認めた。その結果、ホワイエには金持ちたちが入り浸り、若い美人バレリーナを愛人として物色する場に変化、バレリーナの母親は遣り手となって斡旋をした。こうしたことが平然と行われたのは、バレリーナの多くが貧しい家庭の出身で、お金に困っていたからだ。このような経営努力により、オペラ座バレエの人気は急上昇し、金持ちの男性客が押し掛けるようになった。

定期会員の男性客は、オペラでも御贔屓《ごひいき》のバレリーナが出ることを求め、オペラ公演でも、二幕以降にバレエを挿入する慣習となった。二幕以降というのは、会員たちが食事をして遅れてやって来るからだ。一八六一年にパリのオペラ座で上演されたワーグナーの『タンホイザー』はこの慣習を破り、二幕ではなく一幕にバレエを入れたため、金持ち会員の「ジョッキー・クラブ」が三晩にわたり騒ぎ立てて妨害し、ワーグナーは上演を諦めざるを得なくなった。ヴェルディは、一八六七年にパリのオペラ座で初演した『ドン・カルロ』の三幕にバレエを入れたので、「ジョッキー・クラブ」の妨害にはあわなかったものの、ナポレオン三世の妻ウジェニーがスペイン出身で、気分を害して途中退席したので失敗とされてしまった。

現在の古典的なバレエ技術の基本となっている、ポアントによるつま先立ちは、このような状況下の十九世紀に誕生した。それまでにも、ポアント技術はいろいろなダンサーが研究していたが、つま先立ちでの踊りには成功していなかった。一八二七年に、マリー・タリオーニがこれをマスターしてデビューすると、たちまち大人気となり、ダンサーたちは争ってこの技術を身に付けようとした。タリオーニは、マイヤーベーアのグランド・オペラ『悪魔のロベール』（一八三一）で「修道女の踊り」をポワントで踊り、新時代を切り開く。三幕に挿入された悪魔に呪われた「修道女の踊り」は、マリーの父フィリッポの振付によるもので、月光に照らされた廃墟の僧院で誓いを守れなかった修道女が亡霊として現れ、白い衣装を落としてエロチックに主人公を誘惑する踊りがあり評判となった。この白い衣装の踊りが、『ラ・シルフィード』（一八三二）以降のロマン派バレエに取り入れられて、いわゆる「バレエ・ブランシュ」（白いバレエ）となった。

ロマン派バレエ作品は、白くふんわりとした衣装を使った『ラ・シルフィード』から始まり、『ジゼル』（一八四一）などが作られる。タリオーニの人気が高かったので、同じようにポワントをマスターした名バレリーナが次々と現れた。タリオーニと人気を分けたのはファニー・エルスラーで、タリオーニが『ラ・シルフィード』のように清純な役を得意として「キリスト教的」で「地上的」と評されたのに対して、エルスラーはきびきびとした踊りで「異教的」で「空中的」な魅力を放つといわれた。エルスラーの後には、イタリア人カルロッタ・グリジが一八三〇年代中頃に頭角を現し、『ジゼル』の初演を踊った。グリジは一八四九年までオペラ座で踊ったが、彼女がいなくなると、オペラ座にはスター・ダンサーが不在の状態となる。

こうしてオペラ座のバレエは、いささか品位を欠く方法で革命の混乱期を切り抜けたが、一八六〇年頃からは、スター・ダンサーの不在に加えて、優秀なメートル・ド・バレエも不在となり、サンクト・ペテルブルクで振付をしていたサン＝レオンに振付を依頼するようになる。サン＝レオンは一八七〇年まで、パリとサンクト・ペテルブルクの両方で掛け持ちしながら、振付を行った。こうして、両都市の関係は深まるが、パリのオペラ座バレエ団で踊れずにペテルブルクへ行ったマリウス・プティパが、ペテルブルクで優れた作品を作るようになり、バレエの発展は、パリの知らぬ間にペテルブルクに移ってしまう。

古典派バレエ

現代にいたる古典派バレエの基礎を築いたマリウス・プティパ（一八一八〜一九一〇）は、オペラのヴェルディとほぼ同時代を生きた。フランス革命後の帝政、王政復古時代であるが、一八四七年以降はロシアのペテルブルクで活動したので、ロマノフ王朝下のロシアで生きたといえる。第一次世界大戦前に亡くなったため、ロシア革命の混乱には巻き込まれなかった。

プティパは、舞踊一家の次男としてマルセイユで生まれた。父ジャン・アントワーヌ・プティパは振付家兼ダンサー、長男のリュシアンもロマン派時代の名ダンサーで『ジゼル』の初演で主役を踊った。マリウスも一三歳からダンサーとして活躍し、スペイン舞踊なども習得する。本人はパリ・オペラ座バレエ団で踊ることを望んだが、あいにく入団できずに、サンクト・ペテルブルクのバレエ団のプリンシパル・ダンサーとなる。

しばらくペテルブルクで踊るが、『ファラオの娘』（一八六二）の振付で成功して、メートル・ド・バレエとなり、次々と名作を振付けた。ミンクスの音楽を使った『ドン・キホーテ』（一八六九）、『バヤデルカ』（一八七七）の後、チャイコフスキーの音楽を使った『眠れる森の美女』（一八九〇）と『白鳥の湖（改訂版）』（一八九五）を振付けた。チャイコフスキーの曲は『くるみ割り人形』（一八九二）にも使われているが、この作品はレフ・イワーノフの振付でプティパは助言のみを行った。

このほかにも、『フローラの目覚め』（一八九四）、『ライモンダ』（一八九八）などを残している。四〇を超える作品の振付をペテルブルクで行ったが、そのほかにも、ロマン派時代の名作バレエの復活上演を行い、古い振付を現代まで伝えた功績は大きい。バレリーナの姿を美しく見せる振付には定評があり、コールド・バレエ（群舞）の扱いもうまかった。また、主演のダンサー二人によるグラン・パ・ド・ドゥ（四部からなる一連の踊り）や、ディヴェルティスマン（物語に直接関係しない小品の踊り）などで、古典的なバレエ様式を確立した。

新オペラ座の完成とバレエの再生

皇帝の座に就いていたナポレオン三世時代（第二帝政）の一八六〇年に、新オペラ座のガルニエ宮が計画されるが、完成したのは第二帝政が崩壊（一八七〇）して、第三共和政が成立した後の一八七五年だった。立派なオペラ座が完成したものの、一八三〇年以降のバレリーナ愛人路線のために、人気なのは女性ダンサーばかりで、男性ダンサーはほとんど育たなくなってしまった。振付家の不在も深刻で、面白い新作はなくなり、十九世紀末にはバレエの人気は低下して、オペラが人気を集めるようになる。

このようにパリでは、バレエは過去の芸術として忘れ去られていたが、そこへ登場したのが、セルゲイ・ディアギレフの率いるバレエ・リュス（ロシア・バレエ団）だった。バレエ・リュスは一九〇九年に最初のパリ公演を行ったが、そこにはニジンスキーをはじめとする力強い男性ダンサーがいて、人々を驚かせた。ディアギレフは、プティパの優れた作品を紹介しただけでなく、当時の最新の音楽、美術を取り入れた斬新なバレエを次々と作り出した。第一次世界大戦やロシア革命の勃発により、バレエ・リュスはヨーロッパ以外の各地へ巡業せざるを得なくなるが、それにより古典バレエが世界中へ広まることとなった。

ディアギレフの死後、バレエ・リュスにいたセルジュ・リファールは、一九三〇年にパリ・オペラ座バレエ団のメートル・ド・バレエに就任して、定期会員をホワイエから追い出す改革を行い、堕落したバレエ団を立て直した。また、ジョージ・バランシンはニューヨークでバレエ学校とバレエ団を作った。

第三章　オペレッタの展開（十九世紀後半〜第一次世界大戦）

オペラを支えたのは為政者や権力者だったが、オペレッタは新興ブルジョア層や一般市民層によって支えられた。そのため、その国の状況により、オペレッタは国ごとに異なる発展をした。オペレッタの上演が盛んだったのは主に三つの地域で、パリ、ドイツ語圏のウィーンとブダペスト（後にベルリンも）、そしてロンドンだ。いずれの地域でも、その時代の社会の雰囲気をよく反映した作品が登場した。

当時の文化的な中心地パリでは、第二帝政期に鋭い社会風刺を得意としたオッフェンバックが登場し、庶民版のオペラ・コミックとしてオペレッタを作った。この流れはすぐにオーストリア＝ハンガリー帝国の首都だったウィーンにも伝わり、ウィーン＝ハンガリー・オペレッタを生み出す。帝国の首都ではワルツに乗って人々が踊り狂っていただけでなく、シュニッツラーなどの世紀末文学やクリムトの分離派絵画からわかるとおり、黄昏《たそがれ》時を迎えた帝国の混乱の中で、人々の関心が市民生活や社交に向いていたため、ウィーンのオペレッタは風俗描写が中心で、世紀末の時代風俗が描かれた。しかし、ワルツに乗せて描かれる恋愛劇だけでは変化に乏しいので、次第にハンガリーの民族舞踊チャルダーシュに代表されるジプシー音楽などで変化を加え、万国博覧会で世界の国々が紹介されると、アジアも含めた異国的な題材による味付けも行われた。

イギリスにおけるオペレッタは、コミック・オペラとして、ギルバートとサリヴァンのサヴォイ・オペラが成立した。コミック・オペラは鋭い社会風刺を含み、イギリスの階級社会を皮肉っているが、この風刺精神は、銀価格の下落による金本位制の採用に伴う一八七三～九六年の大不況に対応している。二人の最初の作品は『陪審裁判』（一八七五）で、最後の作品は『大公』（一八九六）であるから、この大不況が、イギリスのコミック・オペラを成立させたといっても過言ではない。イギリスでは二人に続く作曲家としてアイヴァン・キャリルが出たが、キャリルは二十世紀に入ると活動の場をアメリカに移した。イギリスで次のオペレッタが出るのは、再び不況となった一九三〇年代で、劇作家で自分でも出演したノエル・カワードやアイヴァー・ノヴェッロがイギリスのオペレッタを書いた。

1　パリ

オペレッタの誕生

フランスのオペラは宮廷を中心に成立し、言語的な特性やバレエ重視の姿勢もあり、フランス特有の発展をした。パリでは正歌劇がオペラ座で上演され、イタリア歌劇はイタリア座で上演されていた。これらの劇場は両方とも王侯貴族用であり、一般庶民が観に行くことはなかった。庶民も自分たちの娯楽を求めたが、認可劇場以外で大規模な新作を上演することは認められておらず、上演できたのは登場人物が三人以下で、既成の民謡や俗曲を使った縁日芝居のようなものだけだった。

十八世紀末のフランス革命（一七八九～九九）により、財力を付けた商人などのブルジョア層が従来の王侯貴族に代わりオペラ座を社交場として使い始めるが、十九世紀の前半にはナポレオンの登場や王政復古などの混乱があり、一八七〇年に第三共和政が成立するまで混乱は続いた。その間に、従来の王政時代に定められた演劇、オペラの非正規上演禁止令は大幅に緩んでくる。

やがて、王政復古や第二共和制を経て、ナポレオン三世による第二帝政時代（一八五二～七〇）となると、オペラ座とオペラ・コミック座でしか認められなかった音楽劇の公演を、大衆向けに行うオッフェンバックが現れた。彼の作品には痛烈な社会批判や風刺が盛り込まれており、それが市民に大受けした。そこで、最初は小規模な公演だったが、次第に大規模で本格的な作品を上演するようになった。共和制を経験して自由の味を知った市民たちの要望に、皇帝も妥協せざるを得ない時代であったことが幸いした。

国際博覧会ブーム

十九世紀中頃のヨーロッパでは、産業革命による革新的な技術や製品を展示するとともに、まだ知られていない世界各国の産品を展示する国際博覧会（万国博覧会）がブームとなり、一八五一年のロンドン、一八五二年のニューヨークに次いで、パリでも一八五五年に博覧会が開かれた。その後もパリでは何回も博覧会が開かれ、見物のために訪れた多くの人々は、博覧会のついでにオッフェンバックの作品も観るようになった。

風刺のきいた物語を親しみやすい音楽で色付けしたオペレッタで一世を風靡したジャック・オッフェンバック（一八一九〜八〇）は、ユダヤ系ドイツ人として生まれた。チェロがうまかったので、本格的にチェロを習うためにパリへ出てくる。しかし、音楽学校に退屈した彼は、すぐに学校をやめてオペラ・コミック座でチェロを弾くようになる。やがて作曲を志した彼は、自作のオペラ・コミックの上演を目指すが、なかなか機会が得られなかった。そこで彼は自分で劇場を持つことにする。パリで国際博覧会が開かれた一八五五年に、新作の音楽劇を上演する認可をパリ市から得て、手に入れた小さな劇場をブフ・パリジャン座（巴里っ子喜劇座）と名付けて、自作を上演するようになる。初期の作品に『二人の盲人』（一八五五）がある。この作品は題名からもわかるように、出演者は二人だけだった。小劇場での上演では出演者が制限されていたためだが、人気が出るにしたがって出演者は増えていった。

その後も同じ路線で作品を書いた。観客も増えて、『天国と地獄』（一八五八）が予想を超えるヒットとなり、『地獄のオルフェウス』（浅草オペラでは『天国と地獄』）、『うるわしのエレーヌ』（一八六四）、『青ひげ』（一八六六）、『パリの生活』（一八六六）、『ジェロルスタン女大公殿下』（浅草オペラでは『ブン大将』）、一八六七）、『ロビンソン・クルーソ』（一八六七）、『ペリコール』（一八六八）、『トレビゾンドの姫』（一八六九）、『山賊』（一八六九）、『鼓手長《こしゆちよう》の娘』（一八七九）などの傑作を次々と上演した。

オッフェンバックの描く主題はオペラや古典のパロディも多いが、『ジェロルスタン女大公殿下』は、明らかにロシアのエカテリーナ女王をモデルとしており、権力者などに対する風刺を含んでいたが、覚えやすく美しい旋律と、単純ながらも力強い音楽が魅力的だった。そうしたオッフェンバック作品の評判は各国にも伝えられていたので、エカテリーナの孫にあたるロシアのアレキサンドル一世は、一八六七年のパリ万博を訪れた際に、真っ先にこの作品を観に行った。

オッフェンバックの作品では、物語展開の役目を負っていたレチタティーヴォを廃止し、代わりに地の台詞が用いられた。これにより、フランス語でレチタティーヴォを歌うという問題から解放されただけでなく、より複雑な物語やスピーディな展開も可能となった。喜歌劇におけるレチタティーヴォの廃止は、イタリア以外の国では待ち望まれた形式であり、オペレッタとして各国に広まっていった。

「フォリー」の起源

オッフェンバックとほぼ同時代に活躍したオペレッタの作曲家として、エルヴェ（一八二五〜九二）がいる。本名はルイ・オーグスト・フロリモン・ロンジェだが、通称エルヴェと呼ばれた。エルヴェはオッフェンバックの六年後にフランス北部で生まれた。母親がスペイン生まれで、父親が憲兵だったことから、彼の書く作品にはスペイン音楽や憲兵がよく登場する。父が早くに亡くなり、家は貧しかったが、パリの教会で聖歌隊に入り、その音楽的な才能に早くから期待が寄せられ、音楽学校へと進みオーベールから作曲法を学ぶ。学校を卒業した後は、教会に併設された精神病患者向け音楽療養所のオルガン弾きとなった。しかし、エルヴェは舞台が好きで、オルガン弾きのかたわら、舞台に出演するようになる。本格的な活動をするのは、一八四五年にパリの教会でオルガン弾きの職を得てからだ。教会職のまま、一幕物のパロディ歌劇『ドン・キホーテとサンチョ・パンサ』（一八四七）を書き、好評を得る。

劇場での仕事を狙っていたエルヴェは、一八五一年に小劇場の指揮者となるが、この時代には、認可劇場でしか大規模公演は許されなかったため、わずか二人しか出演しない一幕物の小品ばかりだった。オッフェンバックが新しいブフ・パリジャン座で新作を発表し始めるのとほぼ同時期に、エルヴェも新しく手に入れた小劇場を拠点として、次々と本格的な三幕物のオペレッタを発表するようになり、二人はよきライバルとなった。

生涯で一〇〇を超える作品を書いたが、代表作は『円卓の騎士』（一八六六）、『ウィリアム・

テル』のパロディである『失われた目』(一八六七)、六世紀のフランク王国のソワソン王を題材とした『シルペリク』(一八六八)、『ファウスト』のパロディである『小ファウスト』(一八六九)、ロンドンの劇場向けに英語の台本で日本を描いた『アラジン二世』(一八七〇)などである。その後、歌姫にオペレッタを密かに書くオルガン弾きを題材とした『かまとと令嬢』(一八八三)を作曲するが、これはエルヴェ自身を描いたとも思える物語で、フランス以外でもヒットして、後に映画化(一九三二)もされた。『アラジン二世』はロンドンで最も早くに日本を取りあげた作品で、後のギルバートとサリヴァンの『ミカド』などにも影響を与えた。

若い時代に精神病患者の音楽治療の一環で、患者たちに音楽劇を演じさせた折、エルヴェは「フォリー・ヴォードヴィル」という言葉を使った。「フォリー」というのは「狂気の」という意味で、実際に精神病患者が演じたので、そのままの命名だが、エルヴェは一八五四年に手に入れた小劇場を「フォリー・コンセルタント」(歌う狂人)と命名した。その後、一八六九年にレヴュー専門のキャバレー「フォリー・ベルジェール」が開場したので、「フォリー」はフランス風レヴューの代名詞となり、アメリカではジーグフェルドの『フォリーズ』、日本ではエノケン一座の「カジノ・フォーリー」として使われた。

オペレッタの展開

エルヴェやオッフェンバックのオペレッタの伝統を引き継いだのは、シャルル・ルコック(一八三二〜一九一八）だ。ルコックはパリの貧しい家の生まれで、生まれつきの股関節痛症を患っていたので、幼少時代から松葉杖の生活だった。友人たちからそれをからかわれたこともあり、次第に音楽を心の慰めとするようになった。その後、才能が評価されてパリ音楽院に入りオーベールから学ぶが、後にオペラ作曲家として有名になるジョルジュ・ビゼーや、サン＝サーンスとも机を並べた。ビゼーとは、友人でありライバルでもあるという関係が長く続いた。学校を出た後は、家族の生活を助けるために、ピアノ教師や酒場のピアノ弾きをするが、オペレッタの新作コンクールに応募したことで、オペレッタ作曲家としての生活が始まる。

一八五六年にオッフェンバックは、新人オペレッタ作曲家を発掘するために、オペレッタの作曲コンクールを開催した。課題は『ミラクル博士』の台本に曲を付けることだった。このコンクールでは、ビゼーとルコックが一位を二人で分け合い、翌年にオッフェンバックの拠点ブフ・パリジャン座で両者の作品が上演された。これを契機に、二人は張り合うように作品を書いた。ビゼーはどちらかというとオペラ寄りの仕事が多く、ルコックはより軽いオペレッタや軽演劇に曲を提供し、生涯に五〇を超える作品を書いた。

ルコックが主に活躍したのは、第二帝政が終わり、第三共和政の発足（一八七〇）した時期で、第二帝政時代のオッフェンバックとエルヴェに代わり、新たに社会の主役となったブルジョア向けのオペレッタを書いた。最初に評価されたのは『茶の花』（一八六八）で、無人島の兵士たちに娘を送り込む『百人の乙女』（一八七二）の後、ブリュッセルで初演された『アンゴ夫人の娘』

（一八七二）が大ヒットした。これらの作品はアメリカでも上演されて、ニューヨークでも人気を得た。『百人の乙女』の英語版は、英語で乙女（virgin）とするのは刺激が強すぎるため、『独身者たちの島』という題名となった。

『ジロフル＝ジロフラ』（一八七四）、『サン＝ジェルヴェの平原』（一八七四）の後、一八七五年からは、ルネサンス座がルコックの拠点となり、『小さな花嫁』（一八七五）、日本を舞台にした『コシキ』（一八七六）、『マジョレーヌ』（一八七七）、『カマルゴ』（一八七八）、『小公爵』（一八七八）、『小さなお嬢さん』（一八七九）、『可愛いペルシャ娘』（一八七九）などを次々と発表した。

一八八〇年代には、『昼と夜』（一八八一）、『心と手』（一八八二）、『カナリア諸島の姫』（一八八三）、『アリババ』（一八八七）などを残した。その後も、第一次世界大戦までは作品を書き続けたが、初期の『アンゴ夫人の娘』に匹敵するようなヒット作は生まれなかった。なお、日本の浅草オペラでも一九一八年（大正七）に、原信子の一座が、観音劇場で『小公子（小公爵）』、『アンゴー夫人の娘』などを上演している。

ルコックと同時代以降には、『マスコット』（一八八〇）を書いたエドモン・オードラン（一八四二〜一九〇一）、浅草オペラでも人気だった『コルヌヴィユの鐘』（一八七七）を書いたロベール・プランケット（一八四八〜一九〇三）、『お菊さん』（一八九三）や『ヴェロニク』（一八九八）で有名なアンドレ・メサジュ（一八五三〜一九二九）などの作曲家が出たが、二十世紀に入ってからは、映画の登場や度重なる戦争によりオペレッタ人気は低下した。

しかし、フランス・オペレッタの灯が消えたわけではなく、二十世紀後半以降も時代に相応しい作品が生み出されている。エディット・ピアフの歌で有名な「愛の讃歌」を作曲したマルグリート・モノー（一九〇三〜六一）は『やさしいイルマ』（一九五六）を書き、ロンドン経由でブロードウェイでも上演された。また、ブロードウェイだけでなく世界中を席捲したクロード＝ミシェル・シェーンベルク（一九四四〜　）作曲の『レ・ミゼラブル』（一九八〇）などもある。

2　ウィーン

ウィーンとワルツ

オッフェンバックが『地獄のオルフェウス』（一八五八）でパリに登場したのは、第二帝政時代だったが、その当時のウィーンは、一八四八年に即位したハプスブルク家の若いフランツ・ヨーゼフ一世の統治下で、オーストリア＝ハンガリー二重帝国の中心地として栄えていた。『エリザベート』の主人公シシーは、ヨーゼフの妻で王妃だった。

国際博覧会は、当時の中心地パリで始まった国内博覧会が発展したもので、一八五一年のロンドンから始まり、パリ、ニューヨークなど、当時の大都市で開催された。その国際博覧会が、一八七三年にはウィーンでも開催されているので、ウィーンも国際的な文化都市だったとわかる。

会場となったのは、現在のプラーター公園。日本はこのウィーン国際博覧会が初参加で、主に工芸品などを展示した。こうして紹介された日本の美術品が人気となり、ヨーロッパでジャポニスムのブームが巻き起こり、アール・ヌーヴォーなどの美術に大きな影響を与えたことはよく知られている。

ウィーンは昔から音楽の都としても知られ、モーツァルトやベートーヴェンも活躍した町だ。そうした中で、ワルツは十八世紀末頃からウィーンの宮廷で演奏されるようになり、ナポレオン失脚後のヨーロッパの勢力図を決めた一八一四年のウィーン会議では、各国の代表団を招いたパーティで演奏され、ウィンナ・ワルツとして知られるようになった。この様子はドイツ映画『会議は踊る』（一九三一）にも描かれている。

ミヒャエル・パーマーは下町のダンスホールで小さな楽団を指揮していたが、演奏曲目にウィンナ・ワルツを全面的に採用して、ウィーン中の人気を得る。その楽団で演奏していたのが、ヨーゼフ・ランナーとヨハン・シュトラウス一世で、パーマーが大酒飲みで給料を払わずに全部飲み代に使ってしまうため、ランナーは自分で楽団を作り、シュトラウスも誘って一緒にワルツを弾くようになった。ランナーの楽団は人気が出て仕事が増えたので、ランナーは楽団を二つに分けて、一方をシュトラウスに指揮させた。すると、人々の間ではシュトラウスの人気が高まり、二人の間で「ワルツ合戦」と呼ばれる激しい競争が起きた。

二人はよきライバルとして、町の人気を二分していたが、ランナーが一八四三年に亡くなり、シュトラウス一世がワルツ王として、人気を独占した。そのワルツ王に挑んだのがシュトラウス二世で、一八四四年にデビューした。一八四九年に父が亡くなり、シュトラウス二世の活躍が続くが、そうした中で、パリで始まったオペレッタの流行が、ウィーンにまで伝わってくる。

金の時代

ウィーンで最初にオペレッタに取り組んだのは、劇場音楽を専門にして、メロドラマの付随音楽を書いていたフランツ・フォン・スッペ（一八一九〜九五）だ。スッペはベルギー貴族の出身だが、親類にイタリアのオペラ作曲家ドニゼッティがおり、その影響を受けて本格的に音楽を勉強した。一八四一年からいろいろな劇場で音楽監督を務め、メロドラマ劇の付随音楽や、大衆向けパロディ劇に多くの曲を書いた。その時代に書かれたのが歌入り喜劇『詩人と農夫』（一八四六）で、現在では有名な序曲だけが残っている。オッフェンバックの作品がウィーンでも知られるようになると、一八六〇年に初のウィンナ・オペレッタ『寄宿学校』を発表、生涯で二五本程度のオペレッタを書いた。有名な作品としては、『美しきガラテア』（一八六五）、序曲が有名な『軽騎兵』（一八六六）、『ファティニツァ』（一八七六）、浅草オペラでも人気レパートリーとなった『ボッカッチョ』（一八七九）、『ドンナ・ファニータ』（一八八〇）などがある。

スッペが『美しきガラテア』などの作品をヒットさせたので、それを観たヨハン・シュトラウス二世（一八二五〜九九）も、オペレッタに関心を持つ。シュトラウス二世は、ワルツ王だった父親の長男として生まれたが、父親の反対により音楽教育を受けられなかった。そこで、母親を味方に付けて密かに音楽を学び、父の好敵手として登場する。一八四四年に自分の楽団を持ち、演奏活動と自作品の披露を始めた。一八四九年に父親が亡くなると、父親の楽団も指揮したので忙しくなり、一八五三年からは弟のヨーゼフにも手伝わせた。一八六三年にフランツ・ヨーゼフ一世の宮廷舞踏会楽長となり、亡くなるまでに五〇〇曲近い作品を残した。大半がワルツやポルカ、カドリーユ、マズルカなどの舞曲だが、行進曲も書いている。

シュトラウス二世がオペレッタを書くようになったのは、オッフェンバックに勧められてからなので、書き始めたのはスッペよりも遅い。最初の作品は『インディゴと四十人の盗賊』（一八七一）で、その後は、得意のワルツを取り入れた作品を書いた。生涯に一六作品を書き、『こうもり』（一八七四）、『女王のレースのハンカチーフ』（一八八〇）、『ヴェネチアの一夜』（一八八三）、『ジプシー男爵』（一八八五）、『ウィーン気質』（一八九九）などが有名。現在のオペラ劇場では原則としてオペレッタは上演されないが、シュトラウスの『こうもり』だけは例外で、世界中のオペラ劇場で上演されている。

シュトラウスの作品は、ウィーンで流行していたワルツや舞曲をふんだんに取り入れて、軽快で美しいメロディが人々を楽しませたが、オッフェンバックの作品とは異なり、社会風刺のない風俗劇となっている。こうした世紀末の楽しく軽やかな雰囲気は、ウィンナ・オペレッタの基本形となり、シュトラウスの死後も第一次世界大戦頃までは世界的な人気を保った。

スッペやシュトラウスの人気に刺激され、カール・ミレッカーやカール・ツェラーなども優れたオペレッタを書いたので、一八七〇年頃からシュトラウスの亡くなる一八九九年までは、ウィンナ・オペレッタの「金の時代」と呼ばれた。金の時代に活躍したシュトラウス、ミレッカー、ツェラーは、三人とも十九世紀末に相次いで亡くなり、金の時代は終わりを告げる。

ウィーンで生まれたカール・ミレッカー（一八四二〜九九）は、音楽教育を受けてフルート奏者となるが、スッペに勧められて指揮者となり、オペレッタの作曲も手掛けた。『乞食学生』（一八八二）がヒットして、その後は作曲に専念した。代表作には、『デュバリー伯爵夫人』（一八七九）、『乞食学生』、『ガスパローネ』（一八八四）、『哀れなヨナタン』（一八九〇）がある。

一方のカール・ツェラー（一八四二〜九八）は、オーストリアの片田舎に生まれ、美しい声だったのでウィーンで少年合唱団に入った。ウィーン大学で法学を修めるが、そのかたわら作曲も学び、卒業すると文部省勤めをしながらオペレッタを書いた。代表作に『小鳥売り』（一八九一）、『坑夫長』（一八九四）などがある。

銀の時代

ヨハン・シュトラウス二世を中心とした「金の時代」は、シュトラウスらが亡くなって終了するが、それに代わって、レハールを中心とする第二期黄金時代が始まり「銀の時代」と呼ばれた。「銀の時代」には、第一次世界大戦（一九一四〜一八）によるオーストリア＝ハンガリー帝国の滅亡と、ウィーン文化の中心であったハプスブルク家の崩壊があっただけでなく、一九二〇年代になると、アメリカ文化、特にジャズや新しいダンス、断髪やモダンガールなどの新風俗が出現したため、オペレッタもかなり変質した。その後は一九二〇年代末の世界的な大恐慌による景気の低迷、観客の嗜好の変化、トーキー映画出現による観客の減少とともに、ユダヤ系作曲家のアメリカへの亡命などで、一九三〇年代には力を失う。また、第一次世界大戦後には、ウィーンだけでなく、新興の経済都市ベルリンでもオペレッタの上演は盛んとなった。

「金の時代」の作品が、ワルツや古典的な舞曲を中心とした音楽だったのに対して、「銀の時代」の作品は、隣国ハンガリーのチャルダーシュや、アメリカの新音楽ジャズを取り入れるなど、音楽の多様化が図られる。また、世界各地の風俗などを取り入れたエキゾチックな作品も多く書かれた。レハールを中心とする「銀の時代」のオペレッタは、時を置かずにアメリカでも翻訳上演されたので、二十世紀初頭のニューヨークでミュージカルの誕生に大きな影響を与えた。

銀の時代を代表するフランツ・レハール（一八七〇～一九四八）はドイツ系の両親を持つが、現在のスロヴァキアで、ハンガリーとの国境近くに生まれた。幼い時はハンガリー人に囲まれて育ち、一二歳まではハンガリー語しか話さなかった。父親が軍楽隊にいたことから、彼もヴァイオリンを習い、その後ドヴォルジャークから本格的に作曲法を学ぶ。一九〇〇年に軍楽隊長になり、その後は劇場で指揮者をしながらオペレッタなどの音楽劇を書いた。生涯に二十以上のオペラやオペレッタを書いており、ハンガリー風のエキゾチックな民族音楽を取り入れた作品が多い。

従来のオペレッタが、ほとんど喜劇的な題材に終始したのに対して、レハール作品は、感傷的でほろ苦い別離などを異国情緒の中で描き、表現の幅を大きく広げた。最初に上演されたオペレッタは『ピアノ調律師』（一九〇二）で、『メリー・ウィドウ』（一九〇五）が大ヒットして、世界各国で上演された。その後の作品としては、『ルクセンブルク伯爵』（一九〇九）、『ジプシーの恋』（一九一〇）、『フラスキータ』（一九二二）、『パガニーニ』（一九二五）、『ロシアの皇太子』（一九二七）、『微笑みの国』（一九二九）などがある。

『メリー・ウィドウ』はウィーンだけでなく、世界中で大ヒットしたが、それに対抗心を燃やしてオペレッタを書いたのが、レハールと同じ年に生まれたオスカー・シュトラウス（一八七〇〜一九五四）だった。シュトラウスは、ウィーンのユダヤ人家庭に生まれ、ベルリンで音楽を学び、キャバレーでバンドマスターとして働くが、やがてウィーンに戻り音楽を書くようになる。流行歌を書く一方で、オペラやバレエ曲も手掛け、一九〇四年頃からオペレッタを書くようになった。傑作『ワルツの夢』（一九〇七）で評価され、バーナード・ショーの『武器と人間』をオペレッタにした『勇敢な兵隊（チョコレートの兵隊）』（一九〇八）で人気を得る。ワルツの得意なシュトラウスは、『最後のワルツ』（一九二〇）、『三つのワルツ』（一九三五）、『彼女の最初のワルツ』（一九五〇）など、ワルツにちなんだ作品を書いた。ユダヤ系だったので、一九三九年にナチス・ドイツがオーストリアを併合すると、パリ経由でアメリカへ逃れ、第二次世界大戦後に祖国オーストリアに戻った。

銀の時代の追随者たち

『メリー・ウィドウ』の成功により、多くの追随者が登場した。ファル、シュトルツ、カールマン、ベナツキー、アブラハムらだが、彼らの作品はレハールがハンガリーの音楽を取り入れたように、一九二〇年代になるとアメリカのジャズや新風俗などが入ってくると、それを積極的に取り込んだ。また、三〇年代になると音楽映画のジャンルでも活躍するようになる。しかし、ナチスの台頭に伴いユダヤ系の作曲家たちは活動ができなくなり、多くの作曲家がアメリカへ渡った。

これらレハールの追随者たちの代表的な作品と作風についても簡単に触れておく。レオ・ファル（一八七三〜一九二五）はチェコ生まれで、父親が楽長兼作曲家だったので、父から音楽を仕込まれた。一家がベルリンへ移ると、ファルはウィーンへ出て音楽を本格的に学ぶ。一八九五年にはハンブルクへ行き、オペレッタの指揮者となり作曲も行うようになる。代表作は『ドルの女王』（一九〇七）で、英語版も人気を集めた。また『イスタンブールの薔薇』（一九一六）も有名。

舞台だけでなく映画オペレッタも書いたローベルト・シュトルツ（一八八〇〜一九七五）は、父は音楽学校の教師、母がピアニストというオーストリアの音楽一家に生まれた。ウィーンで本格的に音楽を学び、劇場指揮者として成功するが、オペレッタの作曲を行うために指揮者を辞めて、最初の『陽気な娘』（一九一〇）を発表する。しかし、第一次世界大戦が勃発して出征、戻った後に『幸せへの踊り』（一九二〇）を書いた。その後はベルリンで、劇場やキャバレー向きの音楽を書くようになる。ラルフ・ベナツキーと共作した『白馬亭』（一九三〇）が大ヒットして、世界各地で上演されただけでなく映画版も作られた。それに続いて『小さなすみれが花咲く時』（一九三二）、トーキー映画が出現すると映画『四分の三拍子の二人の心』（一九三〇）を作曲した。この作品は舞台でも上演（一九三三）された。

三〇年代は映画の仕事が多く、『ウィーンの陽気な女房たち』（一九三一）、『アルカディアの王子』（一九三二）などに加えて、ハンガリーで作られたフランチスカ・ガール主演の名作『春のパレード』（一九三四）の音楽も書いている。しかし、迫害されたユダヤ人の逃亡を手伝い、ナチスから敵視されたこともあって、一九三九年にアメリカへ渡る。アメリカでも音楽活動を続け、『春のパレード』を再映画化したディアナ・ダービン主演の『青きダニューブの夢』（一九四〇）で、アカデミー主題歌賞を受賞した。第二次世界大戦が終わるとすぐにウィーンに戻り、アイスショーの楽曲を担当するとともに、ワルツや名作オペレッタの録音を多く残した。

レハールと並び「銀の時代」に人気があったエメリヒ・カールマン（一八八二〜一九五三）は、ハンガリー生まれのユダヤ系で、最初はピアニストを目指すが、リュウマチで手を痛めて断念、作曲家に転向してハンガリーで本格的に音楽を学んだ。バルトークからも教えを受けている。最初は本格的なクラシック音楽を書くが、ポピュラー楽曲が高く評価され、次第にオペレッタを書くようになった。ハンガリー語の作品をブダペストで上演した『タタールの侵略（陽気な軽騎兵）』（一九〇八）が最初で、その中の曲「プラーターの木にまた花が咲く」の評判がよく、ドイツ語版がウィーンで、英語版がアメリカで上演された。その後、一九一一年にウィーンへ出てからは、ドイツ語の作品を書くようになる。ハンガリー出身だけに、チャルダーシュなどのハンガリー音楽を取り入れた作品が多い。代表作は『チャルダーシュの女王』(一九一五)、『マリツァ伯爵令嬢』(一九二四)だが、そのほかにも『サーカスの女王』(一九二六)、『シカゴの大公令嬢』(一九二八)、『モンマルトルのすみれ』(一九三〇)などが有名。カールマンはユダヤ系であったものの、ヒトラーのお気に入りの作曲家だったので、名誉アーリア人として扱うとの申し出をナチスから受けたが、彼はそれを断り、オスカー・シュトラウスと同様に、パリ経由でアメリカへ渡った。第二次世界大戦後の一九四九年にウィーンに戻り、最後はパリで亡くなった。

ラルフ・ベナツキー(一八八四〜一九五七)は、当時はオーストリア帝国の一部だった現在のチェコで生まれ、一九一〇年代から三〇年代の終わりまで活躍した。ローベルト・シュトルツと共作した『白馬亭』(一九三〇)が最も有名だが、それ以外にも多くの作品を書いている。ウィーンの士官学校を出て軍隊に入るが、二五歳の時に病気除隊。プラハとウィーンでドイツ文学を学び博士号を取る。在学中からウィーンのキャバレーで歌うようになり、次第にショーの演出や、作曲も手掛けるようになった。オペレッタを書き始めるのは一九一〇年からで、その後も作品を書きながら、レヴューを上演して各地を回った。一九二四年にベルリンで演出家エリック・シャレルと出会い、一緒に仕事をするようになる。シャレルは、トーキー時代に入ると映画監督となり、名作『会議は踊る』(一九三一)を残した演出家だ。一九二八年からシャレルの演出で、「歴史レヴュー・オペレッタ」と謳った大劇場向けの三部作を発表して名前が売れた。『カサノヴァ』

（一九二八）、『三銃士』（一九二九）、『白馬亭』（一九三〇）の三作品で、伝統的な劇場音楽や民族音楽にジャズの要素を加えて、リズムに躍動感をもたらした。こうした大劇場向けの作品の合間に、小劇場向けの作品もいくつか書いている。彼の最後のオペレッタは、ウィーンで上演された『天国の扉のアクセル』（一九三六）で、この作品には、ナチス・ドイツ時代にドイツのグレタ・ガルボとして有名になるツァラー・レアンダーが主演していた。そうした縁もあり、レアンダーの映画『世界の涯てに』（一九三七）の主題歌も書いている。ベナツキー自身はユダヤ系ではないが、妻がユダヤ系であったために、ヨーロッパに居づらくなり、アメリカへ渡る。しかし、仕事には恵まれず、大戦後にヨーロッパに戻るが、もうオペレッタの時代は終わっていた。

主に一九三〇年代に活躍したパウル・アブラハム（一八九二〜一九六〇）は、現在のセルビア生まれのユダヤ人。当時のセルビアはオーストリア＝ハンガリー帝国に属していたので、ブダペストの音楽院でチェロと作曲法を勉強した。当初はクラシック音楽を志したが、一九二七年にブダペストでオペレッタ劇場の指揮者となったことから、オペレッタの作曲家に転向した。最初の作品は『お嬢様の夫』（一九二八）で、次の『ヴィクトリアと軽騎兵』（一九三〇）が大ヒットした。続いて『ハワイの花』（一九三一）を発表、『サヴォイの舞踏会』（一九三二）はロンドンでも上演された。最後のヒット作は『ロキシーと素晴らしい仲間たち』（一九三七）だった。三〇年代は、トーキー映画も盛んになったので、初期のミュージカル映画にも楽曲を提供した。代表作は、ドイツのウーファ社で作られたヤン・キープラ主演の『南の哀愁』（一九三〇）や、リリアン・ハーヴェイが主演したシューベルトの伝記映画『セレナーデ』（一九四〇）など。アブラハムはユダヤ系であったために、ナチスの台頭とともに活動場所はウィーンやブダペストに限定されたが、一九三八年のオーストリア併合に伴い、キューバ経由でアメリカへ渡った。しかし、戦争中に精神を病み、ニューヨークで療養の後、晩年はドイツの病院へ移った。

3 ロンドン

サヴォイ・オペラ

イギリスでは、『奥様女中』（一七三三）よりも前から、『乞食オペラ』（一七二八）のような既成曲を使ったバラッド・オペラが流行しており、十九世紀にはオペラのパロディを演じるバーレスクなどもあったので、オペレッタを生み出す素地は十分にあった。しかし、実際には清教徒の力が強く、こうした芸能は品性を欠く卑しいものとみなされたので、フランスに先を越されてしまう。

イギリスでオペレッタが人気を得るのは、台本兼作詞家ギルバートと、作曲家サリヴァンが組み一連の作品を発表してからだ。二人は、ヴィクトリア朝後期の一八七五年から九六年までの約二〇年間に一三作品のオペレッタを書き、イギリスだけでなくアメリカでも人気を博した。そのため、二十世紀初頭のアメリカのオペレッタやミュージカルは、二人の作品から強い影響を受けた。

サリヴァンがオペレッタ作品を書くようになったのは、オッフェンバックの作品がイギリスで上演されたのを観てからだ。サリヴァンがギルバートと組む前の『コックスとボックス』（一八六七）は、『二人の盲人』（一八五五）のアマチュア劇団での試演を参考にして書かれた。その後、大衆向け音楽劇を興行していたドイリー・カートの依頼があり、台本作家ギルバートと組んだ作品がヒットする。

ギルバートの台本には、強い社会風刺があり、階級社会のイギリスが徹底的に笑い飛ばされる。そうした風刺劇は、従来の観客ではなく、産業革命により経済力を付けてきた新興ブルジョア層から、健全な娯楽として支持された。この時期に、こうした社会風刺劇が人気を集めたのは、経済的な状況と深く関係している。一八七三年から九六年にかけて、イギリスだけでなく世界的大不況の時代があり、ギルバートとサリヴァンが活動した『陪審裁判』（一八七五）から『大公』（一八九六）までの時期と一致している。二人の作品は、不況時代の不満を代弁したので、社会に対する痛烈な風刺を含んでいた。これらの作品は、古くからあるバラッド・オペラの伝統の延長線上にあるが、先行してパリで大人気を得たオッフェンバックの『地獄のオルフェウス』（一八五八）からも大きな影響を受けたのは間違いない。

一連の作品のほとんどはサヴォイ劇場で上演されたことから、「サヴォイ・オペラ」とも呼ばれている。サヴォイ劇場は、一八八一年に興行師のリチャード・ドイリー・カート（一八四四〜一九〇一）が建てた最先端の劇場で、昔のサヴォイ宮があった場所だったことから、それにちなんで名付けられた。一八八九年には劇場に隣接して有名なサヴォイ・ホテルも建てられた。ドイリー・カートは楽器商を営んでいた父親の影響を受けて、早くから音楽ビジネスに関与していたが、フランスでのオペレッタの流行を見て、イギリスでも健全で優れた作品を作ろうと考えて、ギルバートとサリヴァンと組み一連のサヴォイ・オペラを製作した。

二人の社会風刺が受けたのは不況と関係していたので、景気が回復すると、社会風刺にこだわるギルバートと、路線の転換を図ろうとするサリヴァンとの間に亀裂が入り、コンビは解消する。二十世紀に入り、景気のよいエドワード朝時代になると、こうした風刺作品に代わり気楽な娯楽物が観客に受けるようになり、サヴォイ・オペラの伝統は失われる。

ギルバートとサリヴァン

台本と作詞を担当したウィリアム・S・ギルバート（一八三六〜一九一一）はロンドンで生まれ、名門私立イーリング校で学び、その頃から戯曲を書くようになる。大学卒業後に裁判所や軍隊で働くが、彼の性格には合わず、一八六一年頃から雑誌に挿絵や詩を寄稿した。六五年頃からは既存のオペラや演劇の風刺的なパロディ作品（バーレスク）を発表した。当時のバーレスクではかなり野卑な内容が演じられていて、大衆には受けたが家族向けの健全な娯楽ではなかった。そこで、健全な風刺劇を発展させようという改革運動が起こり、ギルバートもそれに参加して、健全で洗練されたスタイルを模索していた。

音楽のアーサー・サリヴァン（一八四二〜一九〇〇）は、ロンドンの下町で軍楽隊長の息子として生まれたので、幼い時から音楽に親しんだ。王立音楽学校で優秀な成績を修め、ドイツへの留学金を得て、ドイツで本格的な作曲法を学ぶ。イギリスへ戻り音楽活動を始め、当初はクラシック音楽を目指した。器楽曲のほか、オペラも手掛けるが、やがて、生活のために軽い曲も書くようになる。その時代に書いたのが『コックスとボックス』（ビュルナン台本、一八六七）で、その後にサリヴァンと組みサヴォイ・オペラが花開く。

ギルバートが初めてサリヴァンと組んだのは『テスピス』（一八七一）で、ゲイエティ劇場で上演されたが、この作品は上演資料が失われてしまった。その後の二人は別々に仕事をしていたが、ドイリー・カートが持っていた劇場でオッフェンバックの『ペリコール』を上演する際に、そのアフターピース（後演目）として上演する短い作品が必要となったため、二人は再び組んで一幕物の『陪審裁判』（一八七五）を書く。アフターピースは、メインの演目後に上演される短い出し物のこと。当時のイギリスでは、途中休憩後の入場料金が半額となったので、途中入場者へのおまけサービスとして、アフターピースが上演されていた。この『陪審裁判』が大好評だったため、その後はカート、ギルバート、サリヴァンの三人によるサヴォイ・オペラが続くことになる。

ギルバートとサリヴァンの作品は、パリで始まったオッフェンバックのオペレッタの影響を受けているが、昔からあったバラッド・オペラや、オペラのパロディであるバーレスクを、ヴィクトリア朝時代向けにアレンジしたものだともいえる。新たに台頭してきたブルジョア層や親方職人などが家族で楽しめるよう、健全な娯楽を提供するという観点で書かれている。そうしたことから、従来の貴族階級は徹底的に風刺されて、劇中では庶民と貴族の立場が、「あべこべ」になってしまうような混乱を引き起こす点に、ギルバートの台本の面白さがある。こうした伝統は、デ・ミル監督の無声映画『男性と女性』(一九一九)の原作となった、ジェームズ・M・バリーの喜劇『あっぱれクライトン』(一九〇二)などにも引き継がれている。『男性と女性』は、後にイタリアのリナ・ウェルトミュラー監督が『流されて…』(一九七四)で再映画化している。

二人は『陪審裁判』の後、『魔法使い』(一八七七)を経て、『軍艦ピナフォア』(一八七八)と『ペンザンスの海賊』(一八八〇)で大ヒットを飛ばした。この二作品がアメリカへ与えた影響も見逃せない。『軍艦ピナフォア』が上演されるや、アメリカでも大いに人気が高まり、数十もの海賊版がアメリカ中で上演された。アメリカ国内ではイギリスの著作権が保護されなかったので、海賊版の上演も法律的には問題なかった。もちろんアメリカ国内での著作権は保護されていたが、他国の著作権はアメリカで登録されないと無効だった。そのため、『軍艦ピナフォア』は勝手に上演されてしまい、かなり粗悪な公演もあった。ギルバートとサリヴァンはこうした状況を知り、作品の質を保証し、上演に伴う著作権収入を確保するために、次の『ペンザンスの海賊』はアメリカで初演を行い、アメリカの著作権を獲得すると同時に、イギリス国内でも一回だけの公演を行い著作権を確保した。

一八八一年には、ドイリー・カートの新しいサヴォイ劇場が完成したので、『ペンザンスの海賊』は途中からこの劇場で上演された。この劇場では、従来のガス照明を廃して、完全な電気照明としたので、火事などの危険から観客や出演者たちを守ると同時に、演出上の大きな変革をもたらすこととなる。電気照明は、単に舞台をそれまでよりも明るく見せただけではなく、ガス照明に伴う大量の空気の循環や、暑い夏の空調負担も和らげた。

その後は、この新しいサヴォイ劇場で、『ペイシェンス』（一八八一）、『アイオランシ』（一八八二）、『王女イーダ』（一八八四）、『ミカド』（一八八五）などが上演される。『ミカド』は日本を舞台とした作品だが、これには一八五一年と一八六二年にロンドンで開催された万国博覧会が大きく関係している。一八五一年の博覧会では、産業革命の成果と、新しく知られるようになった世界の国々が紹介された。当時の日本はいまだ幕末時代で、博覧会には出品していないが、イギリスとの交易は一八五〇年代から始まったので、博覧会終了後のロンドンに、「日本人村」（一八八五～八七）と称する日本を模した住居が作られて、一〇〇人近い日本人が日本の文化、芸術、職人仕事、生活などを見物客に見せたという。『ミカド』の構想を温めていたギルバートとサリヴァンも、この村を訪問して日本の知識を得たという。この後も、『ラディゴア』（一八八七）、『ロンドン塔の衛士』（一八八八）、『ゴンドラ漕ぎ』（一八八九）、『ユートピア有限会社』（一八九三）、

『大公』(一八九六)などを上演した。

台本のギルバートは貴族階級を徹底的に風刺するような、階級の逆転劇が好きなのに対して、音楽のサリヴァンは穏健で洗練されたユーモアを好んだため、次第に二人の対立は深まり、『大公』以降は一緒に仕事をすることはなかった。ギルバートの詩は、巧妙な韻を踏んだ言葉遊びのような面白さの中に社会風刺が入っており、二十世紀前半のアメリカのミュージカルの作詞家たちは、その詩から多くを学んだ。サリヴァンはギルバートとのコンビを解消した後には、バレエ曲やオペレッタを書いたが、一九〇〇年に五八歳で亡くなった。

二人の作品を製作したカートは、初期の作品で製作費の捻出に苦労した。そのため、製作費を削減しようと、「ドイリー・カート・オペラ団」を結成したので、ほとんどの作品はこのオペラ団が上演した。オペラ団の管理は、ドイリー・カートの秘書で、後に二番目の妻となったヘレンが彼の死後に引き継ぎ、その後はカートの息子、そして孫娘へと引き継がれて、ギルバートとサリヴァンの作品を上演し続けたが、一九八二年に活動を停止した。

エドワード期ミュージカル・コメディ

サヴォイ・オペラの後に人気を得たのは、「エドワード期ミュージカル・コメディ」(一八九二〜一九一六)と呼ばれる一連の作品だった。「エドワード期」とは、ヴィクトリア朝後のエドワード朝(一九〇一〜一〇)に由来する名前だが、音楽劇では一八九〇年頃から第一次世界大戦までがその名称で呼ばれている。その理由は、一連の作品を生み出したロンドンのゲイエティ劇場の製作者が、ジョージ・エドワーズという名前だったからだ。本来は Edwards という平凡な綴りだったが、作品がヒットするようになると、名前もユニークにしたいと言って Edwardes と綴るようになった。エドワーズはドイリー・カート・オペラ団の舞台監督として劇場関係の仕事を始めたが、一八八五年に興行成績の悪化していたゲイエティ劇場の製作者となった。

ゲイエティ劇場は一八六八年に開場したバーレスク（オペラ作品などのパロディ）専門の劇場で、若い娘がタイツ姿で踊るのを売り物にしていた。劇場は約二〇〇〇席と大きかったが、前方の五列は特別席となっていて、金持ちの紳士たちが御贔屓の娘を観るため毎日のように通っていた。こうした演目であったために、観客席はほとんどが男性で、女性や家族連れの姿を見ることは少なかった。一座にはフレッド・レスリーとネリー・ファーレンという人気歌手もいたため、エドワーズも最初は従来路線に従った演目を上演していたが、家族連れを呼び込めればもっと観客を動員できると考えて、コーラス・ガールたちのタイツ姿を廃止して、美しく上品で長いスカートの衣装を着用させたので、脚が見えるのは踝《くるぶし》の部分だけとなった。エドワーズは、衣装だけでなく装置にもお金をかけて豪華な舞台を作り家族連れを呼び込んだ。

レスリーとファーレンが引退した後には、若くて有能な歌手や俳優をミュージック・ホールやドイリー・カート・オペラ団から引き抜いて演じさせたので、エドワーズ作品は人気が高まった。ゲイエティ劇場で演じられたのは、サヴォイ・オペラほど風刺はきいていないが、もう少し軽い内容の作品で、音楽的にもメロディアスな曲が多かった。エドワーズは、こうした作品を従来のコミック・オペラという名称ではなく、「ミュージカル・コメディ」や「ミュージカル・プレイ」と呼ぶようになった。後のアメリカで盛んに使われる「ミュージカル」という言葉は、このエドワード期の名称が伝わったものである。こうしたミュージカル作品は、不況から抜け出して明るい時代に差し掛かったロンドンで人々から支持された。

新機軸を開いた作品は『ロンドンにて』（一八九二）で、次の『陽気な娘』（一八九三）では上品なコーラス・ガールが人気となった。この「ゲイエティ・ガールズ」と呼ばれた娘たちは、若くて美人ぞろいのうえ、流行の衣装を身にまとい、上品かつ優雅に振る舞った。エドワーズは多くの娘たちをオーディションして、若く健康で美しい娘たちをコーラス・ガールとして採用して定期的に入れ替えた。また、その中から八人を選び特に厚遇したので、彼女たちは「ビッグ・エイト」と呼ばれていた。ガールズには、それぞれ贔屓筋のスポンサーがいて、彼女たちに贈り物攻撃をした。エドワーズは現金を受け取ることは禁止していたが、贈り物は自由だったので、高価な宝石が彼女たちには届けられた。彼女たちはそうした宝石を身に付け、また、時には豪華な舞台衣装のまま、終演後に「楽屋口のジョニー」と呼ばれる金持ちの「紳士」に誘われて、一緒に食事に付き合い、場合によっては玉の輿に乗り貴族と結婚することもあった。

楽屋口のジョニーたちは、市内の最高級のレストランにガールズを伴い一緒に食事したので、その食事風景がロンドンのナイトライフの最先端の話題となった。彼らの食事は、たいていの場合フォアグラのソテーか卵料理を前菜にとり、メインはロースト・チキンで、飲み物はシャンパンだった。このガールズは、『フロロドーラ』（一八九九）とともにアメリカへも輸出され、「フロロドーラ・ガールズ」として人気になった。こうした伝統は、「ジーグフェルド・ガールズ」へと引き継がれて、さらにトーキー初期の映画『ゴールド・ディガース』（一九三三）などを生み出す。ゴールド・ディガースとは、文字どおり「黄金を掘り出す」という意味だが、娘たちが掘るのは実際の鉱山ではなく、ブロードウェイの金満家の紳士のポケットだった。また、着飾った美しい娘を豪華なセットの前に並べて人気を取るという手法は、ジーグフェルドのレヴューにそのまま引き継がれた。

エドワーズは、座付きの作曲家としてアイヴァン・キャリルを雇い、ガールズ路線の作品を書かせた。『店員の娘』（一八九四）、『陽気なパリジェンヌ』（一八九六）、『サーカスの娘』（一八九六）、『逃げ出した娘』（一八九八）という具合だ。エドワーズは、こうした路線が当たったので、ほかの劇場も使ってガールズ路線を拡大して、キャリルは『ケイの店から来た娘』（一九〇二）、『さくらんぼ娘』（一九〇三）、『伯爵と娘』（一九〇三）などを立て続けに書いた。また、ライオネル・モンクトンにも追加の曲を書かせるようになった。人気の拡大とともに、エドワーズはゲイエティ以外の複数の劇場で同じようなショーを上演するようになり、ほかの作曲家たちにも多くの作品を書かせた。こうして人気のあったエドワード期ミュージカル・コメディだが、第一次世界大戦勃発時にエドワーズが病気療養でドイツの温泉にいたため、そのままホテルで軟禁されたのが身体的な負担となり一九一五年に亡くなり、『山の娘』（一九一六）が最後の作品となった。

作曲家のアイヴァン・キャリルは、新天地を求めて一九一一年にはニューヨークへ移り、ブロードウェイでも同じような路線の作品を書いた。キャリル以外の作曲家としては、『ゲイシャ』（一八九六）や『ユタから来た娘』（一九一三）を書いたシドニー・ジョーンズ、『クエーカー教徒の娘』（一九一〇）のライオネル・モンクトン、『中国のハネムーン』（一九〇一）のハワード・タルボット、『フロロドーラ』（一八九九）のレスリー・ステュアート、『オランダのミス・フック』（一九〇七）のポール・ルーベンスらがいる。

サヴォイ・オペラの時代には、日本を舞台にした『ミカド』が書かれたが、エドワード期ミュージカル・コメディの時代にも、相変わらずエキゾチックな東洋を舞台とした作品が多く書かれた。今の我々から見ると、中国と日本との区別もあいまいに映るが、日本を扱った『ゲイシャ』や『白菊』（一九〇五）、中国を扱った『サン・トイ』（一八九九）、『中国のハネムーン』、アリババの話を描く『朱金昭』（一九一六）、インドを舞台とした『蒼い月』（一九〇五）などの作品がヒットした。

エドワーズの作品にはサヴォイ・オペラを卒業した歌手たちも出演したが、若い美女を並べた「ガールズ路線」が人気を集めた大きな理由だった。こうした作品はニューヨークでも上演されたが、台本や曲はアメリカの観客に合わせて書き直された。改変を担当したのは、アメリカ在住の台本作家や作曲家で、そうした作業を通じて新作を作る力を徐々に蓄えていった。

一方のイギリスは、第一次世界大戦により新しい作品を生み出す力を失い、それとともに、アメリカからは新しいジャズなどが入って来るので、イギリスでもオペレッタは人気を失い、舞台ではミュージカルやレヴュー、そのほかでは映画が娯楽の中心となっていく。その後のオペレッタとしては、ノエル・カワードが『甘辛人生』（一九二九）、『風俗画』（一九三四）、『オペレッタ』（一九三七）、『太平洋一八六〇年』（一九四六）、『クラブのエース』（一九五〇）などを発表するが、大衆的な人気を集めるにはいたらなかった。

第四章　アメリカの音楽劇（十九世紀）

1　初期アメリカの芸能

独立後の経済発展

アメリカ合衆国は一七七六年に独立し、十九世紀前半には周辺地域の買収や割譲などによって領土を拡張する。一方、工業化の進む北部と奴隷労働に頼る南部との間に南北対立が生じて、一八六一～六五年に南北戦争が勃発する。この内戦により領土が荒廃したため、十九世紀後半には経済の再建が進められ、一八六九年には東海岸と西海岸を結ぶ大陸横断鉄道が完成した。この時期には、一八六七年にロシアからアラスカを買い取り、現在のアメリカ合衆国の形をほぼ整えた。その後は工業を急速に発展させて、二十世紀に入ると工業生産力でヨーロッパ各国を追い抜くようになっていた。

こうした急速な領土拡大と工業発展により、労働力が不足したため、十九世紀後半から二十世紀初頭にかけて、世界中から多くの移民がアメリカに押し寄せた。アメリカの芸能の中心地であった東海岸は、当初はイギリス、ドイツ、北欧系の移民が多く、開拓農民の中心となったが、十九世紀末頃からは南欧系の移民が増え都市部の下層労働者となり、二十世紀に入るとさらに東欧系の移民も加わった。

アメリカはイギリスの植民地から独立したので、各国からの移民が増えたとはいえ、主流の芸能や音楽劇は、イギリスから持ち込まれた。オペラなど貴族趣味の音楽劇もあったが、貴族のいないアメリカでは、オペラを経済的に支えきれなかったので、多くは大衆向けの娯楽的な音楽劇だった。イギリスからやって来た大衆的な音楽劇としては、オペラのパロディとしてのバーレスク、ミュージック・ホールでのヴァラエティ・ショー、そして台詞劇に付随音楽が入るメロドラマ、バレエよりもマイムを多用して物語を語るパントマイムなどがあった。こうした変則的な音楽劇が多く持ち込まれたのは、十七世紀後半から十九世紀前半におけるイギリスの演劇事情が関係しているので、少し歴史をさかのぼり、その状況を見ておく。

イギリスでは、芝居好きだったエリザベス女王の時代に、シェークスピアなどを輩出して優れた演劇作品を残した。歴史上のエリザベス朝は一五五八〜一六〇六年だが、シェークスピアや同時代の劇作家たちの活躍はその後も続いたので、清教徒革命による一六四二年の劇場閉鎖までを、「エリザベス朝演劇」として扱うことが多い。清教徒は、その生真面目さ故に劇場を閉鎖し、教会での音楽活動も禁止してしまう。そのため、イギリスではオペラが育たなかったとされる。

清教徒による共和政は長く続かず、一六六〇年には王政復古して、チャールズ二世が即位する。王政復古により劇場も再開されるが、劇場内での政治的な活動を取り締まるために、台詞を用いた「真面目な」演劇は、ロイヤル劇場（現在のロイヤル・オペラ劇場）とドゥルーリー・レイン劇場の二つに限定され、台本内容も厳しく検閲された。こうした状況は、江戸時代の歌舞伎上演が、幕府の上演許可を得た江戸三座（時代によっては四座）に限定されていたのと似ている。

ところが、庶民の娯楽を奪うわけにはいかないので、上演規制には抜け道が用意されていた。台詞で物語を進める「真面目」な劇は規制を受けるが、台詞が入らない劇や、「真面目でない」台詞劇は規制の対象外となる。具体的には、台詞ではなく身振りで物語る「パントマイム」や、台詞に音楽の伴奏を付けた真面目でない「メロドラマ」が発明された。この規制は、台詞劇を指定劇場以外でも認める法律が一八四三年に制定されるまで長く続いた。

このようなパントマイムやメロドラマは、十九世紀末にオペレッタが人気を得るまで、アメリカでも数多く上演され、後のミュージカル誕生に大きな影響を与えた。

メロドラマ

メロドラマは、「波瀾に富む感傷的な恋愛劇」（広辞苑）というのが、現在における一般的な理解だが、十八〜十九世紀のイギリスにおけるメロドラマは、音楽を伴う大衆演劇を指していた。広辞苑でも先の定義に加えて、「もと、十八世紀イタリアに起こった、音楽を伴奏として台詞の朗読を行う劇」と補足している。メロドラマの語源は、ギリシャ語で音楽を意味する「メロス」と「ドラマ」が一緒になった言葉で、文字どおり音楽劇を意味しており、イタリア語ではオペラを指す言葉として使われる。

真面目な台詞劇の規制を回避するために、俳優たちの台詞の背景で、情景に合わせた音楽を流すのがメロドラマであり、伴奏的な音楽は「付随音楽」、または「背景音楽」と呼ばれて、劇場で小編成のオーケストラが生演奏した。オーケストラの役割はだんだんと大きくなり、序曲の演奏や、歌の伴奏も受け持った。

イギリスの伴奏付き演劇は十七世紀から始まったが、後の時代にフランスで使われたメロドラマという言葉を借用して使うようになった。この演劇形式は、そのままアメリカにも持ち込まれて、十九世紀アメリカ演劇界でも人気だった。『アンクル・トムの小屋』（一八五二）は、こうしたメロドラマ形式の代表的な作品であり、三二五回という当時としては驚異的な続演記録を打ち立てただけでなく、多くの旅回り劇団も上演した。さらに、この作品はパロディ化されたバーレスク劇にもなり、ミンストレルズでも盛んに上演された。『アンクル・トムの小屋』の大ヒットにより、抑圧された奴隷に対する北部での関心が高まり南北戦争に影響したのは、ボーマルシェの『フィガロの結婚』（一七八四、オペラは一七八六）が封建制度を批判的に描き、フランス革命に影響したといわれているのに似ている。

『アンクル・トムの小屋』は、熱烈な奴隷解放論者のハリエット・ストウが一八五一年に雑誌に発表した小説で、翌年に書籍を出版して奴隷制の悲惨さを訴えた。これが大ベスト・セラーとなり、すぐに演劇版も上演された。ストウ自身は演劇版を書かなかったので、様々な脚色で上演されることとなり、これらは全部ひっくるめて「トム物」（トム・ショー）と呼ばれた。『アンクル・トムの小屋』は、年老いた黒人奴隷トムの話と、自由を求めてカナダへ逃亡する若い夫婦奴隷ジョージとイライザの話が中心だが、ジョージ・L・エイケンによる原作に忠実な脚色版と、ヘンリー・J・コンウェイによるハッピー・エンド版が代表的だった。

コンウェイのハッピー・エンド版では、老奴隷トムが死なずに幸福に暮らすという結末だった。これは、サーカスで富を築いた興行師P・T・バーナムの持つアメリカン・ミュージアムで上演されたためだった。「ミュージアム」というのは、博物館ではなく当時の劇場がそう呼ばれていたための名称だ。興行を第一に考えたバーナムは、悲惨さではなく、白人観客が喜ぶお涙頂戴の物語展開を求めた。

こうした中で、北部と南部の対立は深まり、一八六〇年の大統領選挙でリンカーンが当選して、南北戦争が始まる。ミンストレルズもヒットした「トム物」を取り入れたが、その結末はハッピー・エンド版の方だった。北部では奴隷解放が叫ばれていたが、そこで上演される娯楽としてのミンストレルズでは、南部の農園で幸せに暮らすお人好しの黒人奴隷たちが描かれるという、皮肉な形となった。

メロドラマという上演形式は二十世紀に入り消滅するが、言葉だけが意味を変えて生き残った。

二十世紀初頭には、感情に直接訴える煽情的（ハラハラ、ドキドキする）な芝居や映画がメロドラマと呼ばれるようになり、無声映画時代の連続活劇『ポーリンの危難』（一九一四）が代表作とされた。この「ハラハラ、ドキドキ」に登場する囚われの姫や、危機に瀕した娘を助けるような活劇もメロドラマに分類されるようになり、さらにトーキー時代に入ると、危機的な女性を助ける恋愛劇を意味するようになっていった。こうしたハリウッド恋愛映画でも、ムードたっぷりの音楽が背景に流れるのは、昔の名残だろう。

付随音楽の技法は、ミュージカルでも大いに利用されることとなる。二十世紀中頃に完成した台本ミュージカルの技法では、台詞から歌への移行は注意深く行われていて、出演者たちの会話の中に静かに「背景音楽」が忍び込み、続いて「ヴァース」と呼ばれる台詞と歌の中間的なレチタティーヴォ風の導入部があり、気分が盛り上がったところで、「リフレイン」と呼ばれるメロディアスな歌（アリア）となる、という手法が一般的に使われている。

パントマイム

パントマイムは、現在の日本では「台詞を言わずに、もっぱら身振りと表情とで演ずる演劇。無言劇。黙劇。」（広辞苑）とされており、マルセル・マルソーのような作品を思い浮かべるが、ヴィクトリア朝時代のパントマイムは、これと異なる。基本的にはバレエにおけるマイム（身振り）のような動作や踊りを中心に物語を運ぶが、時には台詞や歌が入り、観客も一緒になって歌った。

題材もよく知られたものが中心で、神話や聖書物、有名な童話などが取り上げられた。観客も一緒に歌うのだから、挿入される歌は誰もが知っているような既成曲が使われる。現在でもイギリスの一部地域では、クリスマス・シーズンに聖書を題材としたパントマイム劇が上演されている。出演者の役柄はイタリアのコメディア・デラルテの影響を強く受けており、主役の若い男女の恋人たちと、その両親や妖精役などが登場する。

パントマイムでは、若者の男性役を若い女性が男装のタイツ姿で演じ、その母親役は女装した中年男性が演じるのが一般的だ。この伝統は、イギリスのバレエ作品にも片鱗を残している。オペレッタやオペラ、バレエの世界でもこうした男女を逆転して演じることはよくある。オペレッタでは『こうもり』のオルロフスキー公爵役を女性が歌い、オペラでは『フィガロの結婚』のケルビーノ役もメゾ・ソプラノ、バレエでは『ラ・フィーユ・マル・ガルデ（リーズの結婚）』の母親シモーヌ役や『眠れる森の美女』のカラボス役は、男性が演じることが多い。

アメリカで最初のミュージカルとして取り上げられることの多い『黒い悪魔』（一八六六）は、ドイツ風のロマン派メロドラマ（音楽劇）と、フランスのロマン派バレエを一緒に上演した作品だが、『黒い悪魔』がヒットした一番の理由は、若い娘たちがタイツ姿で脚を上げて踊ったことによる。

当時のバレエ界で使われていた衣装は、『ジゼル』（一八四一）などで使われるロマンティック

（ロマン派）・チュチュと呼ばれるふくらはぎまでのチュチュで、『白鳥の湖』（一八七七）のように脚全体を全部見せるクラシック（古典派）・チュチュはまだ登場していない。ほかの芸術分野と異なり、バレエでは、ロマン派の後に古典派の時代が来るので紛らわしいが、チュチュの丈は時代とともにどんどん短くなったので、古典派チュチュの方が、ロマン派チュチュよりも短い。従って『黒い悪魔』でタイツ姿を見せたのは、チュチュ姿ではなく、男装姿を指している。

『黒い悪魔』の踊りは、「妖精の踊り」などの場面ではロマンティック・チュチュだが、スペクタクルなドラマ場面では、パントマイムのように女性ダンサーが男性兵士役を演じ、タイツ姿で登場した。『黒い悪魔』は四七五回も続演するヒットとなり、若い女性がタイツ姿で男性役を演じるミュージカルが次々と誕生した。これはイギリスのパントマイムやバーレスクの影響だといえる。パントマイムは大人数の群舞も特徴としていたが、効果的に舞台を見せるために、人数だけでなく装置も大規模となり、二十世紀に入ると、スペクタクルなショーを見せる「エクストラヴァガンザ」へと発展した。

バーレスク

バーレスクという言葉は、今日のアメリカではストリップ・ショーに近い意味で使われているが、十九世紀のイギリスではパロディ劇という意味で使われていた。バーレスクは、ヴィクトリア朝（一八三七〜一九〇一）時代に、産業革命で誕生した大衆を観客として成立した。貴族階級は本格的なオペラなどを好んだが、そうしたオペラをパロディ化して茶化した作品がバーレスクと呼ばれ、大衆に愛された。アメリカでもイギリスとほぼ同時期の一八四〇年代に始まり、一八七〇年代まで数多く上演されたが、南北戦争以降はこれに新しい動きが加わった。大型化とセックス・アピールの導入で、この流れはミンストレルズでも同じだった。

セックス・アピール入りのバーレスクはイギリスの発明で、女性ダンサーのタイツ姿を見せるショーをアメリカに伝えたのは、リディア・トムプソンだった。リディアはイギリスで結婚してから、南北戦争後の一八六八年にアメリカへ渡り、「リディア・トムプソンとイギリスの金髪娘たち」が出演する『イクシオン王』(一八六八)というバーレスク作品をニューヨークで上演した。これは一八六四年にイギリスでヒットしたギリシャ神話題材の作品を、アメリカの観客向けに改変したもので、簡単なパロディ劇に加えて、歌や踊り、パントマイムなど様々な芸能を盛り込んだものだった。物語の内容よりも、タイツ姿のダンサーたちが脚を高く蹴り上げるハイキックを見せるのに主眼が置かれていて、同じような脚見せショーの『黒い悪魔』に続き、大いに受けて一二〇回の続演を記録した。

バーレスクには、こうした女性の脚を見せる方向性と、大規模化して豪華絢爛さを見せる方向性があり、やがて二つに分離していく。豪華絢爛さを見せる方向では、フランスから導入されたレヴューと結びつき、ジーグフェルドの『フォリーズ』に代表される上品なブロードウェイ・ショーとなる。もう一つは、今日のバーレスクと呼ばれている、女性の身体を見せるストリップ・

ショーとなった。

ストリップ・ショーへの展開は、ミンスキー劇場でのバーレスク上演から次第に広まった。ミンスキー劇場は、四人のミンスキー兄弟が一九一二年にオープンし三七年まで続いた。兄弟たちの劇場は、ニューヨークでも不便な場所にあったため、当初は映画を上映したが、客が入らなかった。そのため、『フォリーズ』よりも安上がりで、客を呼べるバーレスク劇場として運営するようになった。しかし、劇場の観客は貧乏な労働者層が多く、『フォリーズ』の二番煎じのような上品なショーでは満足しなかった。そこで観客を男性に絞り、「家族向きのショーではありません」と銘打って、ショー内容の転換を図った。

ミンスキー劇場は、「動く」女性の裸を見せたために、一九一七年に警察の手入れを受ける。これは、服を脱ぐと同時に、大きな羽根の扇で体を隠す振付だったにもかかわらず、あるダンサーがつい「ぼんやり」として、隠すタイミングが遅れてしまった「事故」だとされた。しかし、彼女はたびたびぼんやりとして事故を起こすようになり、客席は賑わった。そのため、劇場は何回も手入れを受けた。こうした事情は『ミンスキーの劇場が手入れを受けた夜』（一九六八）として映画にも描かれている。日本では一九三〇年頃に榎本健一の第二次カジノ・フォーリーが、川端康成の新聞小説『浅草紅団』で紹介され、「金曜日には踊り子がズロースを落とす」という噂が世間で広まり、客が押し寄せたのと似ている。

人気の出たミンスキー劇場のバーレスクは、不況の一九三〇年代にはブロードウェイの中心部にも進出した。こうしてストリップ化したバーレスクはすっかり市民権を得て、ジプシー・ローズ・リーのような人気ストリッパーや、多くのコメディアンたちを輩出するが、一九三五年にフィオレロ・ラ・ガーディアがニューヨーク市長となると、規制を強化したために、舞台で見せる内容は穏やかなものとなる。しかし、それ以降もバーレスクは根強い人気を得て生き残り、一九六〇年代末からの性革命で過激さを増した後、二十世紀末になると、懐古趣味も加わり、単なる裸ではなく「色気」を見せる、ネオ・バーレスクの動きも出ている。

ヴォードヴィル

アメリカのヴォードヴィルは、イギリスのミュージック・ホールに相当する興行だ。ミュージック・ホールは、ヴィクトリア朝時代（一八三七〜一九〇一）に始まり、パブのような酒場で、歌や踊り、曲芸などを見せた。一八五〇年代に広まり六〇〜八〇年代が最盛期で、二十世紀に入ってからも残ったが、第一次世界大戦前後に人気を失った。観客は主に下層労働者で、パブの客寄せとして始まったこともあり、客席にテーブルがあり飲食しながらショーを観る形態だった。上流階級の行く劇場では、客席にテーブルはなく、場内では飲食が提供されなかったことを考えると、興行形態は大きく異なる。

イギリスでは、中流・上流階級から、こうした興行形態が下品だと非難されて、次第に上品な、つまり場内で飲食を提供しない形態となり、ロンドンのミュージック・ホールでも一流のものとなると、劇場と変わらない客席になった。その結果、初期には男性に偏っていた観客は、次第に家族連れへと変化していった。ミュージック・ホールが衰退したのは、新しい娯楽として映画が登場して、無声ではあったものの、安価な娯楽として提供されたためだった。

アメリカのヴォードヴィルは、時代的にも内容的にも、イギリスのミュージック・ホールと同様の発展を見せた。登場したのは一八五〇年代で、サルーンと呼ばれる酒場で、歌や踊りが提供されたのが前身だ。古い西部劇映画を観ると、酒場で簡単なショーが行われる場面が登場するが、そうした興行形態だった。こうしたショーがアメリカで一般的になるのは、南北戦争後の一八七〇年代以降だ。飲食をしながらといっても、ほとんどの場合は、酒を飲みながら観るいささか品のないショーだった。男ばかりの観客では、客足が伸びないと見た興行師トニー・パスターが、家族で楽しめるようなショーとするために、飲食の提供をやめて女性観客も呼び込んだことから、近代的なヴォードヴィルが発展する。そうした事情もイギリスのミュージック・ホールと似ている。また、観客の増加に伴い、婦人客の大きな帽子が視界を妨げる問題が発生したため、鑑賞時には帽子を取ることを義務付けるようになる。

トニー・パスターはイタリア系移民の子で、一八三七年にマンハッタン地区で生まれた。子供の時からミンストレルズやサーカスで働き、歌、踊り、曲芸など、なんでもこなす便利屋で、若くしてサーカスの司会役を務めるようになった。二四歳だった一八六一年にマンハッタン島のバワリー地区近くに自分の劇場を持ち、その四年後にはバワリー地区の豪華な劇場を手に入れる。

さらに一八七五年にはヒューストン通り近くの劇場へ本拠を移した。一八八一年には北上して一四丁目にある劇場で、それまでに例のない「清潔で上品」なヴァラエティ・ショーを上演して人気を博す。こうして、ヴォードヴィルは衰退し始めたミンストレルズに代わり、十九世紀後半のアメリカの大衆娯楽の本流となり、その流れは二十世紀に入っても続くが、一九二〇年代末の大恐慌の発生と、トーキー映画の登場により姿を消した。

ヴォードヴィルという名称は、フランス語の「町の声」voix de ville とか、フランスの地名から来ているとする見解もあるが、どれが本当の語源なのかわからない。形式からすると、後述（一五二ページ）するミンストレルズ第二部「雑芸」の雑多な個人芸（場合によっては複数人）と同じだ。各芸人が見せる芸に、連続性や一貫性はなく、各人が自分の得意芸、持ち歌などを披露する。別名ヴァラエティ・ショーとも呼ばれ、歌、踊り、楽器演奏、漫談、漫才、曲芸、動物芸、奇術、寸劇、ミンストレル芸、奇形のショーなど、なんでもありで、日本の寄席に似た形態だ。

ヴォードヴィルがミンストレルズと大きく異なるのは、その興行形態だ。ミンストレルズは劇団として一座が興行する形態だったので、地域に根差した劇団の場合には劇場主と劇団主が同じこともあるし、地域巡業では劇場主から会場を借りての公演だった。従って、出演者は劇団主に雇われる。それに対してヴォードヴィルでは劇場主が公演を行う形をとり、芸人や出し物は劇場主が選び公演内容を決めた。出演する芸人は、劇場主と出演契約を結ぶ形となる。

ヴォードヴィル劇場の多くは週替わりで演目を入れ替えるため、観客の受けが悪いと、劇場主はすぐに芸人を入れ替えた。逆に、人気のある、観客を呼べる芸人に対しては長期間の出演契約をして高給を支払った。上演されるのは一〇〜一六程度の演目で、伴奏のために、豪華な劇場では数人のオーケストラが、小さな劇場ではピアノ伴奏者がいるのが一般的だった。芸人たちは場末のヴォードヴィル劇場や、バーレスクからスタートして、最終的には大劇場への出演を目指した。最盛期には昼と夜の二回公演であったが、末期になると、回転を上げて売上を伸ばそうと、一日に六回の公演をすることもあった。また映画の時代となると、映画の合間のショーとして、短縮版ヴォードヴィル公演も行われた。

ヴォードヴィルの本質は、特定の作品ではなく、芸人の得意芸を見せることだから、いくら人気がある芸人でも、同じ場所で長く出演をすると飽きられてしまう。そのため、あちこちの劇場へ出演することになる。ニューヨークのような大都会では劇場も多いが、地方へ巡業すると大変で、現地へ出向いても仕事を得られない場合がある。劇場主の方も、人気芸人を呼ぼうとしても、交渉がうまくいかないことがあった。こうした問題を解決するために、十九世紀末から、劇場主に代わり出演交渉をするブッキング・オフィス、芸人に代わり出演交渉をするエージェントなどの代理人機能などが発達した。これらの手数料は当初一〇パーセント程度であったが、時にはその倍近くになることもあった。

一方、劇場主の側でも全国に劇場を持ち、ニューヨークで当たった演目を各地で順番に回していく手法が編み出された。この手法が、シューバート兄弟の劇場チェーンなどを後に生み出す。

こうして当たった人気芸を各地で見せて回る形態が確立すると、芸人は得意な芸を演じ続けることが可能となった。

ヴォードヴィルからは多くの芸人たちが誕生した。エヴァ・タングウェイ、リリアン・ラッセル、ノーラ・ベイ、ブロッサム・シーリー、ソフィー・タッカーなどの歌手。W・C・フィールズ、ウェバーとフィールズ、バスター・キートンなどのコメディアンも有名になった。後に台本のしっかりとしたミュージカルへの流れを作るジョージ・M・コーハンも、フォア・コーハンズという四人家族でヴォードヴィルに出演していたし、姉アディールと組んで踊った時代のフレッド・アステアもヴォードヴィル出身だ。

外国からも多くの芸人がやって来たが、同じ英語圏なので、イギリス出身のミュージック・ホール芸人が多かった。そのほか、フランス語を交えて歌うフランス娘も人気があった。ジーグフェルドが、アンナ・ヘルドをイギリスから連れ帰ったのは、フランス風に歌ったからだ。それ以外にも、アイルランド、ドイツの移民が多かったため、お国訛《なま》りを丸出しにして、誇張して演じるコミック芸人も多くいた。こうしたエスニック芸の分野では、移民の多い国の芸以外にも、浮浪者、ユダヤ人、黒人などを題材とする演目があった。浮浪者を題材とするコミックは、チャールズ・チャップリンが映画で演じている。

そのほかの芸能

開拓時代のアメリカの芸能には、イギリスからの芸能に加えて、ほかのヨーロッパの国々から伝えられた見世物的な芸能もあった。簡単なショーを見せながら、万能の薬を売り付ける「メディスン（薬屋）ショー」や、サーカス、博物的な知識を教える啓蒙的な内容の見世物などである。

これらはいずれもヨーロッパ起源で、「薬屋ショー」はドニゼッティのオペラ『愛の妙薬』に描かれた薬屋の姿とあまり変わりない。人寄せのために、薬の販売の前に簡単な見世物があった。薬屋は馬車を使って村々を回り、娯楽を提供すると同時に怪しげな薬を無知な人々に売り付けた。

サーカスも古い芸能で、その起源は古代ローマ時代より古いともいわれるが、近代的なサーカスは十八世紀のロンドンで始まった。アメリカでサーカスが盛んになると、どんどんと巨大化、大型化して全土を回るようになる。サーカスにおける道化のメイクは、ミンストレルズの黒人メイクに大きな影響を残している。

啓蒙的な内容の見世物は、ヨーロッパの啓蒙主義や国際博覧会の影響を受けているが、見世物で新しい知識を得ることから、博覧会と同等のものだと考えられた。そこで、レヴューや芝居を上演する劇場に「博物館」と名付ける場合もあった。こうした考え方はその後も残り、二十世紀初頭の大規模レヴューは、文明化の様子を再現する形式がとられた。こうした啓蒙的な見世物の伝統は、アメリカで独自に発展をしてエクストラヴァガンザとなったり、「シャトークア（文化講習会）」と呼ばれる形態で生き残ったりした。シャトークアの様子は、エルヴィス・プレスリーの映画『トラブル・ウィズ・ガールズ』（一九六九）にも描かれている。

ミンストレルズ

アメリカは、主にヨーロッパからの移民たちにより開拓され、初期には特にイギリスからの資本が投下された。そのため、初期の芸能の大半は、ヨーロッパ各国や各民族から持ち込まれたものだった。しかし、時間の経過とともに、ヨーロッパ起源の芸能の影響を受けつつ、黒人奴隷の音楽や表現を取り入れた独自の芸能が誕生する。それがミンストレルズ（ミンストレル・ショー）だった。

ミンストレルズは、南北戦争を挟んだ時代に盛んに上演されたが、奴隷解放の結果、十九世紀末には行き詰まり、ヴォードヴィルや見世物的なエクストラヴァガンザに人気が移った。有名だった一座にヴァージニア・ミンストレルズがあり、「デキシー」を作曲したダニエル・エメットに率いられていた。大手の一座では、クリスティーズ・ミンストレルズも有名で、作曲家のスティーヴン・フォスターが曲を提供していた。

ミンストレルズは、白人が黒人を戯画的に真似て、黒人の動きや踊り、リズム、音楽などを取り入れた芸能で、ヨーロッパには存在しなかった新たなジャンルを作り出した。また、同時代のヴォードヴィルやバーレスクに影響を与えて、タップダンスやジャズなどを生み出す原動力となり、アメリカ舞台芸能の基礎となった。さらに、後期ミンストレルズでは、黒人自身がミンストレルズを演じることにより、黒人の歌手や踊り手、作曲家などが登場するきっかけともなった。ミンストレルズについては、黒人の人種問題に絡めて、文学的に読み解く考察も多いが、ミンストレルズの中心部分には音楽が存在し、そこで用いられたアフリカ起源の多重的なリズムが、シンコペーションを生み出して後のラグタイムとなり、ジャズの基盤となったことは見逃せない。さらに、踊りの面でもそのリズムを音で再現するタップダンスを生み出している。

ミンストレルズは一八四〇年代に始まり、一八九〇年代まで半世紀にわたり流行した。この間には北部と南部が対立して戦った四年間の南北戦争（一八六一～六五）があり、奴隷解放も行われた。そのため戦争前後では、ミンストレルズにおける黒人の描き方が大きく変わった。

白人が黒人を真似る芸は、英米間で戦われた一八一二年戦争の後、イギリス人チャールズ・マシューズが、一八二二年にニューヨークで上演された黒人劇団「アフリカ劇場カンパニー」を観て、黒人の芸に興味を持ったことから始まる。そこで演じられていたのはシェークスピアの『ハムレット』のパロディだったが、黒人特有の発音（訛り）、語り口、劇中に挿入される歌などを採録した。こうして、次第に黒人を真似る白人芸人が登場するようになり、「カラスのジム（ジム・クロウ）」や、「間抜けのジップ（ジップ・クーン）」という代表的なミンストレルズのキャラクターが誕生した。「クーン」という言葉は後に黒人を指す蔑称としても使われるようになる。

「カラスのジム」は、飛び跳ねるような踊りを見せる田舎者として描かれる。どことなくアイルランド民謡に似た曲調の音楽に乗せて、おどけた踊りを見せる。一方、「間抜けのジップ」の方は、イギリス紳士を真似た都会の間抜け者として描かれた。一八二〇年代の終わり頃には、何人かの芸人が各地を回るようになり、時にはサーカスの道化として、また、劇場においては芝居の幕間の出し物として、こうした芸を見せていた。この時期の芸人としてはトマス・D・ライスが有名で、まだミンストレルズという言葉ではなく「黒人描写」（エチオピアン・デリニエイター）と呼ばれていた。焼いたコルクの炭で顔を黒く塗り、口の周りに強調された大きな唇を描くのが決まりで、サーカス時代の道化メイクの影響を受けている。手には白い手袋をするのが定番となっている。

一八三六年には、ロンドンでも「カラスのジム」が披露された。最初のうち、この「黒人描写」は単独の芸人が演じる形態であったが、一八四三年に四人の芸人が揃って演じた時から集団で演じるミンストレルズが始まったといえる。ミンストレルズという言葉は、語源的には大臣を意味するミニスターと同じで、王などの「家臣」（ラテン語のミニステリアリス）に由来しているが、ヨーロッパ中世で放浪していた大道芸人の吟遊詩人が王に召し抱えられて家臣となり、歌などを披露したことから、こうした芸人を指す言葉となった。それが転用されて、アメリカでは一八四〇年代中頃から、黒人芸に対して使われるようになった。

ミンストレルズは、黒人を真似て演じる芸なので、黒人が多く存在する南部ではなく、黒人が珍しかった北部のニューヨークやボストンといった都会で生まれた。実際の黒人やその芸を観たことのない北部の住人たちは、好奇の目でこれを楽しんだ。白人が黒人を演じるといっても、実際の黒人を見たことのない北部の観客の中には、本物の黒人が演じていると信じた人もいたようだ。

前期ミンストレルズ

初期のミンストレルズは、二部で構成されていた。前半は正装したミンストレル芸人たちが一列に並び、「紳士諸君、ご着席ください」と司会者が掛け声をかけて始まる、全員が揃ったヴァラエティ・ショー。後半は南部農園の黒人を見せる短い演劇だった。後に、前半と後半の間に、各自が得意芸を見せる「雑芸（オーリオ）」部分が追加されて、三部構成となった。

第一部では出演者が勢揃いして、横一列に並んで座る。場合によっては半円形の列を作る。小さな一座では六〜八人、大きな一座でも一〇〜一二人程度で、全員男性というのが前期のミンストレルズだった。後にミンストレル劇団が大型化して人数が三〇人を超えるようになると、半円形に何列かを作って座った。中央に座るのは司会者で、列の端にはタンバリンを持った男タムボーと、「ボーンズ（骨）」と呼ばれる楽器を持った道化役ボーンズのエンドマン（終端役）が配されるのが一般的だった。司会者とエンドマンの間で、主にアドリブによる漫談や時事風刺などがあり、その合間に音楽や歌、そのほかの芸などを披露する。出演者は全員が楽器を手にしていて、アフリカ起源の弦楽器であるバンジョーを中心に、ヴァイオリンや小型のアコーディオンのほか、各種の太鼓やタンバリンなど、多くの打楽器を演奏した。

「骨」と呼ばれる小型の打楽器は、動物の肋骨などを使って音を鳴らしたので、こうした名前が付いているが、材料としては骨だけでなく木材も利用された。二〇センチ弱の骨を二本使って打ち鳴らすもので、片手の中指を中心にして、その両側にそれぞれ一本の骨を挟み、人差し指側の一本に中指と親指を添えて固定し、薬指側の骨は自由に動くようにする。そうして、手や腕を動かすと、二本の骨がぶつかり合ってカスタネットのような音が出る。片手だけでなく両手にこの楽器を持って演奏する場合も多く、歌ったり、しゃべったり、口笛を吹いたり、踊ったりしながら音を出す。腕の動きによりかなり複雑なリズムを刻めるので、まるでタップダンスの打ち鳴らす音のように聞こえる。二十世紀初頭に活躍した黒人のタップダンスの名手ビル・ボージャングル・ロビンソンの、「ボージャングル」の名前の由来にはいろいろな説があるが、タップの音がまるでこの骨の奏でる音のようだったことから、「骨を打ち鳴らす（ボーン・ジャングル）」という意味で名付けられたといわれている。

ミンストレルズの第二部は、ショーの中心をなす部分で、芸人たちが各自の得意芸を見せる。歌、踊り、楽器演奏、漫談、二人での掛け合い漫才、寸劇などが多く、装置は用いずに背景幕の前で演じられる。この部分は「雑芸」とも呼ばれ、ヴォードヴィルと同じような形だ。

第三部は、「後出し物（アフターピース）」とも呼ばれる短い演劇で、オペラやドラマのパロディや、戯画化した作品が演じられた。この芝居には伴奏が付くのが一般的で、音楽付きという意味で「メロドラマ」として受け取られた。初期には、ヨーロッパの有名作品のパロディや、アメリカの誇張されたホラ話などが多かったが、次第に南部農園を舞台とした黒人奴隷の日常生活を描くような作品が主流となっていく。こうした演劇はパロディを意味する「バーレスク」とも呼ばれた。ショーの中では黒人の訛りを強調したようなしゃべりや、誇張された話、動物の寓話などが題材として使われた。後のディズニー映画『南部の唄』（一九四六）の中に登場する老黒人が、白人の少年に動物の寓話を語るのも、この伝統に基づいている。

ミンストレルズは、南部の農園での実際の生活を知らない北部の都会人に、農園の黒人たちの生活を見せるという役割を果たしたが、そこで描かれた黒人像は、白人から見た姿であり、優しく慈愛の精神に溢れた白人主人の下で、幸せに暮らすお人好しの黒人奴隷という、ステレオタイプな人物像が中心だった。例えば、結婚を決めた若い黒人奴隷のカップルに対して、愛に溢れた白人主人が結婚祝いとして「自由」を贈るが、若い二人は愛する人々に囲まれて幸せに暮らせる農園を離れたくないという理由で、そのまま奴隷として残る決心をする、という類の話が多かった。しかし、黒人奴隷たちの悲惨な生活や、自由を求める希望などをテーマにした楽曲が歌われることもあり、ミンストレルズの奴隷制度に対する態度はあいまいだった。

こうした「後出し物」では、不幸な生活を送る老奴隷が、昔の主人またはその子供と再会して、再会を喜ぶ主人とともに余生を幸せに暮らす、というのも典型的なパターンで、後期ミンストレルズにも引き継がれていく。このような基本的な枠組みの中で、若い黒人奴隷の男が、混血の娘に恋をするというサブ・プロットも挿入されるようになる。混血娘役は肌の色の薄い美人として描かれるが、これを演じるのも男性俳優で、豪華な衣装で登場して人気を博し、出演料も高額だった。

後期ミンストレルズの変容

南北戦争が終わると、ミンストレルズに大きな変化が起きる。奴隷解放により本物の黒人がミンストレルズに参入したのだ。ミンストレルズは一座を組んで上演する形態なので、前期ミンストレルズでも、傑出した芸を持つ黒人が白人一座に参加することはあったが、全員が黒人で構成されたミンストレル一座は南北戦争後に登場し、一八七〇〜八〇年に最盛期を迎えた。黒人ミンストレル一座は、物真似ではなく本物の芸を見せる、というのが売りだったが、実際には白人一座が築いてきたショーの二番煎じで、オリジナリティはなかった。

その一方で、白人から見たステレオタイプな黒人の描き方は、微妙に修正され、黒人の立場を表現しようとする動きもあったものの、「カラスのジム」や「間抜けのジップ」と異なるキャラクターを作るまでにはいたらなかった。ミンストレルズの主な観客が白人であることに変わりなかったためだ。

第一部の締めくくりは、出演者全員によるパレードだったが、黒人一座では、ケーキを賞品とする南部農園の「ケーク・ウォーク」を再現するようになった。このケーク・ウォークは、祭日などに、主人の捨てた古い衣装や装飾品を身に付けて、奴隷たちが踊り歩いて人気を競い合うものだった。賞品としてケーキが与えられたことによる命名だが、舞台でもそれを再現し、観客に人気投票をさせた。黒人一座の登場は、ミンストレルズの内容への影響は大きくはなかったが、黒人芸人がエンターテインメントを職業として活躍するための登竜門として、また、それを目指そうと考える多くの黒人を育てた点で画期的だった。

　一八五〇年代からのカリフォルニアのゴールドラッシュなどにより、西部地区の人口も増加し、再建時代には鉄道網の整備により西部開拓が進展した。そのため、東部地区で活動していたミンストレル劇団は、潜在的な観客を求めて巡業公演を活発に行った。上演内容は後期になっても基本的には前期の踏襲だったが、南部農園の黒人奴隷が解放されたため、現実を真似るという意味はなくなり、単に古きよき時代を懐かしむだけのマンネリ化が進んだ。そのために、新しい見世物を取り入れて、観客を確保しようとする様々な試みがあった。

　メインとなる第二部の出し物も多様化した。従来の伝統的な芸に加えて、曲芸や動物芸、珍奇な見世物が登場する。三メートルを超える巨人、髭の生えた女性、六〇センチの小人の楽器演奏など、奇形（フリーク）的な見世物だ。大規模化して豪華な衣装やセットを見せる路線もあり、一〇〇人規模の一座も登場した。中にはブルボン王朝の宮廷を再現する一座も現れ、黒人を真似て見せるという本来の役割はほとんど失われた。そのために、必ずしも顔を黒塗りして演じる必要はなくなり、ミンストレルズではあるものの、白人のままに演じる場面も増えていった。こうした流れは、ミンストレルズを解体し、ヴォードヴィルやエクストラヴァガンザへの移行を加速した。

　もう一つの変化は、女性ミンストレル一座の登場だ。女性だけで演じる『マダム・レンツの女性ミンストレル』が一八七〇年に登場した。タイツ姿の若い女性が体に密着した衣装を身にまとい、四肢を見せてミンストレルズを演じるもので、それに加えて、フレンチ・カンカンなどの踊りが取り入れられた。こうした動きが出てきたのは、ニブロス・ガーデン劇場で『黒い悪魔』が一八六六年に初演されて、過去に例を見ないほど大ヒットして、一八七〇年にも再演されたためだ。

『黒い悪魔』は芝居とバレエを組み合わせたものだったが、観客に受けたのは、ロマンティック・チュチュを着けずに、剝き出しのピンクタイツ姿で踊る若いバレリーナたちの肢体だった。こうした女性たちの体の線を見せるというのは、大劇場では活人画として静止して見せる以外は一般的ではなかったため、タイツ姿での踊りは当時の男性観客に大受けした。このように、ミンストレルズは、奴隷解放により見せるものを失い消滅した。

2 オペレッタ

輸入オペレッタ

パリではオッフェンバックが一八五八年に『地獄のオルフェウス』を、ウィーンではスッペが一八六五年に『美しきガラテア』を、ロンドンではギルバートとサリヴァンが一八七五年に『陪審裁判』を上演したのが、各国におけるオペレッタの実質的な始まりだが、これらの作品は、あまり遅れずにアメリカにも入って来た。しかし、アメリカでは一八六一〜六五年に南北戦争があったので、その間の上演は低調で、こうした輸入オペレッタが本格的に上演されるようになるのは、南北戦争後の一八七〇年代からだ。

当時の東海岸ではボストンのオペラ・カンパニーが、西海岸ではサンフランシスコのオペラ・カンパニーが、フランスやイタリアなどのオペラとともに、「軽い」オペラやオペレッタ（コミック・オペラやオペラ・ブッファも含む）をレパートリーに入れて、上演活動をしていた。

十九世紀には大量の移民がやって来たため、イタリアやドイツ語圏のオペラが上演されると同時に、フランス、ドイツ語圏のオペレッタもそのまま輸入され、原語上演された。しかし、フランス語やドイツ語での原語上演は、その言語がわかる観客しか得られないため、次第に英語への翻訳や、アメリカ向け翻案での上演が増えていく。

南北戦争前には、一八五八年にオッフェンバックの『二人の盲人』が仏語で上演され、それを英語に翻訳した『盲人で行こう』（一八五九）も翌年に上演された。ニューヨークでは、オッフェンバックの代表作『ジェロルスタン女大公殿下』が一八六七年に上演されたが、これはフランス語による上演だったために、一部の観客にしか受けなかった。その後も、『地獄のオルフェウス』、『うるわしのエレーヌ』、『パリの生活』、『青ひげ』などが続き、オッフェンバック以外のフランス作品も多く上演されたが、翻訳上演は一部だけで、ほとんどは原語上演だった。オッフェンバック作品が英語で上演されるようになるのは、『トレビゾンドの姫』（一八七一）からだ。

ニューヨークでのオペレッタは、一八七〇年代は六作品、一八八〇年代は四〇作品、一八九〇年代は五六作品、一九〇〇年代は三四作品、一九一〇年代は三七作品で、上演数から見ると一八九〇年代がピークだった。一八七〇年代まではフランスのオッフェンバック作品などが中心だったが、一八七九年からイギリスのギルバートとサリヴァンの一連の作品が上演されると人気が出て、一八八〇年代と九〇年代は、フランス物とイギリス物が競い合い、それに加えてアメリカ作曲家の作品も上演されるようになった。

ウィーンのオペレッタは、金の時代のシュトラウスの傑作『こうもり』がニューヨークで一八七九年に上演されたが、原語上演だったため、観客の関心をひかなかった。その一〇か月ほど前にはサヴォイ・オペラの『軍艦ピナフォア』が上演されて、英語によるオペレッタが大人気となっていたからだ。シュトラウス作品では、原語上演の『こうもり』よりも、英語で翻訳上演した『女王のレースのハンカチーフ』（一八八二）の方がヒットした。

『女王のレースのハンカチーフ』は、ルドルフ・アロンソンが一八八二年にカジノ劇場の柿落《こけら》としで上演した作品で、続けて『メスサレム王子』や『こうもり』なども上演したが、ウィーンを背景とした恋愛模様をワルツに乗せて描くシュトラウス作品は、社会風刺を欠くために、アメリカの当時の観客にはアピールしなかった。アロンソンは、ミレッカーの『乞食学生』や、ヤコボウスキーの『アーミニー』なども紹介した。

当時のニューヨークでは、まだ現在のようなブロードウェイの劇場街は形成されておらず、一八三四年からヒューストン通りにあった老舗《しにせ》のニブロス・ガーデン劇場と、発展しつつある三四丁目に建ったカジノ劇場とが、音楽劇の上演でしのぎを削っていた。ニブロス・ガーデン劇場が『黒い悪魔』でヒットを飛ばしたのに対して、カジノ劇場ではヨーロッパの新作オペレッタを続々と上演した。

二十世紀に入り、レハールの『メリー・ウィドウ』が一九〇七年にニューヨークで上演されると人気を呼ぶが、一九一四年に第一次世界大戦が始まり、一七年にアメリカも参戦するので、ドイツ、オーストリアに対する敵国意識が高まり、ウィーン物は上演されなくなる。それに代わり、一九二〇年代にはアメリカ国産のオペレッタの黄金期を迎える。

ギルバートとサリヴァンの人気

当初のオペレッタ公演では、フランス語やドイツ語での原語上演が多かったため、英語で書かれたギルバートとサリヴァンの一連の作品が上演されると、熱狂的に歓迎された。二人の最初の作品『陪審裁判』は、イギリスと同じ一八七五年にニューヨークでも上演されたが、大ヒットしたのは、一八七九年の『軍艦ピナフォア』だった。あまりにもヒットしすぎて、多くの海賊版やパロディ版が上演されたことから、次の『ペンザンスの海賊』はニューヨークで初演せざるを得なくなった。その一八七九年末の初演に、サリヴァンはイギリスからドイリー・カート・オペラ団の主要メンバーを引き連れて行ったので、ニューヨークの観客も本格的なサリヴァン作品に触れることができた。『ペンザンスの海賊』『ミカド』などが人気を呼び、一八八〇年代はギルバートとサリヴァンの時代となった。

こうしたイギリス製コミック・オペラを真似て、アメリカでも独自の作品を作る動きが一八九〇年代に生まれる。ギルバートとサリヴァンの社会的風刺が強い作品は、一八七三～九六年の大不況時代を背景に成立したが、一八九〇年代後半には不況が終わり観客の好みも変化する。しかし、イギリスの音楽劇の伝統を引き継いだエドワード期ミュージカル・コメディも、長くは続かなかったため、イギリスからの輸入は先細りとなってしまう。そのため、アメリカで独自のオペレッタを作ろうとする動きが強まる。

アメリカ製のオペレッタ

十九世紀のアメリカには、輸入オペレッタしかなかったかというと、そうでもなく、独自の作品も作られていた。東海岸のオペラの中心地となっていたボストンで、アメリカ最初のオペレッタ『アルカンタラの医師』（一八六二）が初演されている。作曲者はジュリアス・アイヒバーグというドイツからの移民で、ヨーロッパで正規の音楽教育を受けて一八五七年にアメリカに渡り、この作品をボストンで上演した。ニューヨークでは、『黒い悪魔』（一八六六）よりも三か月ほど早く上演された。この時にはオペレッタとは呼ばずに、イギリス風にコミック・オペラと称して上演している。歌姫キャロライン・リッチングスはこの作品が気に入り、イギリスのバラッド・

オペラ『ボヘミアン・ガール』（一八四三）と一緒に、レパートリーに加えて巡業して回った。そのためか、日本の浅草オペラでも、バリトン歌手のスター清水金太郎の翻訳で上演された記録が残っている。

作曲者は移民で、話の内容もスペインのアルカンタラを背景として、親の決めた結婚を強制された若い恋人たちが悩むものの、決められた相手が恋人本人だったとわかりハッピー・エンド、という伝統的なコミック・オペラそのものだった。アイヒバーグは、その後もスペインやイタリア、オーストリアなど、ヨーロッパを題材としたコミック・オペラを何本か書いているが、アメリカで作られたとはいえ、ヨーロッパ風の域を出なかった。それでも、『アルカンタラの医師』の評判はよく、何度も再演されただけでなく、パロディとしてのバーレスク版も上演されている。

このように、アメリカでもヨーロッパとほぼ同時期にオペレッタの創作も始まったといえるものの、『アルカンタラの医師』からわかるとおり、ほとんどヨーロッパ作品の輸入と変わらなかった。アメリカが真に独自のオペレッタを作るためには、アメリカ自身の題材を、アメリカ的な音楽や踊りで表現する必要があったが、十九世紀後半から二十世紀初頭にかけてのアメリカは、まだ文化的に成熟していなかったために、ヨーロッパを題材にとり、パリのオペラ・コミックや、ウィーンのオペレッタの模倣的な作品から出発せざるを得ないのは当然だった。

そうした中で、アメリカでオペレッタを書いた作曲家としては、レジナルド・デ・コーヴン、ジュリアン・エドワーズ、ジョン・フィリップ・スーザ、グスタヴ・カーカー、ヴィクター・ハーバートらがいる。この五人のうち、エドワーズとカーカー、ハーバートはヨーロッパで音楽教育を受けた後にアメリカへ渡り、オペレッタを書いた。デ・コーヴンとスーザはアメリカ生まれだが、デ・コーヴンはヨーロッパで音楽教育を受けたので、純粋にアメリカで音楽を学んだのはスーザのみである。この中では、ヴィクター・ハーバート（後述一七六ページ）が二十世紀のアメリカを代表するオペレッタ作曲家となる。アメリカで活躍したこれらの初期オペレッタ作曲家について簡単に触れておく。

日本ではマーチ王として知られるジョン・フィリップ・スーザ（一八五四～一九三二）は、「星条旗よ永遠なれ」や「ワシントン・ポスト」などの行進曲を書いている。父親はスペイン系の移民で、海兵隊の楽団でトロンボーンを吹いていたため、ワシントンで生まれ育ち、国内で音楽教育を受けた。一三歳の時に、父親が海兵隊の楽団へ見習いとして入れたことから、海兵隊と長く付き合うこととなり、行進曲を多く書いた。一八七六年に、アメリカ独立一〇〇年を記念した世界博覧会がフィラデルフィアで開催された時に、スーザは誘いを受けて博覧会の公式オーケストラでヴァイオリンを弾いたが、ゲスト指揮者としてフランスからオッフェンバックがやって来たことから劇場音楽に興味を持つようになる。行進曲は一〇〇曲以上書いたが、オペレッタも生涯に一五本ほど書いている。作風はギルバートとサリヴァン風だが、優れた台本作者と組めなかったため、どの作品も台本が弱いと指摘された。最も有名なオペレッタは『エル・カピタン』（一八九六）で、十六世紀の南米ペルーを背景として、スペイン人総督が反乱軍のリーダーであるエル・カピタンを殺して彼に成りすます話で、この作品で使われた曲が後に独立して行進曲となった。こうしたアメリカを扱った題材の選び方に、ヨーロッパ出身者との違いが出ている。

イギリスで生まれたジュリアン・エドワーズ（一八五五～一九一〇）は、その地で音楽教育を受けオペラの指揮者をしながらオペラを書くようになった。イギリス時代にはオペラが多かったが、アメリカの製作者の招きで一八八八年にアメリカへ移り、オペレッタを書くようになり、『ゼウス』（一八九二）から始めて、一九〇九年までに約二十作品を書いた。その大半はヨーロッパを背景とした作品であったが、『ジョニーの凱旋する時』（一九〇二）は、南北戦争を背景にした南部美人と北軍将校ジョンの恋というアメリカ人に身近な物語だったことから、当時としては大ヒットした。

ドイツ生まれのグスタヴ・カーカー（一八五七～一九二三）は、七歳からチェロを習っていたが、一〇歳の時に家族とともにアメリカへ渡り、ケンタッキーへ移住しても音楽の勉強は続けた。やがて地元のオーケストラで活躍しつつ作曲も手掛けるようになり、ニューヨークへ出て名門カジノ劇場の音楽監督となって、多くのオペレッタを書いた。代表作は『ニューヨークの美人』（一八九七）で、遊び人の男が清楚な救世軍の娘に恋する話。ブロードウェイでは六四回の続演だったが、翌年にロンドンで幕を開けると大ヒットして、六七四回も続演した。アメリカ製の作品がロンドンでヒットしたのは、この作品が初めてだった。同じ話が、フレッド・アステアとヴェラ＝エレンで一九五二年に映画化されたが、音楽は別物。カーカーも若い頃には、ルコックなどフランスのオペレッタの翻案物に曲を付けていたが、ヒュー・モートンと組んでからは、オリジナルのオペレッタを書くようになった。一九〇〇年以降はいろいろな台本作家と組んだが、ハリー・B・スミスの台本が多い。

コネチカット生まれのレジナルド・デ・コーヴン（一八五九～一九二〇）は、一一歳でイギリスへ渡り、オックスフォード大学卒業後にシュトゥットガルトやフランクフルトで音楽を修め、スッペなどからオペレッタを学んだ。一八八二年にアメリカへ戻り、ワシントンでオーケストラの指揮者をした後、ニューヨークの新聞で音楽批評をしながら作曲を手掛けるようになる。シリアスな曲も書いたが、オペレッタの作曲家としての方が有名で、一八八七年から亡くなる直前の一九一九年までに、二〇作品を超えるオペレッタとミュージカルを作曲した。その約半数はハリー・B・スミスが台本を担当している。代表作は『ロビン・フッド』（一八九一）と『ロブ・ロイ』（一八九四）で、題名からわかるとおりにイングランドやスコットランドの義賊を描いた作品だ。ほかの作品も同じような傾向で、アメリカ独自というよりも、輸入物オペレッタと同等な作品を書こうとしていたことがうかがえる。

十九世紀のヒット作品

十九世紀には、イギリスから輸入された作品が多く、ロンドンやニューヨークの見物を題材にしたレヴュー作品や、妖精、悪魔などを扱ったロマン派的な主題のオペレッタ、若い娘が脚を見せるミュージカルのような作品が多かった。

一八六〇年代は南北戦争の時代で、戦争は六一年から六五年までだが、南北戦争前には、『七人の娘たち！』（一八六〇）が二五三回の続演をしている。これは、悪魔の七人の娘たちがこっそりと地獄を抜け出し、ニューヨークの最新の風物を見物して驚くという、スペクタクルなレヴュー作品。戦争後には、最初のミュージカルと伝説的に伝えられる『黒い悪魔』（一八六六）が四七五回と大ヒットした。しかし、その二年後に上演される『ハムプティ・ダムプティ』（一八六八）は、それを超える四八三回の続演となった。この作品もスペクタクルで最新の流行を見せるレヴュー形式のパントマイムで、マザー・グースのキャラクターを狂言回しとして、ニューヨークの新しい観光名所を回って紹介した。後のレヴューに近い形態だが、最後の景（場面）で出演者たちは伝統的なコメディア・デラルテのキャラクターに変身し、パントマイム形式で締めくくられた。当時はこうした観光案内ショーも多かった。オペレッタでは、オッフェンバックの『ジェロルスタン女大公殿下』が一八六七年に上演されて一五六回、一八六八年の『青ひげ』が一一九回の続演となっている。

そのほかにイギリスから来たリディア・トムプソンの一座が、神話を題材とした『イクシオン王』（一八六八）を上演してヒットしているが、若い女性たちがタイツ姿で踊ったことから人気が出たものだ。『黒い悪魔』を上演したニブロス・ガーデン劇場では、娘たちを並べたバレエやスペクタクル場面を呼び物にする『白い小鹿』（一八六八）を二年後に上演する。これは二番煎じではあったが、一七六回のヒットとなる。このように、女性のタイツ物、スペクタクルで最新流行を見せるレヴュー、オペレッタが当時の主要なジャンルだった。

一八七〇年代に入っても、上演される作品は六〇年代後半と変わることはなく、『黒い悪魔』や『ハムプティ・ダムプティ』などの人気演目が繰り返し上演され、それ以外にもロマン派的な作品や、ニューヨーク見物のレヴュー物などが上演された。しかし、七〇年代の最後に新しい傾向が現れる。一つはギルバートとサリヴァンの最新作『軍艦ピナフォア』が一八七九年に上演されて、一七五回のヒットとなっただけでなく、その人気を当て込んで、多くのカンパニーが同じ作品を上演したり、そのパロディ作品を上演したりしたことだ。

もう一つの新しい傾向は『マリガン警備隊のピクニック』が一八七八年に上演されて四〇回の続演となり、その後多くの「マリガン警備隊」シリーズが生み出されたことだ。このシリーズは、漫才コンビ「ハリガンとハート」による喜劇に歌が入ったもので、南北戦争から戻った市民たちを描いており、マリガン警備隊という自警団が制服姿で行進をした。これはニューヨーク市警に多かったアイルランド系を意識して作られ、舞台ではその特徴を強調した演技に加えてドイツ系やイタリア系の訛りを強調したギャグも入った。これは、ミンストレルズが黒人訛りなどを強調して見せたのと同じだ。

このほかにも、ニブロス・ガーデン劇場では『エヴァンジェリン』（一八七四）が登場する。エドワード・E・ライスが製作したロングフェローの詩に基づくバーレスク作品で、ライスは

『黒い悪魔』を観て、自分でもそうしたショーを作ろうと考えたのだ。エヴァンジェリンという若い娘が世界各地を冒険して回る話で、スペクタクルな仕掛けもあり、初演は一四回の上演だったものの、人気が出てその後の一〇年間に何度も再演された。再演ではリリアン・ラッセルやフェイ・テムプルトンも出演している。この作品は、スペクタクルなショーにパントマイムやバーレスクの要素も取り入れた、エクストラヴァガンザだともいえる

一八八〇年代には、ギルバートとサリヴァンの作品も含めて、英語版オペレッタの人気が高まる。ギルバートとサリヴァンの作品で一番ヒットしたのは『ミカド』（一八八五）で二五〇回の続演、『ペイシェンス』（一八八一）も一七七回の続演となっている。オペレッタで一番のヒットとなったのは、エドワード・ヤコボウスキーの『アーミニー』（一八八六）で、五一二回もの続演となった。ヤコボウスキーはイギリスで生まれ、ウィーンで音楽教育を受け、ヴィクトリア朝時代にバーレスク劇やオペレッタを書いた。『アーミニー』はフランス貴族の娘の恋物語で、ロンドンとニューヨークの両方で大ヒットした。『ナジー』（一八八八）も、カジノ劇場で上演されたオペレッタで、翌年も再演されて二六二回の続演となった。王が愛妾にしようとする娘ナジーと、貴族の青年との恋物語で、フランスの作曲家フランシス・シャセインの曲。パリで一八八六年に上演されたオペレッタ『即興結婚』の英語版だった。

この時代には再演も多かった。歌入りのメロドラマ『懐かしの農家』（一八八七）は、初演こそ一五五回だったものの、何度も再演され、そのたびに二五〇回以上公演している。田舎の農家

から都会へ出た息子を探しに出る父親の話で、民謡調の音楽が使われた。八〇年代で一番のヒットとなった『アドニス』(一八八四)は、それまでの記録を大きく更新して六〇三回の続演を達成した。この作品は、自分が彫った彫像アドニスに恋する彫刻家の話で、有名作曲家の音楽を取り入れたバーレスク形式となっている。

十九世紀末には、ギルバートとサリヴァンの新作がなくなるため、イギリス作品ではエドワード期ミュージカル・コメディが輸入された。そのため、アメリカでも従来のオペレッタよりも軽いミュージカル・コメディを模索する動きが始まる。これはイギリスの流行に対応したもので、単純化された物語に最新流行の風俗を取り入れ、美しい娘たちを並べて、スペクタクルなショーを見せるという形式だった。

そうした軽いショーの代表作が『チャイナタウン探訪』(一八九一)であり、若者たちがサンフランシスコのチャイナタウンの一夜を探訪するという枠組みの中で、新しい風俗などを見せる。ミュージカル・コメディといっても大した物語があるわけではなく、レヴューやスペクタクル・ショーに近い。この作品はそれまでの記録を大きく破り、六五七回の続演を達成した。新しいものを取り入れるという点では、モダンダンスの創始者といわれるロイ・フラーも、続演中に半年以上踊っていた。フラーが人気を博したのは衣装を大きく広げて回転するダンスで、その照明には新しい電気照明の技術が使われていた。もう一つ、劇中に挿入された「舞踏会の後で」というワルツも大ヒットした。この曲はアメリカで最初の流行歌となり、誰もが知る曲となったことから、後年の有名な『ショー・ボート』（一九二七）の中でも使われた。『チャイナタウン探訪』の二年後に登場した『一四九二年』（一八九三）は、コロンブスのアメリカ大陸発見を題材にしたバーレスク作品で、これも四五二回の大ヒットとなった。

また、ジョー・ウェバーとリュー・フィールズの二人組コメディアンを中心に据えて、美しい娘を彩りに配した作品が何本かヒットした。二人はヴォードヴィル出身だが、ドイツ系の訛りを強調した芸が中心で、短身と長身のチームとして、言葉をドイツ風に発音してギャグを飛ばす「ダッチ」アクションといわれる芸を見せた。このDutchは「オランダ」の意味ではなく、ドイツを意味するDeutchが訛った言葉。彼らのショーには、女性スターが多く登場したが、上品さを守る節度があり、一八九〇年代後半から第一次世界大戦前までの間人気があった。

第五章 ミュージカルとレヴューの発生（一九〇〇〜三九）

1 第一次世界大戦まで

ブロードウェイの成立

ニューヨークの地下鉄は一九〇四年に開通して、どんどんと路線を拡張した。マンハッタン島では、地下鉄以前は蒸気機関車を使用した高架鉄道が主要な交通機関であったが、煤煙等の問題があり、電気動力を利用する地下鉄が建設された。マンハッタン島は南北に細長いので、地下鉄は南北間をつなぐ役割を果たしたが、グランドセントラル駅のある四十二丁目だけは地下鉄を東西に走らせた。一九一八年には、セントラル公園の両側に路線ができ、四十二丁目で両路線が結ばれる「H」型の路線となった。

そのため、ビジネスの中心地である南端からも、住宅地であった北側からも行きやすい場所として、四十二丁目近辺が栄えることとなり、そこに新たな劇場街が形成されて、今日のブロードウェイの劇場街となった。それ以前の劇場街といえば、南にあるバワリー地区などが中心であり、地下鉄の開通により、劇場地区は北へ移動した。

このような経緯から、ブロードウェイの劇場の大半は、地下鉄開通の一九〇四年から一九二九年の大恐慌までの間に建設されており、美術様式も当時流行したアール・ヌーヴォーやアール・デコを使用している。その頃には、すでに電気照明の時代になっていたが、電気を使った熱交換式冷暖房の空調設備はなかったので、夏の暑い時期に上演を避ける、演劇シーズンの意識は強かった。近代的な熱交換方式による空調設備の劇場への導入は、一九二〇年代半ばからであり、最初は映画館から始まった。ホワイト・ハウスへの空調の導入が一九三〇年なので、その頃からが本格的な導入時期と考えてよいだろう。

地下鉄だけでなく、自動車の普及も二十世紀に入ってからだ。十九世紀には主に馬車が使われていたが、十九世紀末から蒸気、電気、ガソリンなどの機関を利用した自動車が登場して、自動車レースなども開催されるようになる。しかし、自動車が本格的に普及するのは内燃機関であるガソリンエンジンが主流になってからだ。一九〇一年にテキサス州で油田が発見されて石油供給が安定化し、大量生産車T型フォードが一九〇八年に登場して、自動車人気に火が付いた。そのため、一九一〇年代には移動手段が馬車から自動車へと代わっていった。

新しい娯楽の誕生

二十世紀に入ると、技術革新によって続々と新しい娯楽が登場する。最初は映画だ。当時は、まだ音のない無声映画ではあったが、徐々に人々の娯楽の中心となっていった。一九一〇年代には一巻物、二巻物と呼ばれる三〇分未満の短編が中心で、連続活劇（「シリアル」と呼ばれる物語が毎週連続する短編。物語が毎回完結する「シリーズ」とは区別される）が流行ったが、一九二〇年代になると、三〇分以上の中編や長編が作られるようになり、伴奏楽団を充実させた豪華な映画館も登場して人気を集めた。映画は入場料が安かったため、大衆的な娯楽ヴォードヴィルから観客を奪った。

音楽の聴き方も二十世紀に入ると大きく変わる。レコードは十九世紀末には登場していたが、実際に普及し始めるのは二十世紀に入ってからだ。当初は、日本でSPレコードと呼ばれた七八回転のレコードが中心で、録音は機械的なメカニズムで直接原盤に刻む方法だった。片面の録音時間は三分半程度であり、クラシック音楽やオペラなどを収録するにはまったく足りなかった。また、収録できる音域が狭く、ダイナミックレンジ（音の強弱の幅）も小さかったため、オーケストラの音は収録が難しかった。そのため、初期に吹き込まれたのは、ピアノまたは小楽団の伴奏による歌が多かった。

レコードが発売されるまでの、家庭での音楽の楽しみ方は、楽譜を買い求めて家のピアノで弾くのが一般的だった。そのため、クラシック音楽も家庭で弾きやすいように、やさしく編曲した楽譜が売られていた。ポピュラー音楽の世界では、ピアノ伴奏譜付きの「シートミュージック」と呼ばれる歌曲譜が売られていたので、それを見て歌ったり弾いたりした。いずれにしろ伴奏にピアノは不可欠で、中流以上の家庭には必ずピアノがあったが、レコードの出現により、自分で演奏せずにレコードの音を聴く、という楽しみ方が加わった。アメリカ的なポピュラー音楽が台頭し始めたのもこの時代で、アーヴィング・バーリンが一九一一年に書いた「アレクサンダーズ・ラグタイム・バンド」も大ヒットして、すぐにレコードが発売されている。

新しいダンス

二十世紀に入ると、十九世紀末にデビューしたロイ・フラーをはじめとして、新しいダンスの動きがアメリカで巻き起こる。十九世紀までは、舞台上での踊りといえばバレエしかなかったが、アメリカのダンサーたちはモダンダンスや社交ダンスをそれに追加した。

ヨーロッパの伝統的なバレエは、二十世紀に入りディアギレフの率いるバレエ・リュスが、最新の音楽、美術、斬新な振付で、古典バレエを刷新した。それに対して、二十世紀のアメリカでは、最新の電気照明を取り入れて成功したロイ・フラーや、バレエを否定するところから始めたイサドラ・ダンカンなどが登場して、ルース・セント・デニス、マーサ・グレアムをはじめとするモダンダンスの創始者たちが登場した。

モダンダンスは、一部の好事家に好まれる前衛的な踊りだったが、一九二〇年代に盛んになったレヴューへ取り込まれるなどして、独自の発展を遂げた。第二次世界大戦後に共産圏との冷戦が始まると、ソ連（ソビエト社会主義共和国連邦）がその芸術の優位性を、帝政ロシア時代から受け継いだ古典バレエに託して示したのに対し、アメリカはモダンダンスを新しい芸術として、世界各国に紹介した。

一方、十九世紀末から第一次世界大戦までのウィーンでは、ワルツが大流行していた。この人気はウィンナ・オペレッタとともに、世界中に伝えられたが、アイリーンとヴァーノンのキャッスル夫妻は、新しいシンコペーションを使ったリズムによる社交ダンスのステップを紹介して、アメリカで社交ダンス・ブームを起こす。キャッスル夫妻が一躍注目を浴びたのは、一九一二年にパリで「キャッスル・ウォーク」という新しいステップを紹介してからで、パリで大人気となり、アメリカに戻ると次々に新ステップを紹介して、社交ダンスの大ブームを巻き起こした。ブームになると伴奏の楽団の需要も増えたので、多くのダンス楽団が登場して、ジャズの発展にも大きな影響を与えた。

アイリーンはファッション面でもリーダーとなり、一九一四年頃に長い巻き髪をバッサリと切り落として短くすると、ボブヘアなどの断髪がブームとなった。この新しい髪形は、ルイーズ・ブルックスなどの映画女優や、フランスに渡った黒人ダンサーのジョセフィン・ベイカーが、第一次世界大戦後にヨーロッパだけでなく世界中に広め、短くなった髪を整えるための加熱式パーマネントなども普及した。この断髪ブームは、二〇年代のジャズエイジにおける、とんでる娘フラッパー・ガールを生み出す原動力となった。

アメリカ独自のオペレッタ

二十世紀に入っても一九〇〇年代には、アメリカらしいミュージカルはまだ出てこなかった。それは、ミュージカルの音楽の基礎となる、ジャズ的なポピュラー音楽が成立していなかったためだ。この時代の音楽といえば、クラシック調の音楽か、ミュージック・ホールやヴォードヴィル劇場で歌われていた大衆的な楽曲が中心で、初期のラグタイムはあったが、ジャズが本格的に全米的な広がりを見せるのは、第一次世界大戦後の二〇年代に入ってからだ。

こうした状況下で上演された音楽劇は、三つに分けることができる。一つはヨーロッパからもたらされた伝統的なオペレッタ。次はイギリスのエドワード期ミュージカル・コメディ。最後はエクストラヴァガンザと呼ばれた大規模な見世物ショーだ。

十九世紀に勢いのあったオペレッタは停滞するが、観客層を広げるために英語での上演が基本となり、アメリカの観客に合わせて、台本や楽曲を変更するなど、手が加えられるようになった。ウィーン発で世界的にヒットした『メリー・ウィドウ』(一九〇五)は、アメリカでも大ヒットして四一六回の続演となった。そのほか、オスカー・シュトラウスの『チョコレートの兵隊〈勇敢な兵隊〉』、イギリス製の『中国のハネムーン』は、ニューヨークでもヒットした。

フランス、ウィーンのオペレッタが低調となった分、アメリカ製の作品が増え、ヴィクター・

ハーバートの『赤い風車』（一九〇六）などがヒットする。ヴィクター・ハーバート（一八五九～一九二四）は、長期間にわたり多くの作品を書き、美しいメロディを残して、アメリカ風オペレッタへの道筋を作った人物だ。生まれはアイルランドだが、父が早くに亡くなり、母親が一八六七年にドイツ人と再婚したので、シュトゥットガルトで音楽教育を受けた。最初はオーケストラでフルートを吹いていたが、すぐにチェロ奏者に転じ、多くのオーケストラで経験を積みながら、作曲も手掛けるようになった。一八八六年にソプラノ歌手テレーゼ・フェルスターと結婚、フェルスターがメトロポリタン歌劇場で歌う予定だったので、ハーバートも一緒に渡米して、メトロポリタン歌劇場で主席チェロ奏者となる。ハーバートはやがて指揮者として頭角を現し、オペレッタの作曲も始める。最初に書いたのは『嘘つき王子』（一八九四）で、一九二四年に亡くなるまでの三〇年間に、四〇を超えるオペレッタを書いた。

ハーバートは本格的な音楽教育を受けていたので、メロディを書くだけでなく、オーケストレーションを含めた編曲もすべて一人で行った。彼以降の作曲家が、オーケストレーションは専門の編曲家に委ねていることを考えると、ハーバートが伝統的なオペレッタ作者としては最後だったといえる。彼の作品はヨーロッパの流行を巧みに取り入れており、オッフェンバック、サリヴァン、レハールなどの作品をうまく消化している。しかし、扱う主題も含めてヨーロッパのオペレッタの域を脱することはなかった。その反面、親しみやすいメロディを書く能力には恵まれており、アメリカ系でありながら、ヨーロッパでも広く受け入れられた初めての作曲家だった。

『おもちゃの国の子供たち』（一九〇三）では、「おもちゃの行進」がヒット。『帽子屋の女店員』（一九〇五）はパリが舞台で、「もう一度キスして」という美しい曲が一幕後半で歌われた。台本はヘンリー・ブロッサムで、ハーバートはこの後も彼と組んで名作を書く。『赤い風車』（一九〇六）はオランダに旅行したアメリカ人の話で、初演では二七四回の続演だったが、一九四五年に改訂台本で再演されると五三一回のヒットとなった。『お転婆マリエッタ』（一九一〇）は十八世紀のスペイン統治下のニューオリンズが舞台で、「ああ、人生の甘美な神秘よ」のほかにも、「トラムプ、トラムプ、トラムプ」などの名曲がちりばめられており、ハーバートの代表作となった。『恋人たち』（一九一三）は、ヨーロッパ小国の王女の話で、主題歌の「恋人たち」は当時流行していたワルツで書かれた美しいメロディの曲。『アイリーン』（一九一七）の台本もヘンリー・ブロッサムで、十八世紀のアイルランドを舞台として、イギリス軍に捕らえられた革命家の脱走を助ける娘アイリーンの話。音楽は充実しているが、台本がいま一つの出来だったため、作品としての評価はよくなかった。こうして代表作を並べると、物語の背景は大半が旧世界のヨーロッパであり、アメリカ製ではあるものの、アメリカを描いてはいないことがわかる。

エドワード期ミュージカル・コメディの影響

イギリスのエドワード期ミュージカル・コメディ『フロロドーラ』（一九〇〇）がブロードウェイで上演されると、五〇五回と大ヒットしたが、これは美人の娘を並べて「フロロドーラ・ガールズ」として宣伝したので、「紳士」たちが争うように押しかけたためだ。そのほかにもエドワード期ミュージカル・コメディはたくさん輸入されて、アイヴァン・キャリルの『陽気なパリジェンヌ』をアメリカ向けに改作した『パリから来た娘』（一八九六）は二八一回、『中国のハネムーン』（一九〇二）は三六四回の続演だった。こうした、オペレッタよりも軽いミュージカル・コメディは、ジョージ・M・コーハンの作品へ影響を与えて、その後のプリンセス劇場ミュージカルの原型となった。

エドワード期ミュージカル・コメディをアメリカ的に取り入れたのは、ヴォードヴィル出身のジョージ・M・コーハン（一八七八〜一九四二）で、『ブロードウェイを持つ男』などの作品で、アメリカ色を出して人気を得た。彼は従来のイギリス製の作品との違いを出すために、あえてアメリカを強調した。そのため、舞台の上で星条旗を振り回し、自分の誕生日をアメリカ独立記念日だと称しただけでなく、歌詞でもアメリカ好きを強調した。

コーハンはアイルランド系のアメリカ人で、もともと家族でヴォードヴィルに出演していたが、二十世紀に入ってからは、自分で作品を書き自ら演じた。『小さなジョニー・ジョーンズ』（一九〇四）、『ブロードウェイから四十五分』（一九〇六）、『ブロードウェイを持つ男』（一九〇九）、『小さな百万長者』（一九一一）、『ハロー、ブロードウェイ！』（一九一四）、『小さなネリー・ケリー』（一九二二）など、ブロードウェイの観客の身近な話題を取り上げた。

コーハンの芸風は、ジェームズ・キャグニーが再現した伝記映画『ヤンキー・ドゥードゥル・

ダンディ』（一九四二）に詳しいが、庶民に親しみやすい旋律を書き、行進曲風の軽快なリズムでタップダンス風にステップを踏むなど、オペレッタ調やスペクタクルなショーとは異なるスタイルを作った。

プリンセス劇場ミュージカル

第一次世界大戦が始まり、イギリスからエドワード期ミュージカル・コメディが供給されなくなると、それに代わる、新しいアメリカ的な作品を作ろうとする動きが出てくる。先行したのはジョージ・M・コーハンの愛国的な作品だったが、作曲家ジェローム・カーンが台本作者ガイ・ボルトンらと組んで「プリンセス劇場ミュージカル」を始めると、その活動が注目を集めた。

プリンセス劇場は、エドワード・マーバリーが一九一三年に作った客席数二九九の小さな劇場だが、ブロードウェイの劇場として認知されていた。この劇場を念頭に置き、「ブロードウェイの劇場」の定義は、地域的な条件だけでなく二九九席以上の大きさが必要とされた。劇場主は、どんな作品を上演すればこの劇場に客が入るかわからなかったので、友人のガイ・ボルトンとジェローム・カーンに、気軽に観られて楽しいミュージカル作品を依頼して上演したところ、これが大好評で、同じ路線で数作品が作られた。

最初はロンドン作品をアレンジした『上の空』（一九一五）でこれはそれほど当たらなかったが、二作目の『善良エディ』（一九一五）がヒットして、『オー、ボーイ！』（一九一七）、『オー、レディ！レディ!!』（一九一八）がそれに続いた。これらの作品の続演で劇場が空かなかったため、『ジェーンにお任せ』（一九一七）と『こっちの身にもなって』（一九一七）は、ほかの劇場で上演せざるを得なかった。

プリンセス劇場は小さな劇場だったため、楽団も小編成で、出演者も少なかった。しかし、そこで取り上げられた題材は、身の回りの出来事や、身近な話であり、洒落た台本に加えて、新しいジャズ的な音楽を採用した、アメリカらしい個性を持った作品だった。こうしたプリンセス劇場ミュージカルのスタイルは、その後のアメリカのミュージカル作品のスタイルを決定付けることになる。ジェローム・カーンは、ここで蓄えたノウハウを、『ショー・ボート』（一九二七）に注ぎ込み、台本のオスカー・ハマースタイン二世とともに、アメリカのミュージカルの原型を作り上げた。

エクストラヴァガンザとヒッポドローム劇場

見世物的なショーは、ヨーロッパではサーカスが古くからあったが、近代においては、科学技術の進歩と発明、未知の文化を啓蒙的に紹介する国際博覧会がこれに加わる。この博覧会趣味に、開拓の歴史を再現した見世物が結びつき、大規模でスペクタクルなショーへと変化していく。

当時の感覚からすると、未開の土地に西欧文化を持ち込むことは、文明化と同義語であると考えられていたので、西部開拓と産業革命は同じことという認識だった。西部開拓の歴史を見せるとなると、大量の牛や馬を出して、インディアンとの戦いなども再現することとなり、当初は屋外の大きな会場で上演された。こうした見世物では、西部開拓史以外にも、世界の戦争の歴史と称して、古代からの有名な戦争を再現したりもした。

屋外での大規模な見世物は、エクストラヴァガンザと名付けられて屋内のスペクタクルなショーとして上演されるようになり、とてつもなく大きな劇場が建設された。一九〇五年に建設された、ニューヨークのヒッポドローム劇場だ。エクストラヴァガンザとは、大仕掛けの装置を使った大人数によるショーのことで、フランスのグランド・オペラの影響を受けたとも考え得るが、なんでも大きなものの好きのアメリカで、十九世紀末から二十世紀初頭にかけて人気となった。

ヒッポドローム劇場は五二〇〇席の大劇場で、コニー・アイランドの遊園地ルナ・パークを所有するフレドリク・トムプソンとエルマー・S・ダンディが、スペクタクルなサーカス的レヴューや、エクストラヴァガンザの上演を念頭に置いて建設した。舞台は間口六〇メートル、奥行き三〇メートルという巨大さで、出演者は六〇〇人を超え、登場する動物は、馬が一五〇頭、そのほかにも象が登場するという、想像を絶するような規模の公演が行われた。「ヒッポドローム」という名前は、古代ギリシャにおける戦車や馬の競技を行った競技場に因んだ名前だが、ロンドンで一九〇〇年に大きな水槽を備えたヒッポドローム劇場が作られたので、それを真似た命名だ。

柿落としに上演されたのは、『戦でのアメリカ人騒ぎ／侵入者たち』（一九〇五）の二本立てで、後者は馬が大量に出演するショーだった。これらの作品は、ブロードウェイの演劇ではなく遊園地の見世物に近かった。翌年の『社交界の大騒ぎ』（一九〇五）は、前作にも増してスペクタクルな公演だった。

ヒッポドロームの舞台の前には巨大な水槽があり、コーラス・ガールたちは舞台から行進して水槽に入っていき、そのまま出てこなかったので、それも評判となった。実は、巨大な水槽の中には、傘のような形で空気を貯めた呼吸所が設けられ、そこで息継ぎをして裏の退場口に向かったのだ。水槽の深さは五メートルほどだった。このような演出を行ったので、踊り子たちは泳げることが条件だった。こうした様子は、エスター・ウィリアムスの映画『百万弗《ドル》の人魚』（一九五二）の一場面として再現されているので、様子を知ることができる。

大規模スペクタクル・ショーの上演は、評判にはなったが、採算が合わず、遊園地経営の方が儲かることを知ったトムプソンとダンディは、公演から撤退し、代わって大劇場チェーンを運営していたシューバート兄弟とM・C・アンダソンが製作を担当することになる。シューバート兄弟が上演したのも、基本的にはスペクタクルなショーで、一日二回、年間一〇か月の公演で採算を確保した。兄弟たちの製作は一九〇九年から一九一四年までの六年間で、『日本への旅』（一九〇九）、『国際杯』（一九一〇）、『世界をめぐる』（一九一一）、『多くの旗の下で』（一九一二）、『アメリカ』（一九一三）、『世界の戦争』（一九一四）の六作品を上演した。これらの作品は、題名から容易に内容が推察できる。

こうしたスペクタクル路線も、長く続くと、次第にマンネリ化して観客から飽きられていった。

そうしてシューバート兄弟が撤退した後に、レヴューを提供したのが、製作者のチャールズ・B・ディリンガムだ。ディリンガムは、もともとオペレッタ作品に注力していたベテラン製作者だったが、ジーグフェルドの『フォリーズ』の成功を見て、レヴューにも興味を持ち、ヒッポドロームの巨大な空間を活かして、八年間にわたりスペクタクルなレヴューを上演した。

『ヒップ！ヒップ！フーレイ！』（一九一五）、『ビッグ・ショー』（一九一六）、『元気を出して』（一九一七）、『何もかも』（一九一八）、『幸せな日々』（一九一九）、『良き時代』（一九二〇）、『一緒に』（一九二二）、『より良き時代』（一九二二）という題名からわかるとおりに、第一次世界大戦が終わるまでは、人々を元気付けて鼓舞するようなショーが、戦争終了後の一九一九年からは古きよき時代を懐かしむようなショーが提供された。しかし、一九二〇年代になると急激に変わった社会の時代感覚とのズレが見られるようになって、ディリンガムの作品群も終了した。

ヒッポドローム劇場はその後、映画上映とヴォードヴィル劇場として使われる。ミュージカルの上演では、製作者ビリー・ローズが、サーカスの舞台裏を描き象を登場させるリチャード・ロジャースのミュージカル『ジャンボ』（一九三五）を上演したものの、その後はもう使われることがなく、廃墟として一九五〇年代まで残っていたが、一九五二年に取り壊された。

一九一〇年代に映画が発達し始めると、エクストラヴァガンザは、実演形式の大規模スペクタクル・ショーとしての役割を終え、新しい出来事を紹介するニュース的なメディアへと転換していき、やがて、一年間の出来事を振り返って見せるレヴューへと変化する。こうして大規模スペクタクルの血を引いたレヴューは、驚くような大規模セットや、大人数の踊り子たちによる群舞などを呼び物として、一九二〇年代の終わりまで人気を保った。

レヴューの成立

「レヴュー」という言葉を最初に使ったのは、一八九四年の『パッシング・ショー』だ。その題名のとおりに、過ぎ去った出来事をまとめて見せた。今日でいえば、テレビや動画共有サイトの役割で、世の中の動きを紹介するニュース的な性格を有していた。製作者はジョージ・レデラーで、エクストラヴァガンザで当てたニブロス・ガーデン劇場に対抗して、オペレッタの得意だったカジノ劇場で幕を開けた。『パッシング』（通り過ぎた）という題名と、開幕日が五月十二日だったことから、演劇シーズンの終わりに、シーズン全体を振り返るという意識が強く感じられる。こうしたレヴューは、フロレンツ・ジーグフェルドが一九〇七年に『フォリーズ』という題名で、一年間の出来事を振り返るレヴューを上演して人気を得たことから、一九一〇年代と二〇年代にブームとなる。

当時のブロードウェイでは、九月下旬から五月上旬頃までが演劇シーズンで、劇場内が暑くなる夏の間は休み、屋外で夏芝居を観るというのが一般的だった。当時の劇場には冷房がなく、夏に劇場の扉を締め切って上演するのは、演ずる側にも観る側にも負担が大きかったからだ。一九三〇年代以降は劇場に冷房が導入されたため、夏に休む必要はなくなったが、シーズンの概念は残った。特にオペラの世界では、秋に始まり春に終わるというシーズン制が、今も世界中のオペラハウスで守られており、夏には避暑地などで屋外オペラが上演される。ニューヨークでも一九六〇年代からジョセフ・パップが「シェークスピア・フェスティヴァル」を開催し、セントラルパーク内にある屋外のデラコート劇場で夏に無料公演を行ったが、これもそうした伝統を踏まえている。なお、現在のブロードウェイでは、夏休みの感覚が薄れ、シーズンは六月に始まり、五月に終わることになり、終了したシーズンの作品を評価して六月上旬にトニー賞が贈られる。

シーズンの振り返りとして作られた『パッシング・ショー』は、シーズン中の主な芝居のパロディなどにより構成されたので、一貫したプロットはなかった。また、夏芝居として上演されたので、次のシーズン開幕とともに終了した。このレヴューが好評だったので、それから二シーズン続けて同じようなショーが上演された。二十世紀のレヴュー作品は、同じ題名でも毎年内容が変わる「年次レヴュー」となったが、十九世紀には年ごとに別題名が付けられた。『楽しき世界』（一八九五）、『陽気なニューヨークで』（一八九六）という具合だ。なおカジノ劇場では、一八九八年に『ライスの夏の夜』というショーの中で、『クロリンディ／ケーク・ウォークの発祥』という黒人だけの一幕が上演された。ミンストレルズにおいても、ケーク・ウォークの紹介は行われていたが、本物の黒人俳優を使った大劇場のショーは、この作品が初めてであり、記憶に残すべきだろう。

このカジノ劇場のレヴューは、一八九六年にウェバーとフィールズというコメディ・チームが、小さなミュージック・ホールを開場して、ほかの作品のパロディを上演するようになったため、そちらに人気をとられて終了した。なお、『パッシング・ショー』という題名は、二十世紀に入ってから、シューバート兄弟がウィンター・ガーデン劇場のレヴューで同じ名前を使ったので紛らわしいが、十九世紀のカジノ劇場版とはまったく関係がないので、注意が必要だ。

レヴューに先行する芸能形態としては、ミンストレルズやヴォードヴィルが存在した。しかし、ミンストレルズは、南部黒人を真似た芸能で、顔を黒塗りしている点がレヴューとは異なる。ヴォードヴィルの形態はレヴューと似ているが、レヴューは一つのテーマが全体を貫くので、作曲家や演出家が作品全部を新規製作するのに対して、ヴォードヴィルは個人芸の持ち寄りである点が異なる。ヴォードヴィルの場合には興行主が週単位に出演者や出し物の入れ替えを行い、人気のない出演者や出し物はすぐに外されて、人気の演目だけが残る仕掛けだ。これに対して、レヴューでは原則として演目の入れ替えはなく、出し物も出演者の持ち寄りではなく、構成する台本作家や演出家によって決められた。全体として一つの作品なのだ。

レヴューの中にも寸劇はあるが、全体を貫くプロットはないので、全体をまとめるために、MC（進行役）的な人物を配してまとめる場合も多い。例えば、『○○への旅』とか『○○一周』のような作品では、新婚旅行中の一組の男女が狂言回しとなって全体を結ぶ役割を果たす。二十世紀のブロードウェイでも、『ピピン』や『キャバレー』などにMCの伝統が残っている。

日本でも、ヨーロッパ留学でレヴューを学んだ岸田辰彌《たつや》や白井鐵造らが、初期の宝塚作品でこうした方法を採用した。『モンパリ』（一九二七）や『パリゼット』（一九三〇）は旅行形式、『花詩集』（一九三三）は花をテーマにする形式だ。第二次世界大戦後でも、鴨川清作の『ノバ・ボサノバ』（一九七一）などは同じような方法で作品をまとめている。

ジーグフェルドの『フォリーズ』

フロレンツ・ジーグフェルド（一八六八〜一九三二）は、父親がシカゴ音楽大学の創設者で学長でもあったので音楽的な環境で育ったが、若い時から見世物の世界に憧れて、バッファロー・ビル大佐の『ワイルド・ウェスト・ショー』に夢中だった。一八九六年にヨーロッパを回ったジーグフェルドは、ロンドンでアンナ・ヘルド（一八七二〜一九一八）を見出して連れて帰る。アンナはパリで生まれたポーランド系のユダヤ人だが、家が貧しく、子供の頃にはモンマルトルの路上で歌っていたというから、エディット・ピアフと似た経歴だ。ジーグフェルドは、アンナをパリのムードを持つスターとして売り出し、一八九六年から一九一八年に亡くなるまで十本程度のショーに出演させた。

　ジーグフェルドは、フランス風のレヴューをブロードウェイに持ち込もうと考えて、それまでの Review を、フランス語の綴り Revue に改めた。フランス風のショーを目指したので、オスカー・ハマースタイン一世が建てた四十四丁目の劇場ビル屋上にある小劇場を改装し、「パリの庭」と名付けて利用した。屋上にある劇場を使ったのは、夏芝居としてレヴューを上演したからだ。

ジーグフェルドのレヴュー『フォリーズ』は、一九〇七年に始まり、彼が亡くなる前年の一九三一年まで続けられたが、質の高さ、スターが揃う出演者、舞台美術や衣装の豪華さ、上品な趣味の良さ、次々とヒットする曲などから、長期間にわたり人気を保ち、アメリカのレヴューの代名詞となった。『フォリーズ』は、そのスタイルから三期に分けられる。

「発展期」は一九〇七〜一四年の八年間で、『フォリーズ』としてのスタイルを確立して発展していった時期にあたる。ほとんどの版はジュリアン・ミッチェルが振付・演出をした。プロットなしのレヴュー作品がアメリカの観客に受け入れられるのか心配だったため、当初の作品では、申し訳程度のプロット的な仕掛けが用意されていた。

「最盛期」は一九一五〜二二年の八年間で、最も優れた作品群が生まれた。後年の我々が思い描くイメージは、この時期のスタイルだ。この時期には、単に人気スターを集めただけでなく、アーヴィング・バーリンを中心とした優れた楽曲、ジョセフ・アーバンのアール・ヌーヴォーとアール・デコを取り混ぜた大胆な舞台美術、美しい衣装を着たコーラス・ガールがファッション・ショーのように練り歩く「ジーグフェルド・ウォーク」を考案したネッド・ウェイバーンの演出などが効果を上げて最盛期を築いた。

「衰退期」は一九二三〜三一年の九年間で、お金をかけて豪華な作品を作るものの、時代の雰囲気とはズレが生じて、だんだんと時代遅れとなる時期だ。『フォリーズ』は、ベルエポック時代の優雅なスタイルを基本としており、キャッスル夫妻から始まった新しいダンスや、ジャズなどを取り入れたものの、全体としてはつぎはぎで、ぎこちなくなっただけでなく、一九二九年の経済恐慌による観客の減少や、トーキー映画などの新しい娯楽に観客を奪われて、人気を失った。

ジーグフェルドの死後にも作品名は残ったが、シューバート兄弟などが権利を取得して模倣作品を提供したもので、往年の輝きは失われていた。

『パッシング・ショー』とシューバート兄弟

『パッシング・ショー』（一九一二～二四）は、ジーグフェルドの『フォリーズ』に対抗してシューバート兄弟が製作したレヴューで、一九一二年から二四年までの間、二〇年を除く毎年、シューバート兄弟の旗艦劇場だったウィンター・ガーデン劇場で上演された。同じ名称を使っているが、一八九四年のレヴューとは関係がない。名前のとおりに、過去一年間に上演された芝居やオペラ、社会の出来事などをまとめて見せる形式だったが、上演を重ねるうちに時事性のないレヴューに変わった。『パッシング・ショー』は、常に『フォリーズ』を意識して作られ、出演者も互いに引き抜きあったが、後発なので『フォリーズ』の二番煎じと受け止められた。

新築のウィンター・ガーデン劇場には、ブロードウェイの劇場には珍しい「花道」があった。当時の看板スターだったアル・ジョルスンも、この花道をよく利用した。また、『パッシング・ショー』では、八〇名近い露出度の高いコーラス・ガールたちが花道に並んで踊ったので、この花道は「太ももの架け橋」とも呼ばれた。コーラス・ガールは、観客に媚びを売って、花道でいろいろと自分の得意芸を披露したが、製作のジェイコブは特にそれを止めることはなかった。この花道は一九二四年に『パッシング・ショー』が打ち切られると撤去されたので、現在は残っていない。

『パッシング・ショー』を製作したシューバート兄弟は、現在のリトアニア（当時はロシア帝国）で生まれたユダヤ系の兄弟だが、一八八二年に父母とともにアメリカに移住して、ニューヨーク州シラキュース市に落ち着いた。七人兄弟で、四人が女子だったので、男兄弟のリー（一八七一～一九五三）、サム（一八七八～一九〇五）、ジェイコブ（一八七九～一九六三）の三人が、劇場経営に乗り出した。三人は一九〇〇年にニューヨーク市へ出て、カジノ劇場から始めて、多くの劇場を取得して、それまで劇場を独占的に運営していた劇場シンジケート（ジーグフェルドと組んだクローとアーランガーが中心にいた）に対抗して、ニューヨークだけでなく全米各地やロンドンの劇場も配下に収めて一大勢力となった。それまでの劇場シンジケートとは異なり、劇場貸しだけでなく製作も行い、自分の劇場で上演して利益を上げた。次男のサムは列車事故で早世したため、長男のリーが主に劇場運営を担当して、三男のジェイコブが製作面を担当した。

一九三〇年代の不況は、兄弟たちの劇場チェーンにも打撃を与えたが、何とかそれを凌ぎ、四〇年代にはブロードウェイの過半の劇場を手中に収めた。しかし一九五〇年代に独占禁止法が適用されて、裁判所の命令が下ったために、いくつかの劇場を手放したものの、現在でもブロードウェイに一六の劇場を有して、新作の提供も行っている。

ウィンター・ガーデン劇場は、兄弟たちが一九一一年に建てた最初の劇場なので、特別の思い入れがあった。まだ周りに空地も多かった場所に建った劇場には、飲食ができて、くつろげる場所を目指して、庭（ガーデン）という名前が付けられた。『フォリーズ』が「パリの庭」で上演したのに対して、シューバート兄弟は「冬の庭（ウィンター・ガーデン、大型温室という意味）」で『パッシング・ショー』を上演したのだ。

ウィンター・ガーデン劇場は客席数一五〇〇を超える大きな劇場だが、ヨーロッパを視察してきたリーが、客席と舞台の壁を取り払うべきというマックス・ラインハルトの主張に共感して、客席と舞台の距離を縮めるために舞台の間口を広く取り、観客との交流のためオーケストラ・ピットを越えて客席後ろまで続く花道を設置したので、日本の歌舞伎劇場と似た構造となった。

2　ジャズエイジの一九二〇年代

第一次世界大戦の影響

第一次世界大戦の勃発により、ヨーロッパ社会は大きく変化する。第一次世界大戦は一九一四年に始まり、国家をあげての総力戦となって一九一八年まで続いた。十九世紀までの戦争は戦闘員を中心に行われていたが、国家総力戦となった結果、国民全員が戦争の影響を大きく受けるようになった。当初、アメリカは中立的な態度だったが、ドイツ潜水艦による無差別攻撃を受けて一九一七年四月に参戦した。

大戦を終えると、世界は大きく変わった。戦争前からイギリスは立憲王政であり、フランスも共和制であったが、ドイツ、オーストリアの王政が崩壊したため、ヨーロッパの国々の大半が共和制へ衣替えして、民族ごとに独立国が作られた。しかし、ロシアにおいては共和制が成立せず、共産党による一党独裁の革命政府が作られた。大戦後は、疲弊したヨーロッパに代わり、世界経済の中心地はニューヨークへ移る。そして、芸能分野でも一九二〇年代からは、アメリカが世界を牽引するようになる。

アメリカでは歴史的に王侯貴族が存在せず、経済成長も国内における豊富な資源と、国内需要を基盤に発展したので、ヨーロッパから持ち込まれた貴族趣味的な芸術に代わり、大衆を基盤とする大衆芸術が育った。しかし、第一次世界大戦により既存の価値観を喪失し、自分たちのよりどころとなる新たな価値観を探求せざるを得なくなり、文学では「失われた世代」と呼ばれるフィッツジェラルド、ドス・パソス、ヘミングウェイ、カミングスらが登場、一九二〇年代には喧騒的な「ジャズエイジ」の時代となる。

また、第一次世界大戦は各国の総力戦だったので、戦線への補給や出征兵士たちの穴を埋めるために、多くの女性が駆り出されて労働するようになった。そのために女性たちは働きやすい服装が必要となり、長い膨らんだスカートをズボンに穿き替え、長い巻き髪も束ねて労働をした。そうしたことから、第一次世界大戦後も女性は古い十九世紀風の優雅なドレスに戻ることを拒否して、断髪に短いスカート、長いネックレスというような新しいファッションに身を包み、社会に出て活動するようになった。そのモデルとなったのが、アイリーン・キャッスルの断髪であり、窮屈なコルセットから解放されたココ・シャネルの活動的な服だった。こうした女性の活躍を背景として、男性と対等の地位を求める婦人参政権運動も勢いづき、第一次世界大戦後に、ヨーロッパの主要国やアメリカで婦人参政権が認められた。ちなみに日本で婦人参政権が認められたのは、第二次世界大戦後の一九四五年だった。

ジャズの拡散と禁酒法

アメリカ独自の音楽であるジャズは、アフリカの黒人音楽を起源とするもので、南北戦争後に南軍で使用されていた楽器が安く市場に出回ったのを黒人が手に入れて演奏したのが発祥だ。だから、使用された楽器は管楽器が多く、特にトランペットが中心で、キング・オリヴァーやルイ・アームストロング以降、ジャズの歴史の中心にはトランペット吹きがいた。彼らの活動の場はニューオリンズにあったストーリーヴィルと呼ばれる公娼街で、客寄せや娯楽用として演奏されていた。一九一七年四月にアメリカが第一次世界大戦に参戦すると、ニューオリンズは、兵士がヨーロッパへ向けて出発する軍港として使用される。そのため、多くの兵士たちがニューオリンズに一時滞在したが、この「新しいオルレアン」というフランス由来の地名を持つ、恋愛に寛容な街といえども、兵士たちが公娼街に入り浸るのはまずいとされ、海軍は一九一七年十一月に公娼街を廃止した。

そのために、ストーリーヴィルで演奏していた多数のジャズ音楽家は職場を失い、新しい職を求めて、各地へ移動せざるを得なくなった。音楽家たちが見つけた新しい職場は、闇酒場での演奏だった。アメリカでの禁酒法は一九一九年に成立して、翌一九二〇年から一九三三年まで施行された。禁酒は、もともとプロテスタント系宗教団体の禁欲的な運動だったが、第一次世界大戦でドイツが敵国となったため、ドイツ系のビール会社が諸悪の根源のように非難され、たまりかねたビール会社が、アイルランドなどのウィスキーをやり玉に挙げて反論をしたために、酒そのものに対する社会的な反対が広がり一気に禁酒法が成立した。

禁酒法が成立したものの、闇輸入酒や密造酒は各地の闇酒場で提供されて、金持ちの新しい社交場として賑わった。こうした闇酒場を経営していたのは、アル・カポネに代表されるイタリア系のギャングが多かった。イタリア人はオペラだけでなく、各種の音楽も愛好したので、自分たちの経営する闇酒場に、ジャズの音楽家を雇い入れた。また、一九一〇年代後半からキャッスル夫妻の巻き起こした社交ダンス・ブームにより、ダンスの伴奏をする楽団の需要もあったので、そうした楽団でもジャズ音楽家たちは活躍するようになる。

一九二〇年代当時のニューオリンズからの交通手段といえば、ミシシッピー河を行き交う蒸気船に乗るのが一番簡単だったので、禁酒法下で闇酒場が栄えたカンザス・シティやシカゴなどに音楽家たちが移り、ミシシッピー河上流の大都市でジャズが盛んになった。またこの時期には、新しい大衆芸術である無声映画の伴奏でも音楽家の需要があった。

ラグタイムの導入

ジャズが本格的にアメリカ全土に拡散したのは、一九二〇年代に入ってからだが、ジャズの前身となるラグタイムは一九一〇年代から流行し始めていた。ピアノ曲を中心に発達したラグタイムは、左手の伴奏で強いリズムを刻み、右手のメロディにシンコペーションを用いるのが特徴だった。スコット・ジョプリンなどの曲が有名だが、こうしたラグタイムの流行を取り入れたヒット曲にバーリンの「アレクサンダーズ・ラグタイム・バンド」がある。こうしたラグタイムは、跳ねるようなリズムが新鮮に感じられ、キャッスル夫妻が早くから踊りの伴奏音楽に取り入れた。

アーヴィング・バーリン（一八八八～一九八九）は、アメリカを代表するポピュラー音楽の作曲家だが、実はロシア生まれで、五歳の時に家族とともにアメリカへ渡った。歌手だった父親の影響もあり、レストランで歌う給仕をしながら自作の曲を披露していた。一九一一年に「アレクサンダーズ・ラグタイム・バンド」を書いて注目され、チャールズ・ディリンガムの製作でキャッスル夫妻がシンコペーションを取り入れたラグタイムを踊る『ステップに御注意』（一九一四）と、『止まって！見て！聞いて！』（一九一五）の二本のレヴューを書いた。

『ステップに御注意』は、ヨーロッパ巡業から戻ってきたキャッスル夫妻を起用し、ニューアムステルダム劇場で上演された。夫妻の出演は、踊りだけでなく、妻アイリーンの衣装の美しさでも評判をとり、その断髪ファッションを世の女性たちは真似て、十九世紀的な巻き髪や長髪をバッサリと切り落とすのが流行した。しかし、公演中に第一次世界大戦が始まり、イギリス人だった夫ヴァーノンは出征して、代役がアイリーンのパートナーとして踊った。アステアとロジャースの映画『カッスル夫妻』（一九三九）に描かれたとおり、ヴァーノンは航空機事故で亡くなり、アイリーンはその後ソロ・ダンサーとして踊るが、一人でのダンスには慣れておらず失敗する。

一九一七年にアメリカが第一次世界大戦に参戦すると、バーリンも愛国的な曲を書くが、それに着目した陸軍は、三〇歳のバーリンを徴兵して、兵士たちで上演する陸軍レヴュー『イップ・イップ・ヤファンク』（一九一八）を作らせる。このレヴューにはバーリン自身も出演して「早起きするのはうんざりだ」を歌った。戦争が終わり一九一九年に民間人に戻ったバーリンは、二〇年代は主にレヴューの仕事をして、三〇年代になるとハリウッドでアステアとロジャースの映画を三本担当した。四〇年代となっても新しい分野に挑戦し、『ルイジアナの取引』（一九四〇）、『アニーよ銃を取れ』（一九四六）、『自由の女神』（一九四九）、『マダムで呼びなさい』（一九五〇）、『大統領』（一九六二）などの台本ミュージカルを書いた。第二次世界大戦中に作られた映画『これが陸軍だ』（一九四三）に自ら出演し、第一次世界大戦中の「早起きするのはうんざりだ」をもう一度歌い、その姿を映像に残した。

ジャズの本格的な導入

ジャズを本格的にミュージカルに取り入れた作曲家は、ジョージ・ガーシュウィン（一八九八～一九三七）だ。一九二〇年代にはキャッスル夫妻の巻き起こしたダンス・ブームがあり、舞台でも新しいリズムや音楽に乗せたダンスが踊られたが、それらの伴奏にはジャズが使われた。ガーシュウィンは、そうしたジャズをクラシック的な技法と融合させ、後に『ラプソディ・イン・ブルー』やオペラ『ポーギーとベス』などに結実させた。

ガーシュウィンは、ロシアからアメリカに渡ったユダヤ人一家の子供で、ニューヨークのブルックリンで生まれた。子供の頃からピアノに夢中になり、正式な音楽教育を受けるが、ジャズや流行歌が大好きで、一五歳からポピュラー曲を書くようになる。ガーシュウィンの曲に詞を書いたのは、二歳年上で文学青年の兄アイラ（一八九六～一九八三）だった。一九一九年に書いた「スワニー」がアル・ジョルスンの歌で大ヒットし、二〇年代にはレヴュー向けの曲を多く書いた。『ご婦人よ、行儀よく！』（一九二四）ではジャズを本格的に取り入れた曲を書き、アステア姉弟がその曲で踊った。

三〇年代に入ると台本ミュージカルが中心となり、政治風刺を盛り込んだ『楽団を打ち鳴らせ』（一九三〇）、『君がため我は歌わん』（一九三一）、『ケーキを食べればよい』（一九三三）の三部作のほか、娯楽的な『女の子に夢中』（一九三〇）、禁酒法に矛先を向けた『私の英語はご容赦を』（一九三三）、アメリカの民衆オペラと銘打った『ポーギーとベス』（一九三五）などを書いた。

『君がため我は歌わん』では、ピュリッツァー賞を得てドラマとしても高い評価を得た。一九三〇年代後半になると、映画の仕事が中心となり、アステアの『踊らん哉《かな》』(一九三七)と『踊る騎士』(一九三七)、サミュエル・ゴールドウィンのために『ゴールドウィン・フォリーズ』(一九三八)を書くが、その後体調を崩して亡くなった。

第一次世界大戦後の音楽劇

第一次世界大戦後の急激な文化的変化の中で、ブロードウェイの音楽劇にも大きな変化が生じる。戦後はインフレによって物価も上昇したが、二〇年代は好景気となり、劇場も次々と建設されて、音楽劇の公演数も第一次世界大戦前の二倍程度になった。多くの作品が作られたので、名作もあれば、駄作も混じるという状況だが、数多くの作品を製作することでスタッフの習熟が進み、アメリカのミュージカルの原型がこの時代に形作られる。

ヨーロッパから持ち込まれた輸入オペレッタは、第一次世界大戦の勃発とともに、アメリカでの上演が下火になる。オペレッタの多くは、第一次世界大戦で敵国となったドイツやオーストリアの作品だったために人気がなくなり、代わってアメリカで作られたオペレッタが上演された。従って、オペレッタの作品数が大きく減ったわけではなく、輸入作品が減り国産比率が高まった。

一九二〇年代のヒット作品を見てみると、一番のヒット作は国産で、シグマンド・ロムバーグの『学生王子』(一九二四)が六〇八回の続演を記録している。『学生王子』のほかでも、ルドルフ・フリムルのオペレッタ『ローズ・マリー』（一九二四）は五五七回、ロムバーグの書いたシューベルトを主人公とするオペレッタ『花咲く頃』（一九二一）も五一六回の続演と、アメリカ製オペレッタは人気演目だった。このようにオペレッタの人気は高かったが、作品数は徐々に減少した。

それに対して、ジェローム・カーンをはじめとする新しいアメリカ的なミュージカル作品や、『フォリーズ』の後に続いたレヴュー作品は、大衆の支持を得て大幅に増えた。カーンの作品では、『サリー』（一九二〇）が五六一回、『サニー』（一九二五）が五一七回とヒット続きで、名作『ショー・ボート』（一九二七）は、一九二〇年代の第二位で五七二回の続演だった。

カーン以外にも、プリンセス劇場ミュージカルの影響を受けて、アメリカ的な「軽い」ミュージカル作品が多く登場した。これらの作品は、シンデレラ物語や単純な恋愛劇が多く、プロットはヨーロッパのオペレッタと同じだが、アメリカの身近な題材を用い、日常の話し言葉を使った台詞や歌詞、クラシック音楽に代えてジャズだけでなく多様な音楽を使用した点が、従来のオペレッタとは大きく異なった。踊りの面ではクラシック・バレエと隊列行進のほかに、シンコペーション・リズムによる社交ダンス、タップダンス、モダンダンスなども使われた。こうして、様々な音楽、踊り、日常の話し言葉などを取り入れたことにより、ミュージカル表現の幅は大幅に増した。また、新しく登場してきた断髪、短いスカート姿の活動的な女性、普及し始めた自家用車などの風俗もふんだんに取り込み人気を得た。

そうした新しい作品に音楽を提供した作曲家は、ジェローム・カーンをはじめとして、アーヴィング・バーリン、ジョージ・ガーシュウィン、リチャード・ロジャースらの新しい世代だった。レイ・ヘンダソンの書いた『グッド・ニューズ』(一九二七)は五五七回の続演となった作品で、流行の新風俗を取り入れたカレッジ物だった。

一九二〇年代に入ると、『フォリーズ』は活動的な時代感覚とは合わなくなり、新時代のレヴュー作品へ人気が移り始めるので、ジーグフェルドは物語のある台本作品に興味を抱く。彼が目を付けたのは、プリンセス劇場のカーンとボルトンの作品で、二人にマリリン・ミラー主演の『サリー』(一九二〇)を書かせて上演する。この作品は、無声時代のハリウッドで映画化されて、その映画化収入が大きかったため、ジーグフェルドはどんどんと台本作品を増やした。

『キッド・ブーツ』(一九二三)、ロジャースの『ベッツィ』(一九二六)、『リオ・リタ』(一九二七)、『ショー・ボート』(一九二七)、『ロザリー』(一九二八)、『三銃士』(一九二八)、エディ・カンターの『フーピー』(一九二九)、ノエル・カワードの『甘辛人生』(一九二九)と、立て続けに台本ミュージカルに取り組むが、中でも『ショー・ボート』が歴史的名作として残った。

このように、ブロードウェイでは新旧入り混じり多くの作品が上演されて、空前の繁栄を謳歌し、音楽劇の黄金時代を迎える。

オペレッタの終焉

第一次世界大戦後にもオペレッタはまだ人気を保ってはいたが、戦争で疲弊したヨーロッパから届く新作は減り、ドイツ語圏の作品は敵国意識が抜けずに敬遠する傾向があり、ロンドンではオペレッタは書かれなくなったため、アメリカ国内で書かれたオペレッタの上演が中心となった。

オペレッタ作品を書きまくっていたヴィクター・ハーバートは、六〇歳を超えて作品数を減らすが、それに代わり、ルドルフ・フリムルとシグマンド・ロムバーグのオペレッタが人気を集めた。二人の作品には、ヨーロッパの古きよき時代を描く郷愁的なものが多く、ヨーロッパの小国の姫などを描くことから「ルリタニア物」と呼ばれた。ルリタニアというのは、アンソニー・ホープの小説『ゼンダ城の虜《とりこ》』（一八九四）で使われた、十八〜十九世紀の仮想国の名称である。フリムルとロムバーグにより、オペレッタはアメリカ的に消化されて一時代を築くが、同時にそれはオペレッタの終焉も意味していた。

チェコのプラハに生まれたルドルフ・フリムル（一八七九〜一九七二）は、プラハで音楽教育を受けた。ヴァイオリン奏者ヤン・クーベリックの伴奏者としてアメリカ巡業した折、新天地が気に入り、そのまま残って活動を始めた。オペラ好きの製作者アーサー・ハマースタインが、自分のオペラ・カンパニーのために、イタリアからソプラノ歌手エマ・トゥレンティーニを連れて来た時、気難しい性格だったことから、ヴィクター・ハーバートが嫌がって新作を断り、代わってフリムルが『蛍』（一九一二）を書き、オペレッタ作曲家としてデビューした。代表作には『ローズ・マリー』（一九二四）、『放浪の王者』（一九二五）、『三銃士』（一九二八）などがあり、ヨーロッパを舞台とした伝統的なオペレッタを得意とした。しかし、『ローズ・マリー』はアメリカ大陸を舞台として、インディアンを登場させて、音楽的にもアメリカらしさを出し、台本ミュージカルの先駆的な作品となった。

シグマンド・ロムバーグ（一八八七〜一九五一）の作品もヨーロッパ風だが、美しいメロディに特徴がある。ロムバーグはハンガリーで生まれ、技師になるためにウィーンに出たが、「銀の時代」のオペレッタを観て自分でも書きたいと思うようになる。二三歳でアメリカへ渡り工場で働くが、すぐに音楽に転向して、一九一四年にシューバート劇場の専属作曲家となり、オペレッタだけでなくレヴュー作品にも多くの曲を書いた。代表作には『五月の頃』（一九一七）、『花咲く頃』（一九二一）、『学生王子』（一九二四）、『砂漠の歌』（一九二六）、『ニュー・ムーン』（一九二八）などがあり、いずれの作品も、古きよきヨーロッパを彷彿《ほうふつ》とさせる、甘美な旋律で彩られている。一九三〇年代になって、ブロードウェイでの公演が減ると、ハリウッドでミュージカル映画の仕事もこなした。四〇年代以降は、『セントラルパークにて』（一九四五）や『ピンクタイツの娘』（一九五四）など、時代に合わせて台本ミュージカルも書いている。

編曲者の独立

アメリカで独自のオペレッタが作られるようになると、音楽的な多様さにより表現の幅を広げると同時に、もう一つ重大な変更が行われた。作曲者と編曲者の分離だ。オペラから派生したオペレッタでは、オーケストラ譜の作成も作曲家の役割とされ、編曲を変えることは作品の改竄《かいざん》にあたるとみなされたが、ミュージカルでは楽曲のメロディを書く作曲家（ソング・ライター）と、劇場向けのオーケストラ譜にする編曲家（アレンジャー）が分離された。オペレッタは専門的な音楽教育を受けないと書けなかったが、ミュージカルではピアノを弾けなくても、よいメロディさえ書けば作曲家となれた。日本語では、どちらも作曲者と呼ぶが、オペラやオペレッタを作曲するのはコンポーザーで、ミュージカルの場合には多くがソング・ライターと呼ばれる。

具体的な作曲家で見ると、ヨーロッパからの輸入オペラと同時代に活躍した第一世代のヴィクター・ハーバートは、編曲も自ら手掛けた。彼が活躍したのは主に一八九〇年代から一九一〇年代にかけてだが、量産した作品のほとんどを自分でオーケストレーションしている。その仕事の速さは驚くべきものだった。一方、第一次世界大戦後の一九二〇年代に活躍したフリムルとロムバーグは、ヨーロッパで正規の音楽教育を受けていたにもかかわらず、編曲は専門家に任せた。

フリムルやロムバーグのオペレッタと同時期に書かれた、ジェローム・カーンのミュージカル『ショー・ボート』（一九二七）では、旧来のオペレッタ的な曲から、黒人的なブルースまで多様な音楽が使われたが、これを見事に編曲したのは編曲専門のロバート・ラスル・ベネット（一八九四～一九八一）で、ベネットはフリムルの代表作『ローズ・マリー』（一九二四）や、その後のガーシュウィンのミュージカル、ロジャースとハマースタイン二世の作品の編曲も手掛けた。

ガーシュウィンは作曲家となってから勉強し直したので、オペラ『ポーギーとベス』では自ら編曲を行ったが、ミュージカル作品では専門の編曲家に任せている。ドイツ出身のクルト・ワイルは大半の作品を自ら編曲したが、本格的な音楽教育を受けたバーンスタインは、自ら編曲した作品と編曲家に任せたものとが半々で、『ウエスト・サイド物語』（一九五七）でも、「体育館のダンス」などラテンがかったジャズ調の曲では、編曲専門家の手を借りている。こうした文化的な違いがあるから、製作者ビリー・ローズは、『快活七科』（一九四四）用のバレエ曲をストラヴィンスキーに依頼したが、その編曲はベネットに任せたいと言い出した。しかし、ストラヴィンスキーは当然それを断った。

作曲者と編曲者の役割分担により、より多くの音楽的な要素を取り込むことが可能となり、アメリカ的なオペレッタとしてミュージカルが確立した。ブロードウェイにおける作曲家と編曲者の分離は、ジャズの世界でも同様で、ダンス楽団需要の増加とともにジャズ楽団の編曲を手掛けるようになったフレッチャー・ヘンダーソン（一八九七〜一九五二）の登場も、ほぼ同時期だった。

ミュージカル様式の完成

エドワード期ミュージカル・コメディやオペレッタがアメリカ作品に取り込まれると、音楽面ではジャズが使用され、演劇的な主題もアメリカ化されて、独自のミュージカル様式となった。この新しい様式は、プリンセス劇場で活躍したジェローム・カーンと、レヴューに代わる新しい作品を求めていた製作者ジーグフェルドが組んだ『ショー・ボート』で実現した。

ジェローム・カーン（一八八五〜一九四五）はドイツ系移民の子として一八八五年に、ニューヨークで生まれた。幼少時から音楽的な才能を示し、アメリカの音楽学校で学んだ後、ドイツで本格的に作曲を学ぶが、クラシック音楽では芽が出ず、大衆的な曲を書くようになる。カーンは、オペレッタからミュージカルへの橋渡しをする役割を演じ、古いスタイルのオペレッタ調の曲、二十世紀初頭のヴォードヴィル調の流行歌、ブルースやジャズ調の曲など、あらゆるスタイルを取り入れて曲を書いた。

カーンの名前が知られるようになったのは、一九一三年にロンドンでヒットしたエドワード期ミュージカル・コメディの『ユタから来た娘』を、翌年アメリカで上演する際に追加の曲を提供して、「誰も僕を信じない」が大ヒットしてからだ。このヒットが認められて、新しくできた小ぶりなプリンセス劇場で、台本のガイ・ボルトンと組んで『善良エディ』（一九一五）をはじめとする小粋な作品を書いた。

『フォリーズ』を上演していたジーグフェルドは、こうしたプリンセス劇場のミュージカルを観て、カーンに作品を依頼し、マリリン・ミラー主演の『サリー』（一九二〇）をヒットさせた。次の作品もミラー主演で、チャールズ・ディリンガムが製作した『サニー』（一九二五）。この時にカーンは、オスカー・ハマースタイン二世と組んで仕事をしており、このコンビで次に書いた『ショー・ボート』（一九二七）が、ミュージカルの新しいページを開く。

カーンはその後も『猫とヴァイオリン』（一九三一）、ラジオの話を取り入れた『空飛ぶ音楽』

（一九三二）、『ロバータ』（一九三三）、『三人姉妹』（一九三四）、『五月にしては暖かい』（一九三九）などを書くが、三〇年代にはハリウッドでの仕事が増え、『恋の歌』（一九三五）、『有頂天時代』（一九三六）、『たくましき男』（一九三七）、『熱帯の一夜』（一九四〇）、『晴れて今宵は』（一九四二）、『カバーガール』（一九四四）など、映画用の曲を書いた。

『ショー・ボート』

『ショー・ボート』はエドナ・ファーバーの小説を下敷きとして、十九世紀末から一九二〇年代にかけてのアメリカの姿を描いている。中心となるのは、ミシシッピー河を往き来するショー・ボート船長の娘と賭博師の恋だが、それに黒人の血が混じる女の話も絡み、当時の社会問題を正面から扱った。冒頭の船長の娘が賭博師と恋に落ちる場面はオペレッタ調だが、黒人たちが登場すると、途端にブルースやジャズ調の曲となる。混血の女は上演当時に流行した「トーチソング」（片思い、失恋などの感傷的な歌）を披露して、後半では、十九世紀末の『チャイナタウン探訪』でヒットした「舞踏会の後で」というワルツが歌われる。

このように、ドラマの内容に合わせて音楽を使い分けることは、それまでの作品では行われておらず、ドラマと音楽の結びつきという点で画期的だった。これは台本と作詞を担当したオスカー・ハマースタイン二世が、台本の内容に密着した曲を挿入するという手法により、ドラマと音楽要素を一体化したことが大きく影響している。こうして一九二〇年代後半に示されたミュージカルの原型は、不況の三〇年代を通じて様々な試行錯誤が行われて、一九四〇年代に完成の域に達する。この作品が四〇年代に花開く台本ミュージカルの先駆的な作品となったわけだ。

劇場一家に生まれたオスカー・ハマースタイン二世（一八九五～一九六〇）は、早くから劇場に接して育った。祖父のハマースタイン一世や叔父のアーサーはオペラ好きで、オペラの製作上演もしていたが、一九一〇年代から二〇年代にかけては、オペレッタも製作している。父のウィリアムは、ヴォードヴィルで有名なヴィクトリア劇場のマネージャーだった。そうした環境で育ったハマースタイン二世は、当然に音楽的な感性も持ち、台本と楽曲の融合を図ろうとした。

ハマースタイン二世は一九二〇年代前半に、一八歳年長で台本や作詞方法の改善に取り組んでいたオットー・ハーバクと組んで、多くのオペレッタやミュージカルの台本や作詞を担当した。そうした作業を通じて、ハーバクから台本と楽曲を融合させるための技法や、オペレッタ的手法とヴォードヴィル的手法の統合方法を教わった。二人が一緒に書いた作品の中でルドルフ・フリムルのオペレッタ『ローズ・マリー』（一九二四）は、『ショー・ボート』に先行する作品として重要だ。

『ローズ・マリー』では、カナディアン・ロッキー山中を舞台として、殺人の容疑をかけられた毛皮商とホテルの女性歌手の恋物語が展開される。二人が恋を歌うオペレッタ的な音楽と、インディアンが登場してレヴュー的に展開する音楽が挿入されているが、その両者が見事に統合されている。『ショー・ボート』のような社会的な視点こそないが、アメリカを舞台として、インディアンとの関係を描き、登場人物によって音楽を書き分けて、物語で全体を統合するという点では先行しており、台本ミュージカルの先駆的な作品だといえる。なお、映画版の『ローズ・マリー』は三本あり、五四年版が物語としては舞台に忠実だが、散漫な仕上がりとなっている。

オスカー・ハマースタイン二世は、こうした台本ミュージカルの視点を持ちながらも、いろいろな作曲家と組んで仕事をするうちに、スタイルを見失い、一九三〇年代後半はスランプに陥ってしまう。そのために、作曲家と組まずに、ビゼーのオペラ『カルメン』を翻案した『カルメン・ジョーンズ』（一九四三）を一人で書いていた。彼が再び輝きを取り戻すのは、一九四〇年代に入り作曲家リチャード・ロジャースと組んでからだった。

年次レヴューの活況と衰退

ジーグフェルドの年次レヴュー『フォリーズ』や、シューバート兄弟による『パッシング・ショー』が人気を得たので、二〇年代には似たようなレヴュー・シリーズが続々と登場した。代表的な作品には、ジョン・マレー・アンダソンの『グリニッチヴィレッジ・フォリーズ』、ジョージ・ホワイトの『スキャンダルス』、サム・H・ハリスの『ミュージックボックス・レヴュー』、アール・キャロルの『ヴァニティーズ』などがある。

これらの作品は、数の上では一九二〇年代が最盛期で、二三～二五年がピークだった。ジーグフェルドのスタイルは、優雅、上品、豪華の追求であり、ベルエポック期のムードだったが、第一次大戦後の二〇年代になると、チャールストンをはじめとするダンス・ブームが巻き起こり、新しいリズムやステップが続々と登場するので、『フォリーズ』は時代遅れとみなされるようになった。そのため、後発のレヴューでは、流行を積極的に取り入れ、新風俗を反映したので、新しいレヴューの人気が徐々に高まっていく。

第一次世界大戦後のインフレにより製作費が高騰すると、ほかのレヴューの三～四倍の製作費を使って豪華さを売り物とした『フォリーズ』では、製作費の支払いが滞るようになる。入場料も値上がりして三倍程度となるが、一九二九年の株価の暴落により、一九三〇年代は大不況となって観客が減り、豪華なレヴューは上演できなくなった。そうした事情はほかのレヴューも同じで、社会風刺色を強めた小規模でお金をかけないレヴューが生き残り三〇年代に引き継がれた。

『グリニッチヴィレッジ・フォリーズ』（一九一九～二八）

一九二〇年代の最新モードや芸術的運動を取り入れたレヴューで、前衛芸術家の集まったグリニッチヴィレッジで始まるが、ほどなくブロードウェイの劇場で上演されるようになった。一九一九年から二五年までの各年と二八年版が作られたが、二五年版と二八年版を除いてジョン・マレー・アンダソンの演出で、インテリ好みの最新芸術を見せるという形だった。特徴的なのは、二二年版から始まったバレエ・バラッドと呼ばれる「物語のある踊り」の挿入で、踊りはクラシック・バレエではなく、当時出始めたばかりのモダンダンスが採用された。そこで、モダンダンスの創始者ともいえるルース・セント・デニスとテッド・ショーンをはじめとして、有名になる前のマーサ・グレアムや、後にハリウッドで振付師となるロバート・オルトンなども参加した。二三年版ではドイツで舞踊を学んだ伊藤道郎が「東インドの踊り」を踊っている。

一九一九年には俳優組合がストライキを打ち、超過勤務やリハーサル分の賃金、ツアーの旅費、衣装代の支給などを求めた。そのため、一九一九年八月七日から一か月間は、ブロードウェイでの公演はほとんど中止となった。『フォリーズ』も一九年版は二か月弱で打ち切られたが、ちょうどその時に始まった『グリニッチヴィレッジ・フォリーズ』は、オフからの持ち上がり公演だったので、ストライキに巻き込まれずに上演することができた。ほかのショーが中止となっていたため、人々はこの作品へ殺到した。

『スキャンダルス』（一九一九～三二）

ジョージ・ホワイトの製作によるシリーズで、一九一九年に始まり、二七年と三〇年を除いて三一年までの毎年上演され、その後三六年版と三九年版が上演されている。二〇年代にはほぼ毎年上演されていたことになる。二〇年代に新たに出てきたジャズと踊りに重点を置き、時代を先取りして最先端の流行を作り出した。そのために、作曲家に有望な新人を使い、毎年のように新しいステップの踊りを紹介した。

『ミュージックボックス・レヴュー』（一九二一～二四）

アーヴィング・バーリンの曲を聞かせるのが目的のレヴューで、一九二一年から二四年まで、四作品が製作された。ジョージ・M・コーハン作品を長く提供していたサム・H・ハリスの製作で、一九一九年にコーハンと袂《たもと》を分かち、アーヴィング・バーリンと組んだ。ハリスは、バーリンのレヴューのためにミュージックボックス劇場を建設して、一九二一年の開場に合わせてこのレヴューを上演した。劇場は約一〇〇〇席と小ぶりだったため、豪華さは競わずに、バーリンの曲と洒落た寸劇を楽しむ小粋な作品を目指した。シリーズは四作品で終わってしまうが、一九三〇年代の不況の時代になると、この『ミュージックボックス・レヴュー』が作り方の手本とされた。

『ヴァニティーズ』（一九二三～三二）

一九二〇年代の年次レヴューで最も遅く始まったのが、アール・キャロル製作のこのシリーズで、一九二三年に始まり一九三一年まで、ほぼ毎年上演された。ジーグフェルドの宣伝文句「アメリカ娘に栄光あれ」に対抗して、「世界で最も美しい娘たち」という謳い文句を掲げた。実際に各地の美人コンテストで優勝した娘たちを集めたので、美人が多かったことは間違いないが、もう一つの特徴は、ブロードウェイのレヴューの中で、最も肌の露出度が高かったことだ。その舞台衣装から「セロファンに包まれた乙女たち」と呼ばれることもあった。

『グランドストリート・フォリーズ』（一九二二～二九）

オフ・ブロードウェイで年次上演されたシリーズ。グランドストリートというのはマンハッタン島南端に近い通りで、そこを拠点にして活動した演劇集団ネイバーフッド・プレイハウス（隣人演劇舎）の持つ小劇場で上演されたのがこのシリーズだ。一九二二年に第一回が上演された後、二四年から二九年まで、毎年上演された。自分たちの演劇やほかのヒット作のパロディが中心で、小劇場で最低限の装置と衣装というオフ・ブロードウェイのショーだが、それなりに評価を得て七版まで上演された。

3 不況の一九三〇年代

不況と技術進歩

一九二〇年代は、第一次世界大戦後の復興景気に沸き、女性の社会進出が進み、髪とスカートが短くなった。ジャズも広く拡散して、音楽劇にも取り入れられた。古いヴォードヴィルは消滅して、レヴューが全盛期を迎えるが、一九三〇年代となると、二〇年代とはまったく異なった雰囲気となる。

一九三〇年代が大きく変わったのは、大不況となったためだ。一九二九年に起きた株式市場の暴落で始まる経済恐慌により、一九三〇年代末までひどい不況が続き、失業者たちが町に溢れた。女性のファッションも、好景気時代の派手さは影を潜めて落ち着いたデザインとなり、スカート丈も長くなった。

一方、科学技術の進歩により、電気は照明や動力だけでなく、電子技術を使い通信や音響分野でも応用されるようになる。電子技術の進歩により、真空管やマイクロフォン、スピーカーが実用化されると、電気録音によってレコードの音質は劇的に向上した。従来は、大きなラッパ型の集音器を使い、音の振動をそのまま機械的に伝えてレコード原盤に音の溝を刻んでいたが、電気録音ではマイクで拾った音を電気信号に変え、その電気信号を機械的振動に変換して原盤を刻むようにしたためだ。レコードの電気録音は一九二五年から始まり、この改善により、それまでは難しかったオーケストラ曲なども収録が可能となった。家庭でも、レコードで音楽を聴く機会が増えて、ヒット曲もレコードから誕生するようになる。

こうした電子技術の進歩は、ほかの娯楽にも大きな影響を与えた。アメリカのラジオ放送は一九二〇年頃から始まるが、当初のラジオ受信機は増幅回路を持たなかったため、ヘッドフォンを装着して一人で聴くしかなかった。しかし、一九三〇年代には真空管とスピーカーを内蔵した受信機が普及し、居間での家族団欒の中心に置かれて、ラジオは黄金期を迎える。ラジオから流れる音楽は、無料で聴くことができるため、人々が劇場へ行く回数は減った。

電子技術の進歩は映画にも応用されて、一九二〇年代末には音の出るトーキー映画が誕生、一九三〇年代前半には、レヴュー映画やミュージカル映画のブームとなった。こうして、不況による観客の減少、トーキー映画という安価な娯楽の提供、ラジオ放送の普及などにより、ブロードウェイの音楽劇は大打撃を受ける。一九三〇年代になるとミュージカル、レヴュー、オペレッタの各分野とも、上演作品数は二〇年代の半分以下となってしまう。舞台は観客を失い、安価な娯楽を求める労働者は、発明されたばかりのトーキー映画や無料のラジオ放送で満足した。労働者層を主たる観客としていたヴォードヴィルは、完全に消滅してしまう。

歌唱方法の変化

電子技術の進歩により、一九二〇年代終わり頃からは、レコード吹き込みやラジオ放送、映画での歌唱は、マイクの利用が前提となった。そのために、歌手たちの歌唱方法は大きく変わった。マイク以前には、大きな声で歌い劇場の隅々まで声を届かせることが歌手に求められた。大声を自然に出すため、オペラではベルカント唱法が発達し、オペレッタもその歌唱方法を継承した。一方、クラシック系の音楽教育を受けていない、ミュージック・ホールやヴォードヴィルの芸人たちは、地声を張り上げるようにして、リズムを強調した歌い方をした。この歌い方は、アル・ジョルスンの初期の録音に残されている。ミュージカルでは、オペラ的な歌唱法と、ヴォードヴィル芸人風の歌唱法が混在していた。

一九三〇年代に新たに登場した歌手たちは、大声で歌うのではなく、マイクを十二分に使い、柔らかく、ささやくように、甘い声で歌う歌唱法で人気を得た。こうした歌い方の歌手はクルーナーと呼ばれ、その代表的なスターはビング・クロスビーだった。映画やラジオで活躍する歌手たちは全国的に知られるようになり、ブロードウェイの劇場スターよりも有名になった。しかし、クルーナー歌手は、マイクを使えない舞台では通用しないために、歌手の供給は、舞台から映画、ラジオへの一方通行となった。

一九三〇年代にはジャズの世界でもビッグバンド・ブームが起きて、大音量で演奏するジャズ楽団が登場した。ビッグバンドでも専属歌手が歌ったが、金管楽器を中心としたジャズ楽団の演奏により声がかき消されてしまうため、コンサートやナイトクラブでの演奏では、マイクとスピーカーを使った歌声が流れるようになる。

ハリウッドへの転出

トーキー映画が一九二七年に実用化されて、それまでは無声だった映画が、音を持つようになったため、映画会社は一斉に音楽映画の製作に乗り出し、一九二九年以降はミュージカル映画とレヴュー映画の洪水となる。こうしたトーキー映画は、舞台に比べるとはるかに安い料金で観ることができた。ハリウッドで音楽映画が大量に作られることとなったため、多くの人材がブロードウェイからハリウッドへと流れた。人気のあった芸人たちは、映画に出演するために大挙して西海岸へ移動した。また、作曲家や作詞家、振付家、演出家なども、ブロードウェイでの舞台の仕事が減ったため、ハリウッドへ向かった。

政府は、不況時の失業対策として、公共投資によるインフラの建設などを行ったが、ブロードウェイに残った舞台芸術家も仕事を失ったため、演劇、音楽劇、ダンスなどの各分野で、政府の資金援助による製作活動も行われた。しかし、この資金援助は、芸術の発展を支援するよりも、芸術家に対しての失業対策的な色彩が強かった。

新進気鋭の作詞・作曲家チームだったリチャード・ロジャースとローレンツ・ハートは、ハリウッドで『今晩は愛して頂戴ナ』（一九三二）を書く。アーヴィング・バーリンは、一九三〇年代は舞台の仕事を休み、ハリウッドで仕事をしたので、アステアとロジャースの映画を三本も担当した。コール・ポーターは、三〇年代から四〇年代にかけて主にエレノア・パウエルの主演作品に曲を書いている。

ハリウッドでは、全米の観客を意識した大衆好みのレヴュー映画が多く製作された。そのため、ハリウッドで仕事をしたブロードウェイ出身者は、自分たちの望むような作品を作れないことに不満を抱き、しばらくすると再び舞台作品へと戻った。

社会的視点

一九三〇年代の観客や作品の減少も、悪いことばかりではなかった。安価な娯楽を求める観客が減り、金銭的な余裕と教養のある観客が残ったので、提供される作品もそうした観客の嗜好に合わせて、質の高い上質なものが作られた。つまり、通俗的な作品を好んだ労働者層は映画などに流れて、ブルジョア層やインテリの好む教養的な作品が増えたのだ。

一方、一九三〇年代のヨーロッパでは、第一次世界大戦で巨額の賠償金を課せられたドイツで社会的な不満が高まり、ナチスの台頭が始まる。ナチスはユダヤ人を迫害したので、ヨーロッパで活躍していたユダヤ人や、関連する芸術家たちは、活動の場をアメリカへ移した。音楽劇の世界で代表的なのは、クルト・ワイルとベルトルト・ブレヒトで、二人ともアメリカへ渡る。ドイツとハンガリーに拠点を持っていたユニヴァーサル映画社は、ヨーロッパの事業をたたみアメリカへ統合してしまう。

ヨーロッパではナチスの台頭とともに、戦争の足音が近づくが、それと同時に、不況時の社会不安を利用して、世界中で社会主義革命を起こそうと画策したソ連が、各国で労働組合運動や共産党活動を活発化させたため、各地で労働運動が盛んになった。こうした社会変化は、ブロードウェイの音楽劇にも大きく影響して、社会的な視点を持った作品が多く登場した。

深刻な不況や戦争などで社会不安が高まると、批判の矛先が時の権力者に向けられるが、一九三〇年代の世界恐慌も、アメリカでは政治的な風刺作品や、社会的な視点を持つ作品を誕生させた。

一九三〇年代のヒット作品

三〇年代に入ると、『フォリーズ』のような豪華で大規模な年次レヴューは姿を消して、製作費を節約した小規模で洗練されたレヴューが展開されるようになった。大レヴューではないが、この時代に一〇〇〇回を超える続演を記録したのは、二つのレヴュー作品だった。どちらの作品も、景気が上向いてきた三〇年代後半に登場した。一番ヒットしたのは『ヘルツァポピン』（一九三八）で一四〇四回の続演。オール・オルセンとチック・ジョンソンの漫才コンビの作品で、サミー・フェインが曲を書いた。二番目にヒットしたのは、ハロルド・ロームが国際婦人服労働組合の依頼で書いた、組合の自主製作ショー『ピンと針』（一九三七）で、小劇場ながら一一〇八回も続演した。ほかのレヴューでは、不況の真っ只中でオープンした、アーヴィング・バーリンの『万人の喝采する時』（一九三三）が四〇〇回のヒットを記録している。

ミュージカル作品では、コール・ポーターが活躍して、『何でもまかり通る』（一九三四）と『デュバリーは貴婦人』（一九三九）が四〇〇回以上の続演となった。ほかの作曲家では、ガーシュウィンの『君がため我は歌わん』（一九三一）、ジェローム・カーンの『猫とヴァイオリン』（一九三一）、レイ・ヘンダソンの『フライイング・ハイ』（一九三〇）などが、不況の中で人気を集めている。リチャード・ロジャースも三〇年代前半はハリウッドで仕事をしたが、後半には毎年のようにヒット作を書いた。

特筆すべきなのは、この時代としては驚くほどの物量で豪華な舞台を作った『グレート・ワルツ』（一九三四）で、ヨハン・シュトラウス二世の伝記的な話を、シュトラウス一世と二世の音楽に乗せて見せるオペレッタ的な作品だ。モス・ハートがジングシュピール『ウィーンのワルツ』に基づいて脚色した。出演者と演奏者を合わせると一七五人で、豪華な舞台が受けて、四〇〇〇人近く入る大劇場にもかかわらず、三四七回の続演を記録した。

新しい作曲家の活躍

一九二〇年代末にアメリカのミュージカルの形が整うと、多くの有能な作曲家がミュージカル作りに加わった。二〇年代まではクラシック系の教育を受けた作曲家が多かったが、三〇年代以降にはポピュラー音楽の市場が成立したことや、オーケストレーションは専門家に委ねることが可能となったことから、多くのソング・ライターがミュージカルに曲を書くようになった。

また、ポピュラー楽曲は、「AABA」という形式で、八小節を四回繰り返す三二小節で書かれるようになり、それをリフレイン（繰り返し）として、それの前段に「ヴァース」と呼ばれる導入部、つなぎ部分には「ブリッジ」を付けるという形が確立したために、誰でも曲を書きやすくなった。このAABA形式は、オペラのダ・カーポ・アリア（繰り返しを含んだ有節形式のアリア）に影響を受けたもので、二十世紀初頭から現れたが、ポピュラー音楽が流行するようになった一九二〇年代後半から広がりを見せた。この形式は、繰り返しが多く、覚えやすく歌いやすいことから、ロックンロール時代になっても生き残った。

多くの作曲家が登場したのは、二〇年代にレヴューがブームとなり、多くのレヴューが上演されたためでもある。レヴューは特定のテーマで統一されたとは言え、最新の流行を見せるという要素も強いので、目新しい曲や踊りをどんどん取り入れた。そこで、たとえ一曲でもよい曲を書けば、レヴューの一部として取り入れられたので、多くの作曲家がデビューして、新人の登竜門となった。

新人作曲家は一曲だけで消えてしまうことも多かったが、チャンスをつかみショー全体の曲を書く作曲家も出てくる。特に一九三〇年代のブロードウェイは、二〇年代まで活発に上演されていたオペレッタの人気が下火となり、ジャズを基調とした軽快な音楽が主流になるとともに、不況の時代を反映した風刺的な歌詞や、ウィットに富んだ表現が求められたので、新しい作曲家たちが世に出る機会が多かった。また、三〇年代にはハリウッドでも音楽映画が大量に作られたこともあり、新しい作曲家の多くは、ブロードウェイとハリウッドの両方で活躍するようになる。

パリのエスプリを持ち込んだポーター

コール・ポーター（一八九一～一九六四）は、パリでの生活が長かったので、パリの小粋なムードを取り入れた曲を書いた。作曲だけでなく詞も自ら書いたが、いかにも上流階級らしい無邪気で自由に溢れた歌詞は魅力的だ。ポーターは資産家の家に生まれたので、生活には困らず、大学時代から音楽が好きでショーに曲を書いていた。第一次世界大戦中はフランスの外人部隊に入り、戦争後もそのままパリにとどまり結婚をした。しかし、周囲の人々は彼にブロードウェイの作品を書かせようと、アメリカに呼び戻す。

アメリカで最初に書いた『パリ』（一九二八）では、「あれをしようよ」という驚くべき歌詞の曲を書く。その後は、『目覚めて夢見よ』（一九二九）に続き、『ニューヨーカー』（一九三〇）、『陽気な離婚』（一九三二）、『何でもまかり通る』（一九三四）、『ジュビリー』（一九三五）、『レッド・

ホット・アンド・ブルー』（一九三六）、『あなたは判らない』（一九三八）、『私に任せて』（一九三八）、『デュバリーは貴婦人』（一九三九）と、三〇年代は精力的に仕事をこなした。一九三七年に落馬事故で車椅子生活となるが、それでも創作意欲は衰えず、『パナマのハティ』（一九四〇）、『キス・ミー・ケイト』（一九四八）、『カン・カン』（一九五三）、『絹の靴下』（一九五五）などの名作を書いた。

三〇年代の作品は、気楽な作品が多く、親しみやすい曲が多い。『陽気な離婚』はアステアとロジャースで映画化され、『コンチネンタル』（一九三四）の邦題で公開された。『何でもまかり通る』は一九二〇年代のムードが残っている作品で、エセル・マーマンの歌が評判になり、映画化されて『海は桃色』（一九三六）の邦題で公開された。

都会風で小粋なロジャースとハート

リチャード・ロジャース（一九〇二～七九）は、アメリカの誇るミュージカル作曲家で、親しみやすい曲を多く残した。単純ながら美しい旋律を書く能力に恵まれて、多くの人に愛唱された。一九四〇年代初頭まで、七歳年上の作詞家ローレンツ・ハート（一八九五～一九四三）と組んだが、この時期の曲は、ロジャースが先に旋律を書き、後からハートが詞を付けたものが大半だ。ハートの詞は、都会的で洗練されていて、ウィットに富み、見事な韻律でこの時代を代表するものとなった。

ロジャースは音楽好きの医師の息子として生まれ、幼い時から音楽に親しんで育ったが、ジェローム・カーンの『善良エディ』を観て作曲家を志した。大学時代から学内のショーを書いていたが、本格的な作曲はシアター・ギルドの製作したレヴュー『ガリック・ゲイエティーズ』（一九二五）から。その後、この二人に台本のハーバート・フィールズが加わり、三人で『ガール・フレンド』（一九二六）、『ペギー＝アン』（一九二六）、『コネチカット・ヤンキー』（一九二七）、『捧げ銃』（一九二八）などを書いた。

三〇年代に入ると二人はフィールズとは別れて、ジーグフェルドの製作したレヴュー調の『お人好しのサイモン』（一九三〇）、ハリウッドをからかった『アメリカの恋人』（一九三一）を書くが、その後は不況のブロードウェイを離れて、ハリウッドで『今晩は愛して頂戴ナ』（一九三二）、『お化け大統領』（一九三二）、『風来坊』（一九三三）、『ミシシッピ』（一九三五）などを書いた。

しかし、三〇年代後半には舞台の仕事に戻り、ヒッポドローム劇場のためのサーカス劇『ジャンボ』（一九三五）、ジョージ・バランシンと組みバレエとの融合を狙った『つま先立ちで』（一九三六）、芸人の子供たちを描いた『戦う子供たち』（一九三七）、大不況に取り組むローズヴェルト大統領を描く『私はぜひ正しくありたい』（一九三七）、再びバランシンが振付けた『天使と結婚した私』（一九三八）、シェークスピアの原作による『シラクサから来た男たち』（一九三八）、学園物の『女の子が多過ぎる』（一九三九）と、毎年のように名曲を書きまくった。四〇年代に入るとハートのアルコール依存が原因で仕事が滞り、ジーン・ケリーのデビュー作『友人ジョーイ』（一九四〇）、『ゼウスの手で』（一九四二）の後、コンビを解消せざるを得なくなる。

レヴューを支えたシュワルツとディーツ

一九三〇年代は、『フォリーズ』のような年次レヴューは減ったが、不況時だからこそ純粋に楽しめる気楽なレヴューを求める観客もいた。そうしたレヴューを書いたのが、作曲家アーサー・シュワルツ（一九〇〇～八四）と作詞家のハワード・ディーツ（一八九六～一九八三）の二人だ。シュワルツは幼少時代から音楽好きだったが、法律家になるように教育されたため、最初は法律事務所に勤めながら曲を書いていた。相棒のディーツも本職はＭＧＭ映画の宣伝部長で、仕事の合間に作詞をしていた。

二人で曲を書き始めたのは一九二〇年代だが、ヒット曲を連発するのは一九三〇年になってから。『三人で群衆』（一九三〇）、『バンド・ワゴン』（一九三一）、『フライイング・カラーズ』（一九三二）、『アット・ホーム・アブロード』（一九三五）などのレヴュー作品で人気を得る。

三〇年代後半からは簡単な台本付きの作品が中心で、『音楽で敵討ち』（一九三四）、『前門の虎』（一九三七）、『君の瞳の星』（一九三九）などを書いた。四〇年代以降は作品が減り、『アメリカの内幕』（一九四八）、『ブルックリンに育つ木』（一九五一）、『美しき海辺で』（一九五四）、『陽気な生活』（一九六一）、『ジェニー』（一九六三）を書いている。

ナチスから逃れたワイル

一九三〇年代前半にナチスがドイツで政権をとると、ヨーロッパの特にドイツ語圏で活躍するユダヤ人は活動できなくなり、多くのユダヤ人や関係する人物がアメリカへ渡った。言語的な問題もあり、台本作家や作詞家は英語での執筆が難しかったが、作曲家はアメリカ人の作詞家や台本作家と組んで創作活動を行うことができた。中でもミュージカルに大きく貢献したのがワイルだった。

クルト・ワイル（一九〇〇〜五〇）はドイツ生まれの作曲家で、ドイツ時代には主にベルトルト・ブレヒトと組んでジャズを取り入れた前衛的なオペラを書いていた。この時代には、『三文オペラ』（一九二八）、アメリカを描いた『ハッピー・エンド』（一九二九）、『マハゴニー市の興亡』（一九三〇）などを書いたが、ナチスが台頭してきたために、ユダヤ人だったワイルは、妻のロッテ・レーニャと一緒にパリ経由でアメリカへ渡る。

アメリカでは、一九三一年に結成された演劇集団グループ・シアターの主宰者リー・ストラスバーグの紹介により優れた台本作家らと組んで、反戦作品『ジョニー・ジョンソン』（一九三六）、『ニッカーボッカーの休日』（一九三八）など、気骨のある作品を書いた。四〇年代になると、大衆路線の『暗闇の女』（一九四一）、『生き返ったヴィーナス』（一九四三）をヒットさせるが、その後はもう少しオペラ的な路線に戻り『フロレンスの熱血漢』（一九四四）、『街の情景』（一九四七）、『愛の生活』（一九四八）、『星に散る』（一九四九）を書いた。

ワイルは一九五〇年に亡くなるが、同じユダヤ系のレナード・バーンスタインは彼の死を悼み、教えていた大学で、マーク・ブリッツスタインの新訳で『三文オペラ』を試演した。これがきっかけとなり、未亡人ロッテ・レーニャ主演の『三文オペラ』が、オフ・ブロードウェイで一九五四年に上演され、五五年からの再演で二六一一回という記録的な続演を成し遂げた。トニー賞は普通ブロードウェイ作品しか対象にならないが、この時には、ジェニー役を演じたロッテ・レーニャに、一九五六年の主演ミュージカル女優賞が贈られた。

第六章　台本ミュージカルの時代（一九四〇～六四）

1　一九四〇年代

第二次世界大戦

一九四〇年代前半は戦争の時代だった。ドイツで台頭したナチスは一九三九年にポーランドに侵攻して、第二次世界大戦が始まる。ドイツの侵攻を見たソ連もポーランドに侵攻して両国でポーランドを分割した。フランスとイギリスは、これを見てドイツに宣戦布告し、ヨーロッパ全体が戦場になる。ドイツは、イタリア、日本と三国の軍事同盟を結び、日本がアメリカを攻撃したために、全世界が戦争に巻き込まれて、戦争は一九四五年の日本の無条件降伏まで続いた。一九四〇年代後半は戦後の復興期となるが、一九四九年に中国で共産党政権が誕生し、一九五〇年には朝鮮戦争が勃発するなど、戦火は続いた。

観客が減少して製作数の減ったブロードウェイでは、一九三〇年代を通じて作品の質的な向上が進み、一九四〇年代に花開く。一九三〇年代末までは、ブロードウェイの音楽劇に関心を示すのは、ニューヨークの地元の観客だけだったが、ニューヨーク港が第二次世界大戦でヨーロッパ戦線へ向かう兵士たちの渡航拠点になり、多くの人がブロードウェイを訪れたので、その存在が広く知られるようになった。一九三〇年代に減った地元の観客は、景気が回復しても戻らなかったが、交通機関の発達により域外の観客が増え、徐々に観客数が増加し始める。しかし、上演される作品数は増えずに、一作品当たりの観客動員数が増えたので、長期にわたる続演が増加した。ブロードウェイの音楽劇のレコードは、それまでほとんど発売されていなかったが、全国からのニーズに応じて、オリジナル・キャストによる録音とレコード発売が、一九四〇年代半ばから始まる。

一九二〇年代半ば以降、ローレンツ・ハートと組んで都会的に洗練されたミュージカルを書いていたリチャード・ロジャースは、相変わらず美しいメロディを書き続けていたが、一九四〇年代になると、音楽と物語をそれまでよりも密接に結びつけて、歌や踊りにより物語を展開する台本中心の作品を書くようになった。こうした作品が高く評価されて大ヒットしたので、一九六〇年代前半まで台本中心の作品が多く作られて、ミュージカルの黄金時代を形成する。

ミュージカルの録音

ミュージカルのレコード（CD）は、今日ではたくさん発売されているが、ブロードウェイの初演メンバーがそのまま歌う全曲盤（主要曲だけだが）が発売されるようになったのは、実質的には『オクラホマ！』（一九四三）以降のことだ。それ以前にも例がないわけではないが、初めてベスト・セラーとなったのが、『オクラホマ！』のオリジナル・キャスト盤だった。こうしたレコードの販売は、ニューヨーク以外にもミュージカルファンを広げる役割を果たした。

一九五〇年代から六〇年代にかけては、ミュージカルのレコードはトップクラスの売れ行きを誇ったが、今日ではヒットチャートから外れている。一方、今日では主要作品はオリジナル・キャスト盤が作られるだけでなく、特別キャストによる録音も多く発売されるようになった。

エジソンが円筒型の記録媒体を使った録音再生機を発明したのは一八七七年で、一八九〇年代には商業的に録音された円筒型レコードが販売されたので、各種の録音は十九世紀末から残されている。最も古いミュージカル関係の録音は、筆者の知る限り、一八九〇年五月五日に初演された『無防備な城』の主題歌を、主演のデウォルフ・ホッパーが吹き込んだものだ。この時代の円筒型の録音は数が限られており、複製にも難点があった。

現在のレコードにつながる、円盤型のレコード盤を発明したのは、ドイツ出身でアメリカに渡ったエミール・ベルリナーで、電話会社のベル研究所で研究し、エジソンに一〇年ほど遅れて、一八八七年に円盤型レコードを発明した。アメリカではエジソンが市場を押さえていたので、グラモフォンと呼ばれる円盤型レコードは、一八八九年にドイツで商品化された。その当時の円盤は直径十二センチで録音時間も短く、量産にも問題があった。ベルリナーはアメリカでも事業化ビクター社は、二十世紀に入り商品化の権利をビクター社に売り渡す。ビクター社は円盤型レコード技術に改良を加えて、二五センチと三〇センチの量産性に優れたレコードを開発、手回し式で安定しなかった回転数は、五〇ヘルツと六〇ヘルツのどちらの交流モーターでもギア比を合わせやすい七八回転と定めた。一九〇〇年代のアメリカでは、円筒型と円盤型の両方が売られていたが、一九一二年にコロムビア社が円盤型に絞りこんだために、それ以降は円盤型が基本となった。

ビクター社は、ブロードウェイのヒット・ミュージカルやオペレッタをレコード録音するために、一九〇九年にビクター・ライトオペラ楽団（歌手も含む）を編成した。各社も似たような楽団を編成して録音したが、各レコード会社が専属楽団を有したことから、ブロードウェイの劇場の楽団とは、編曲も演奏も異なり、歌手も異なる録音が多く残された。また、七八回転の標準的な二五センチ盤は、録音時間が片面三分半程度であったため、舞台作品の全曲を収録するのは難しく、主演スターを使って主題歌を録音するか、あるいは数曲をメドレーにして合唱で録音するのが一般的だった。

七八回転の円盤型レコードは、当初は機械式の直接録音だったため音質に問題があったが、一九二五年からは電気的な録音となり、音質が大幅に改善した。音質がよくなっても、録音の状況は相変わらずで、舞台のヒット作品の録音は、オリジナルの歌手ではなく、レコード会社専属楽団の主題歌集が中心だった。

全曲盤への挑戦

一九三二年に、ブランズウィック社のジャック・キャップは、大ヒットした『ショー・ボート』の再演キャストのレコードを作る。『ショー・ボート』は一九二七年の初演で、翌年にヘレン・モーガンが二曲を吹き込み、二八年のロンドン・キャスト盤がイギリスで作られたが、ブロードウェイの初演盤は録音されていなかった。三二年の再演キャスト盤は、二七年から二九年まで五七二回の続演をした後、全米をツアーで回りブロードウェイで凱旋公演をした時のメンバーの吹き込みなので、初演の余韻が残っていたが、たった四曲しか録音されなかった。

ブロードウェイの全曲盤は、ジャズ系で多くの録音を残したミュージクラフト社により、マーク・ブリッツスタインのオペラ『ゆりかごは揺れるだろう』（一九三七）が発売（一九三八）されたのが最初だ。この作品は、不況対策の連邦基金がスポンサーだったが、社会主義的な内容が問題視され、開幕直前に援助が打ち切られて、作曲者ブリッツスタイン自身のピアノ伴奏で初演されたため、レコードもピアノ伴奏で録音された。初演時のオリジナル・キャストによる録音という点では、この作品が最初となった。

前述のジャック・キャップは、一九三四年にデッカ社を設立して、一九四〇年に『ポーギーとベス』（一九三五）の初演時の歌手を集めて、四枚組八面のアルバムを作った。しかし、『ポーギーとベス』は長いオペラなので、とても全曲を録音できず、四二年の再演時に追加で三枚を発売したが、一部の曲しか録音されなかった。従って、一般的なミュージカル作品の全曲盤としては、リチャード・ロジャースとオスカー・ハマースタイン二世が初めて組んだ『オクラホマ！』が最初ということになっている。

録音ストライキ

一九四三年の『オクラホマ！』は台本ミュージカルの元祖的な作品であり、驚異的な大ヒットとなったので、デッカ社を立ち上げたキャップは、是非ともその全曲盤のレコード・アルバムを作りたいと考えた。ところが、当時は一九四二年八月から始まった音楽演奏家の録音拒否（ストライキ）の真っ只中で、どの会社も新規の録音ができない状態だった。音楽演奏家の録音拒否は、一九四〇年に全米音楽家連盟の委員長になったジェームズ・ペトリロに率いられて始まったもので、レコード会社に対して、録音時の一時金ではなく、売上に比例する歩合方式の印税を求めるものだった。

組合の方針は、生演奏やラジオ番組（当時は生演奏だった）への出演は問題ないが、レコード録音は拒否という内容だった。また、歌手は除外されていたので、ストライキ期間中に、ビング・クロスビーやフランク・シナトラはコーラスをバックにした歌を録音した。一九四二年は、第二次世界大戦への参戦直後だったので、「音楽家の権利は結構だが、戦争中にストライキをやるとは何事だ」という批判もあった。委員長のペトリロは批判をかわすために、軍に協力して前線の兵士向けに作るレコード（V-disc）は例外として、録音を認めた。これに目を付けたのがキャップで、戦意高揚のための兵士たちによる『これが陸軍だ』(一九四二)の初演盤を、「お国のための仕事」としてペトリロを説き伏せて録音した。

ペトリロとの関係を深めたキャップは、歩合相当分を「寄付」するということで話を付けて、デッカ・レコードだけが録音拒否を回避することに成功し、一九四二年の再演版『ポーギーとベス』から六曲を録音して三枚組のアルバムとして発売、『オクラホマ!』の録音も行った。果たして、六枚組一二曲で構成された『オクラホマ!』のアルバムは飛ぶように売れて、残り三曲も二枚組の追加アルバムとして発売された。結局、録音拒否は大手のビクター社とコロムビア社が妥協する一九四四年十一月まで続いたため、他社に先行したデッカ社は、その間に多くのオリジナル・キャスト盤を発売した。録音拒否が終わり、第二次世界大戦も終了した一九四六年頃からビクター、コロムビアの大手両社も、ミュージカルのオリジナル・キャスト盤の製作に力を入れ始める。

LPレコードによる全曲盤

ジャック・キャップが一九四九年に亡くなった後、デッカに先行されていた状況を一挙に逆転したのが、コロムビア社のゴダード・リバーソンだった。リバーソンは、一九三九年からコロムビア社で働き、多くの優れた録音を残しただけでなく、自ら作曲も手掛けた多彩な人物で、私生活では美人バレリーナのヴェラ・ゾリーナと結婚していた。七八回転レコードは録音時間が短く、耐久性にも問題があったため、コロムビア社は新製品を開発していたが、一九四八年にビニールを素材とした三三回転のＬＰレコードを発売した。ＬＰ盤は基本を三〇センチとして、片面に二五分程度の録音を可能とした。片面に六～八曲、両面では一二曲以上の収録が可能となり、ワーグナーのオペラのような長時間の作品は複数枚となるが、ミュージカルの全曲盤は一枚に収まり好都合だった。

リバーソンはＬＰレコードを使えば、あたかもミュージカルの舞台を観ているような体験を家庭でも味わえると考えて、そうした観点で全曲盤を作り始めた。コロムビア社では一九四八年からＬＰが発売され、ライバルのビクター社も技術導入して一九四九年からＬＰレコードを製作した。ところが、録音技術が未熟だったために、一九四八～四九年に発売されたＬＰ盤は、ほとんどが既存の七八回転盤を再収録した再発売盤だった。七八回転盤は、電気録音になってもマイクから拾った音をミックスして、その場で円盤を刻む同時録音方式で製作されていた。録音原盤は、基本は蠟《ろう》製で、稀にアセテート製も使われた。原盤収録は一発勝負なので、録音中に雑音が入ったり、歌詞を間違えたりするなどの問題が生じると、最初から全部を収録し直す必要があった。七八回転盤では片面三分半だったが、ＬＰ盤では二〇分を超えるので、直接録音方式には無理があった。

そこで実用化され始めたテープ・レコーダーが導入され、磁気テープに録音した音源を編集して、編集済みの音源からＬＰ原盤に刻む方式へと改善された。一九三〇年頃からテープやワイヤーに一時的に録音する技術はかなり研究されていたが、音質が悪く、レコード製作や放送用には使用できなかった。また、一九三〇～四〇年代にレコードの音質は向上したが、放送用としてはまだ不十分で、七八回転盤レコードを使用すると音質のクレームが多いため、ラジオの音楽番組ではまだ生演奏が基本だった。

一番困ったのは当時の人気歌手で、ラジオ番組をたくさん持っていたビング・クロスビーは、何とか録音による放送を実現したいと、私財を投じてアムペックス社に実用的なテープ・レコーダーを作らせた。実は、ドイツでは一九四〇年代前半に高音質で長時間録音可能なテープ・レコーダーが開発されていて、それをナチスは宣伝放送などに利用していた。アメリカには技術がなかったため、戦後になってドイツの技術を知り、アムペックス社がそれを真似て国産化したのだ。

ステレオ録音の始まり

こうしてLPレコードの製作体制が整ったので、コロムビア社の副社長になっていたリバーソンは、新作ミュージカルを初演メンバーで録音して発売するだけでなく、旧作についても、ミュージカルの得意な指揮者レーマン・エンゲルと組み、最新録音で復活させた。エンゲルは録音にあたり、可能な限り編曲を復元し、初演メンバーを呼び集めて録音し直したので、このシリーズは市場でも人気となった。

リバーソンの製作した代表的なレコードは『マイ・フェア・レディ』（一九五六）だ。ステレオ録音技術が確立されたのは五六年の年末だったため、ブロードウェイ盤はモノラル録音だが、ほぼ同じメンバーによるロンドン公演盤が五八年にステレオで録音し直された。ステレオ録音となったミュージカルの全曲盤は、臨場感が増して、一九六〇年代にはレコード売上の上位に入るようになった。LP化されたレコード盤は材質がビニール化され、床に落としても七八回転盤のように割れなくなり、記録できる周波数帯域が広がり、高音質となったが、ダイナミック・レンジ（音の強弱）を再現する点では、不十分な点も残っていた。音の強弱を広げるには、レコード盤に刻む溝を深くして幅も広げる必要があるが、溝の幅を広げると録音時間が短くなってしまう。また、円盤の外周部と内周部では、再生時の線速度（溝をトレースする速度）が大きく異なるため、内周部における高音の再生にも問題があった。

こうした問題を解決したのは、デジタル録音技術で、アナログの波形をデジタル信号に変換して、デジタル符号として録音再生するコンパクト・ディスク（CD）の登場により、内周部における高音部の弱さ、ダイナミックレンジの狭さ、レコード針の物理的な接触による耐久性の問題などから解放された。CDは一九八二年に商用化されて、それまでのLP盤も含めて大半の録音がCDで再発売された。CDは一二センチが基本で、片面で七四分まで記録できた（現在は一〇〇分程度まで可能）。今日では、録音の段階からデジタル化されているが、市販のCDの規格では、通常は人の耳では聞こえない高音部分の記録が削除されているため、さらなる高音質化が試されている。

『オクラホマ！』と四〇年代のヒット作品

一九四〇年代の前半は戦争中だったので、ブロードウェイの作品も、ポーターの『直面せよ』（一九四一）や『兵隊さんへのちょっとしたもの』（一九四三）、バーリンの『これが陸軍だ』（一九四二）、『女の子を追って』（一九四四）、バーンスタインの『オン・ザ・タウン』（一九四四）など、兵士を扱った作品が多く作られた。戦争が終わった後も、ロームの『ミスターで呼んで』（一九四六）やロジャースの『南太平洋』（一九四九）など、第二次世界大戦を題材とした作品が多く作られている。戦争中の作品は、ヨーロッパ戦線へ向かう兵士たちがニューヨーク休暇で観ることを狙って作られた、内容的な深みのない単なる娯楽作品も多い。

オリンピックのフィギュア・スケートで優勝して映画界に入ったソーニャ・ヘニーも、この時期に兵士向けのアイスショーをブロードウェイで製作した。『氷上の出来事』（一九四〇）、『氷上のスターたち』（一九四二）、『氷に脱帽』（一九四四）などがあり、こうしたアイスショーは観客を集めたので一九五〇年頃まで続いた。

この時期の作品は単なる娯楽作品ばかりでもなく、地元の観客を対象とした洗練された作品が進化を続け、台本ミュージカルを完成させる動きが続いていた。ロジャースとハートが書いた『友人ジョーイ』（一九四〇）は、ジーン・ケリーの出演した作品として名をとどめるが、原作小説を書いたジョン・オハラが台本を書き、ジョージ・アボットが見事な演出を行ったので、台本ミュージカル作品の一つのあり方を示した。

また、『暗闇の女』（一九四一）は、アイラ・ガーシュウィンの詞とクルト・ワイルの曲、そしてモス・ハートの見事な台本と揃い、ガートルード・ローレンス、ダニー・ケイなどが出演した作品で、夢をプロットの中心に据えて物語の展開をするなど、フロイトの精神分析的な要素も取り入れつつ、それまでにない心理的な主題を音楽で表現することに成功しており、台本ミュージカル、コンセプト・ミュージカル両方の基礎となっている。こうした作品の積み重ねにより、『オクラホマ！』（一九四三）が誕生した。

一般的には、リチャード・ロジャースがオスカー・ハマースタイン二世と初めて組んだ『オクラホマ！』が、台本ミュージカルの新たな地平を切り開いたとされる。しかし、『オクラホマ！』は突然変異的に現れたのではなく、『ショー・ボート』以降の一九三〇年代の蓄積や、四〇年代に入ってからの『友人ジョーイ』や『暗闇の女』の延長線上にあることは間違いない。それでは、なぜ『オクラホマ！』が台本ミュージカルの出発点として語られるかというと、興行的にヒットして二二一二回の続演記録を打ち立てたからだ。

一九二〇年代の『ショー・ボート』は五七二回で当時としては立派だが、一番のヒット作だったオペレッタ『学生王子』（一九二四）は六〇八回だから、それに次ぐ記録で突出してはいない。ちなみに、二〇年代に続演回数が五〇〇回を超えたのは一二作品だ。つまり、毎年一本は五〇〇回を超えていたことになる。しかし、三〇年代に入ると観客が減ったこともあり、五〇〇回を超えたのは三作で、レヴューの『ヘルツァポピン』と『ピンと針』だけが一〇〇〇回を超えている。

一九四〇年代には四作品が一〇〇〇回を超えたが、二〇〇〇回を超える続演を記録したミュージカルは『オクラホマ！』しかなかった。『オクラホマ！』の続演記録は、一九五六年初演の『マイ・フェア・レディ』が二七一七回の記録を打ち立てるまで、破られることはなかった。

『オクラホマ！』が二二一二回の続演を達成できたのは、単に作品が優れていただけでなく、観客が増えたことも大きい。この作品は一九四三年に始まり一九四八年まで続いたが、四五年に第二次世界大戦が終了したので、アメリカ社会も落ち着きを取り戻し、人々の移動も増えて、ブロードウェイの新たな観客となった。不況の三〇年代やその後の戦争中には、気楽なレヴュー作品が好まれたが、ブロードウェイのコアな観客はもっと洗練された風刺喜劇を好んだ。しかし、演劇に接することの少なかった観客は、都会的で洗練された作品には親しみが持てなかった。その点で『オクラホマ！』は田舎の農民や牧童を題材としており、それまでブロードウェイ作品に接することの少なかった新しい観客を開拓することができた。観客層の拡大には、先に述べたように、オリジナル・キャスト盤レコードの発売も大いに役立った。

『オクラホマ！』が台本ミュージカルの流れを作ると、それに倣って、よく練られた作品が登場するようになる。ロジャースとハマースタイン二世は、『回転木馬』（一九四五）と『南太平洋』（一九四九）を四〇年代に書くが、ロジャース以外の台本ミュージカルとして、アーヴィング・バーリンの『アニーよ銃を取れ』（一九四六）、バートン・レインの『フィニアンの虹』（一九四七）、フレドリク・ロウの『ブリガドゥーン』（一九四七）、コール・ポーターの『キス・ミー・ケイト』

（一九四八）、ジュール・スタインの『紳士は金髪がお好き』（一九四九）などが続いた。そのほかでは、クラシックの曲を使ったオペレッタ的な『ノールウェイの歌』（一九四四）や、フランク・レッサーの『チャーリーはどこだ』（一九四八）などがヒットしている。

演劇賞の始まり

新しい観客層を広げた要素としては、演劇賞が創設されたこともある。演劇作品に付与される賞としては、一九一七年に創設された「ピュリッツァー賞」もあったが、これは主にジャーナリズムを表彰の対象とした賞なので、演劇作品は毎年一つしか選ばれない。ミュージカルで最初に受賞したのは、『君がため我は歌わん』（一九三一）で、その後は一九五〇年の『南太平洋』まで飛ぶので、ミュージカルの観客を増やすという役割は負わなかった。

一九四四年に「ドナルドソン賞」が創設されると、演劇、ミュージカル、演技、衣装、美術などの部門ごとに優れた作品を表彰するようになり、ブロードウェイの知名度を上げる役割を果たした。ドナルドソン賞は四三～四四年のシーズンからを表彰の対象としたため、四二～四三年シーズンの終わりに初演された『オクラホマ！』は対象から外れ、第一回の受賞作品は『カルメン・ジョーンズ』（一九四三）となった。ドナルドソン賞は約十年間続くが、現在まで続くトニー賞が一九四七年に始まったため、それに吸収される形で終了した。

こうした賞は、当該分野が社会的な認知を受け、優れた作品を生み出すようになったことを契機に始まることが多い。映画のアカデミー賞は、無声映画からトーキーに切り替わろうとする一九二九年に創設されて、映画の大衆的な普及に大きな役割を果たした。テレビで有名なエミー賞の創設は一九四九年で、全米で大人気となった日曜夜の人気番組『エド・サリヴァン・ショー』が一九四八年六月に放送開始されたのと対応している。音楽のグラミー賞は、ＬＰレコードがステレオ化された直後の一九五九年に開始されている。

こうしたことからわかるように、一九四三年の『オクラホマ！』による台本ミュージカルの成功は、ほぼ同時期に演劇賞が始まったことや、オリジナル・キャスト盤が発売されたことと合わせて、ブロードウェイの演劇を地域的な芸能から、アメリカ全土の芸能へと変貌させて、観客層を広げることに役立った。

トニー賞は、当初ホテルの宴会場で授賞式が行われていたが、一九六七年からは劇場で授賞式を行い、受賞候補に挙がったミュージカルのナンバーをアトラクションとして見せ、それを全米にテレビ中継するようにしたために、さらに知名度が上がり、ブロードウェイ・ミュージカルへの関心も広がった。

台本ミュージカルの踊り

『オクラホマ！』は、物語によって台本と歌を統合したが、さらに「踊り」を統合したことでも重要だ。『オクラホマ！』の中では、主人公ロリーの心の迷いが「夢」の中のバレエとして展開される。それまでのミュージカルの踊りは、主に観客を楽しませるために挿入されてきたので、踊りで物語るのではなく、踊りそのものの面白さを見せる、あるいは超人的な芸を見せるものだった。それがロリーの踊りでは、夢の場面として物語に統合された。

物語中の「夢」の場面というのは便利で、物語の枠組みを逸脱せずに自由な場面設定が可能となるため、古典的なバレエの『くるみ割り人形』や『バヤデルカ』、『ライモンダ』などでも使われている。それと同じ手法が『オクラホマ！』にも取り入れられた。この作品の振付を担当したのはクラシック・バレエ出身のアグネス・デ・ミル（一九〇五～九三）で、彼女の代表的なバレエ作品『ロデオ』（一九四二）の翌年に『オクラホマ！』を振付けた。この振付は、舞台とは若干違うが映画にも収録されたので、今でも観ることができる。

デ・ミルは、『オクラホマ！』に続いて、『ブルーマ・ガール』（一九四四）でもバレエを振付けた。二幕後半の南北戦争へ出た夫や恋人を待つ女たちのバレエでは、見事な心理描写を見せる。この踊りは、抜粋ではあるがテレビ放映されたキネコ映像に残されている。翌四五年のロジャースとハマースタイン二世の『回転木馬』でも、デ・ミルはバレエ場面を担当した。冒頭のプロローグの遊園地での踊りは情景描写だが、二幕後半のルイーズの踊りでは、ビリーとルイーズの心理を見事に描写している。デ・ミルは、その後も『ブリガドゥーン』（一九四七）などに振付を残したが、物語とバレエの結びつきはだんだんと薄れていった。なお、『回転木馬』と『ブリガドゥーン』の映画版の踊りは舞台版とは別の振付となっているが、『回転木馬』については舞台版が記録目的の映像として残されている。

バレエ振付の伝統

ミュージカルにおける物語と踊りの融合の取り組みは、デ・ミル以前にもあった。ブロードウェイのダンスは、一九一〇年代にキャッスル夫妻が出て新しいステップのブームを巻き起こすまでは、圧倒的にバレエが用いられており、バレエ以外は時たまヴォードヴィル芸人がタップダンスなどで自分の踊りを見せる程度だった。

クラシック・バレエそのものの技術は、十九世紀にはアメリカにも伝わっていたが、優秀なバレエ・ダンサーは時折巡業で来る程度だった。アメリカで優秀なダンサーを育成する活動が始まるのは、第一次世界大戦のためにヨーロッパでの活動が難しくなったバレエ・リュスが、アメリカ巡業してからだ。

バレエ・リュスのスター級のダンサーはもちろんロシアから来たが、コールド・バレエは現地のダンサーを教育して参加させたので、そうした中から後にブロードウェイで活躍する優秀なダンサーも育つ。後の『オン・ザ・タウン』（一九四四）で「ミス地下鉄」を踊った日系ダンサーのソノ・オーサトも、バレエ・リュスに参加していた。

バレエ・リュスのジョージ・バランシンは、ロンドン経由でアメリカに渡り、アメリカ・バレエ学校を創設して、優秀なダンサーを育成しただけでなく、「ニューヨーク・シティ・バレエ」

で現代的なバレエを創作した。彼はブロードウェイでも、主にロジャースとハートの作品で振付を担当した。主な作品として『つま先立ちで』（一九三六）、『戦う子供たち』（一九三七）、『天使と結婚した私』（一九三八）、『シラクサから来た男たち』（一九三八）などがある。

『つま先立ちで』の中には有名なバレエ場面「十番街の殺人」が入っており、劇と踊りの盛り上がりを統一した点で、台本ミュージカルの先駆的な事例を示している。このような一九三〇年代のバランシンの模索的な活動は、四〇年代に入りデ・ミルの振付に結実するが、その伝統はジェローム・ロビンズへ引き継がれる。

振付の発展

ジェローム・ロビンズ（一九一八～九八）はアメリカ生まれのダンサーで、バレエを習ったが、ブロードウェイでもダンサーとしてバランシンの振付で踊った経験がある。その後古典バレエをレパートリーとするアメリカン・バレエ・シアターで踊るが、作曲家バーンスタインと知り合い、共同でアメリカ的な新作バレエ『ファンシー・フリー』（一九四四）を作ることになる。この作品が好評だったため、二人はこれを拡大してミュージカル『オン・ザ・タウン』（一九四四）を作った。

『オン・ザ・タウン』は、バレエ作品に基づいたこともあり、「ミス地下鉄」や「コニー・アイランド」などの素晴らしいバレエが組み込まれた。しかし、バーンスタインとロビンズのコンビは、十数年後の『ウエスト・サイド物語』（一九五七）において、踊りと物語の真の統合を実現させる。『ウエスト・サイド物語』は、全編に踊りがちりばめられただけでなく、踊りで物語を進行させている。これは物語バレエと台本ミュージカルの素晴らしい統合であり、これ以上の作品はいまだ現れていない。ロビンズは、映画版の振付も手掛けており、舞台版と同じではないが、映画版を見れば振付の内容を知ることができる。

ロビンズは、ほかのミュージカル作品も多く手掛けた。主な作品を挙げると『ハイ・ボタン・シューズ』（一九四七）、『王様と私』（一九五一）、『パジャマ・ゲーム』（一九五四）、『ベルが鳴っています』（一九五六）、『ジプシー』（一九五九）、『ファニー・ガール』（一九六四）、『屋根の上のヴァイオリン弾き』（一九六四）があり、台本ミュージカル全盛期の踊りを支えた。

ロビンズの振付は、映画版『王様と私』の「アンクル・トムの小屋」や、映画版『パジャマ・ゲーム』の「スチーム・ヒート」で、舞台版とほぼ同じに残されている。『ジプシー』に関しては、映画版よりもテレビ版（一九九三）の方がオリジナルに近い振付となっている。また、古い作品も含めて復活された振付が、『ジェローム・ロビンズのブロードウェイ』（一九八九）として上演された。

台本ミュージカルの衰退とともに、ロビンズはミュージカルの振付からは引退して、一九七〇年代には、バランシンの後を継いでニューヨーク・シティ・バレエのバレエ・マスターとして活躍したが、一九九八年に亡くなった。『パジャマ・ゲーム』と『ベルが鳴っています』では、ボブ・フォッシーがロビンズと共同作業をしており、ロビンズの伝統はフォッシーが引き継ぐ形となった。

振付の保存

演劇であれば台本により、音楽であれば楽譜によって作者の創作活動は記録として残るが、踊りの場合には、オリジナルの振付を後世に残すのは、振付家やダンサーの記憶に頼ることが多く、舞踊譜はなかなか残らない。しかし、『ウエスト・サイド物語』をロビンズの振付を抜きに考えることは難しいのではなかろうか。実際に、ロビンズは振付の記録を残す重要性を認識していて、ニューヨーク市立図書館に、生前から資金援助をしていた。亡くなった時には、ダンス関係の多量の資料や録音、録画資料を寄贈しただけでなく、ダンス振興やダンサー支援を目的としたジェローム・ロビンズ財団からの資金援助を遺言したので、その意を汲んで市立図書館には、「ジェローム・ロビンズ・ダンス部門」という特別フロアが設けられている。

ミュージカルの振付は、長い間、演出と同じように受け止められてきた。台本、音楽、装置、衣装などは、いずれもオリジナルの著作物が残るし、それを再現することも可能だ。さらに、LPレコード以降になると、オリジナルの歌手の歌声も聞くことができる。しかし、振付は映画やビデオなどに収録されない限り、公演の終了とともに消え去ってしまう可能性が高い。そうなると、観逃した作品の振付は想像するしかない。運よく観ることのできた作品でも、時間とともに人は忘れてしまう。そこで、再演時には、新たに演出し直すのと同じように、踊りも新たに振付けられる。

しかし、作品に踊りが統合された台本ミュージカルでは困ったことが起きやすい。初演の振付家が存命で、その許諾の下に助手などが初演の振付を再現できれば問題はないが、権利関係が不明確なまま初演の振付を再現したならば、「盗作」ではないかとの疑念が生じる。再現しようにも、舞踊譜、映像資料などの手掛かりもなく、再現不可能という場合も多い。そのため、再演の振付家は、初演時のイメージを崩さないように考慮しつつ、新たな振付を行うことになる。この踊りが、物語の中核をなす台本と密接であればあるほど、新たに振付けられた作品は、初演とは別の作品となってしまう。『ウエスト・サイド物語』などは、ロビンズの振付があまりにも強烈な印象として残っているため、再演時にも、それを根底から覆《くつがえ》す振付の採用は難しい。

こうした事情は、バレエの世界に少し似ている。我々は今でも十九世紀に振付けられたプティパの名作を繰り返し観ているが、多くの場合は、プティパのオリジナルの振付を考慮しつつ、改変が加えられて再構成された作品だ。踊りの世界では、振付をオリジナルのまま保存することは、映像記録が発達するまでは難しかったのだ。

振付と著作権

ミュージカルやショーの世界でも、自らの踊りを著作権で守ろうと努力した先達はいた。モダンダンスの創始者ともいわれるロイ・フラーは、十九世紀末に自ら考えた「蛇行（サーペンタイン）ダンス」が、多くのダンサーによって模倣されたので、著作権を獲得して模倣を防ぎたいと考えた。しかし、当時のアメリカの著作権法は、振付を保護の対象としていなかった。

アメリカの著作権法は一七九〇年に発効したが、最初は地図、書籍、図表類しか対象としていなかった。音楽的な作曲は一八三一年、写真は一八六五年、絵画、素描、彫刻は一八七〇年に対象となったが、十九世紀末の時点で、振付は対象となっていなかった。

ロイ・フラーは、「蛇行ダンス」を模倣しているとして、ダンサーのミニー・ベミスを訴えた。フラーは、振付の著作権登録が認められないので、踊りを「演劇的な構成」として登録しようと試みた。そのため、マジソン・スクウェア・ガーデンでの公演における彼女の踊りを詳細に記録して著作権事務所に登録申請したが、「物語性がなく、ドラマとしての構成に欠けるので、著作権の対象とならない」として退けられた。著作権登録が認められなかったため、フラーは振付での権利登録を諦めて、電気照明を使った舞台装置の特許をヨーロッパで取得した。

ミュージカルの振付が著作権申請して認められたのは、一九五〇年代になってからだ。『キス・ミー・ケイト』（一九四八）の振付を担当したヘーニャ・ホームは、その振付の詳細をラバノーテーション（ラバン式の舞踊譜）に記録し、一九五二年に演劇作品として著作権事務所に申請して、受理された。舞踊譜が著作権事務所で受理されたのは、これが最初となった。何らかの方法で踊りを固定化しないと著作権に馴染まないというのが、事務所の考え方だった。

これは演劇的な作品として受理されたわけだが、振付そのものを著作権の対象とすべきだという意見も強かった。アグネス・デ・ミルは、一九五九年の著作権事務所のヒアリングに対して、「振付は、ドラマとも物語とも異なる、まったく別の芸術だ」と主張した。確かに、ジョージ・バランシンのバレエ作品には物語のないものが多い。

そうしたことから一九七六年に著作権法が改正され、一九七八年からは、目に見える形で振付を記録し著作権表示すれば、「振付」として著作権が認められるようになった。著作権の対象となるのは、「独自性を持ち確定された作品」だ。単なる古典バレエの基本ステップではなく、それらを組み合わせた一連の流れなどの独自性が必要とされる。

台本ミュージカルの展開

リチャード・ロジャースとローレンツ・ハートとのコンビは終わったが、『オクラホマ！』の成功により、ロジャースはハートと同い年のオスカー・ハマースタイン二世と組むことになる。ハートと組んでいた時代には、ロジャースが先に曲を書き、ハートが後から詞を付けるスタイルだったが、ハマースタイン二世と組んだ作品では、一転してハマースタインが先に詞を書き、ロジャースが後から曲を付ける形式が多くなった。「詞が先か曲が先か」という問題は台本ミュージカルの成立とも関係している。曲に詞を付ける形だと、楽曲が物語とうまく合致するかどうかが問題となりやすく、作品構成がルーズになる傾向がある。台本ミュージカルでは、物語と音楽を緊密に統合するために、曲よりも先に詞が書かれ、詞の前に台本が書かれるのが一般的となる。そのため、ハート時代よりもハマースタイン二世と組んだ時代の方が、同じロジャース作品でも全体の構成が充実した。

こうしたことから、『オクラホマ！』で成功したロジャースとハマースタイン二世のコンビは、同じ路線を続けてヒット作を連発する。『回転木馬』（一九四五）、実験的な『アレグロ』（一九四七）、『南太平洋』（一九四九）、『王様と私』（一九五一）と立て続けに名作を書いた。実験的な試みを加えたため、五〇年代前半の『私とジュリエット』（一九五三）、『パイプの夢』（一九五五）は低調であったが、ジュリー・アンドリュースを主演にしたテレビ・ミュージカル『シンデレラ』（一九五七）、サンフランシスコの中華街を描く『花太鼓の歌』（一九五八）で完全復活する。『サウンド・オブ・ミュージック』（一九五九）で大ヒットを飛ばすが、ハマースタイン二世が一九六〇年に亡くなり黄金コンビは終了する。二人の作品は、きちんとした台本に歌や踊りを挿入して作品を統合するという、台本ミュージカルの基本形を作り、多くの追随者が現れたため、一九五〇年代と六〇年代前半は台本ミュージカルの全盛期となった。

ハマースタイン二世が亡くなった後のロジャースは、いろいろな作詞家と組んだ。自分で詞も書いた実験作『ノー・ストリングス』（一九六二）とテレビ作品『アンドロクロスとライオン』（一九六七）、ハマースタイン二世の弟子スティーヴン・ソンドハイムの詞による『ワルツが聴こえた？』（一九六五）、マーティン・チャーニンと組んだ『トゥー・バイ・トゥー』（一九七〇）と

『ママの思い出』（一九七九）、シェルドン・ハーニックと組んだ『王様』（一九七六）を残している。

2　一九五〇年代

テレビの普及と映画の大型化

一九五〇年代前半の朝鮮戦争が終了して、第二次世界大戦後の復興が進むと、アメリカは過去に例がないほどの繁栄を謳歌し経済的にも発展して、家庭の娯楽環境も大きく変化する。それはテレビ放送の普及によるところが大きい。映画が大衆娯楽の頂点であった一九三〇年代から五〇年代までは、週末には映画館で新作を観るというのが、平均的な家庭の生活スタイルであった。しかし、テレビが普及して、家庭の居間にテレビが置かれるようになると、週末は一九四八年から始まった『エド・サリヴァン・ショー』（一九四八～七一）を観るようになり、映画館から足が遠のいた。

映画観客の減少に対応して、映画も大きく変化した。テレビでは実現できないような、カラーや大画面を目玉としたのだ。画面が横長となるシネマスコープやヴィスタヴィジョン、シネラマ、七〇ミリ映画などは、全部この時代の産物である。音響の面でも、立体音響と呼ばれたステレオ化、多チャンネル化など、音質の改善が進んだ。立体映画の第一次ブームもこの時代に起きた。

映画界はこうして観客をつなぎとめようとするが、画面の大型化により製作費は高騰して、毎週のプログラム・ピクチャーから、「特作」と呼ばれる製作費の大きな作品に収益を依存するようになり、安定した産業からリスクの大きな産業へと変化した。つまり、ヒットすれば大きな利益が得られるものの、観客が入らなければ大きな損失を被るようになったのだ。プログラム・ピクチャーの弱体化に伴い、全米に映画を定期供給していたメジャー系製作会社は空洞化が進み、映画スターの映画製作会社（スタジオ）専属制に綻《ほころ》びが生じた。

さらに映画界を襲ったのは赤狩りの波だった。これは、中国において共産主義革命が成立したことと、第二次世界大戦中にドイツと対抗するためにソ連とも手を組み、共産主義に寛容な政策を取ったために、アメリカ国内で共産主義が広まったことへの反動で、共産主義者がハリウッド映画を使ってプロパガンダを行っているという批判の下に、多くの映画人が追放された。

こうした赤狩りの影響はブロードウェイにも及び、名指しされたベルトルト・ブレヒトはドイツへ逃げ戻り、振付家ジェローム・ロビンズは共産党に友好的だった人物の名前を挙げたことを批判されて、ブロードウェイでは一九六〇年代までしこりが残った。

一九五〇年代のミュージカル

一九五〇年代に入ると、ブロードウェイのミュージカルは一九四〇年代に確立された台本ミュージカルが黄金期を迎えて、ヒット作を続出するようになる。続演回数が一〇〇〇回を超える作品は五〇年代に七本あり、四〇年代から倍増した。こうした台本ミュージカル人気のために、四〇年代まではヒット作品の三分の一程度を占めていたレヴューの人気は低下して、公演数を大きく減少させた。一九五〇年代のヒット作品ベストテンは、以下のとおりすべて台本ミュージカルとなった。

『マイ・フェア・レディ』（一九五六）二七一七回　ラーナーとロウ
『サウンド・オブ・ミュージック』（一九五九）一四四三回　ロジャースとハマースタイン二世
『ミュージック・マン』（一九五七）一三七五回　メルディス・ウィルソン
『王様と私』（一九五一）一二四六回　ロジャースとハマースタイン二世
『野郎どもと女たち』（一九五〇）一二〇〇回　フランク・レッサー
『パジャマ・ゲーム』（一九五四）一〇六三回　アドラーとロス
『くたばれヤンキース』（一九五五）一〇一九回　アドラーとロス
『ベルが鳴っています』（一九五六）九二四回　ジュール・スタイン
『カン・カン』（一九五三）八九二回　コール・ポーター
『ファニー』（一九五四）八八八回　ハロルド・ローム

作曲家も、従来のロジャースやバーリン、ポーターだけでなく、フレドリク・ロウ、メルディス・ウィルソン、フランク・レッサー、リチャード・アドラーとジェリー・ロス、ジュール・スタイン、ハロルド・ロームなど、その後の台本ミュージカルを支える人材が登場している。あまりにもヒット作が多いので、レッサーの野心作『一番幸せな奴』（一九五六）、バーンスタインの代表作『ウエスト・サイド物語』（一九五七）、数多く再演されたスタインの『ジプシー』（一九五九）なども、ベストテンから外れている。

台本ミュージカルでは、よく練られた台本に基づき、ドラマを盛り上げる形で歌や踊りが挿入された。こうした作業は、台本作者だけでなく、作詞家、作曲家、編曲、美術、衣装、振付、演出を担当する多くのスタッフの共同作業となるため、スタッフを束ねて一つの作品を作り上げる、まとめ役が重要となった。

どんなチームを作るのかというスタッフの選定は主に製作者が行うが、作品の取りまとめでは、演出家の役割が次第に増加していった。演出家がスタッフをまとめ、作品全体のバランスを考えて、修正、改善を指示するようになったのだ。演出家ジョージ・アボットは、こうした状況の中で頭角を現し、ミュージカル演出の基礎を築いた。

ジョージ・アボット（一八八七〜一九九五）は、ハーヴァード大学で演劇を学んだあと、俳優として舞台人生を始めたが、二〇年代中頃から劇作や演出を行うようになり、その後五〇年にわたり演出家として活躍した。ミュージカルの演出は『ジャンボ』（一九三五）が最初で、当初はロジャースとハートの作品を主に演出した。四〇年代になるとバーンスタインとジェローム・ロビンズが組んだ『オン・ザ・タウン』（一九四四）の演出がきっかけとなり、ロビンズが振付けたダンス入りの作品を多く演出し、ミュージカルにおいて台本と音楽、踊りを統合する演出法を完成させた。アボットはストレート・プレイ（歌を伴わない純台詞劇）から出発したので、ミュージカルの演出でもプロットを土台にして、音楽や踊りを整然と取り入れた。この演出法は芝居の内容がわかりやすいと観客に好評で、「アボット・タッチ」の演出と呼ばれた。彼は長年にわたり活躍して多くのメンバーと共同作業をしたことから、彼の作風はハロルド・プリンス、ボブ・フォッシー、マイケル・ベネットなど、多くの演出家や振付家に影響を与えた。

新しい作曲家

ロジャースとハマースタイン二世が『オクラホマ！』で台本ミュージカルを確立すると、多くの追随者が登場した。一九二〇年代から三〇年代にかけて活躍したのは、いわゆる流行歌作曲者が多かったが、台本ミュージカルに取り組んだのは様々な背景を持つ多様な人材だった。その多くは一九〇〇年から一九二〇年頃までに生まれた世代で、物心ついた頃からアメリカ的なレヴューやミュージカルを観て育った世代だ。

一九三〇年代以降、ジャズの世界ではビッグバンドが登場して、金管楽器の賑やかな音が流行したので、ミュージカルの世界でも五〇年代に活躍した作曲家は、金管楽器の音色を前面に打ち出した。例えば、メルディス・ウィルソンでは『ミュージック・マン』の中の「七十六本のトロンボーン」、ジュール・スタインの『ジプシー』の序曲、レナード・バーンスタインの『ウエスト・サイド物語』の「体育館のダンス」などを聴くと、金管楽器が前面に出た様子がよくわかる。このように、一九五〇年代の台本ミュージカルは、音楽的には四〇年代と異なる響きだった。

子供時代からフルートを習っていたメルディス・ウィルソン（一九〇二〜八四）は、一九二〇年代にはニューヨーク・フィルでも吹いたが、三〇年代に入ると放送局の音楽監督となり、作曲にも手を染める。映画『チャップリンの独裁者』（一九四〇）の音楽を担当したことから、ポピュラー音楽も手掛けるようになり、第二次世界大戦中は陸軍のラジオで音楽番組の製作を行った。終戦後に除隊して、本格的にミュージカルを書きたいと考え、自分の故郷アイオワ州での思い出を込めて『ミュージック・マン』（一九五七）を書くと、これが大ヒットした。その後は、『不沈のモリー・ブラウン』（一九六〇）、映画『三十四丁目の奇蹟』のミュージカル版『ここに愛あり』（一九六三）などを書いた。『ミュージック・マン』の冒頭の曲は、ラップの元祖ともいえる曲で、当時の観客を驚かせた。

ラーナーとロウは、一九五〇年代に最もヒットした『マイ・フェア・レディ』を書いたコンビだ。アラン・J・ラーナー（一九一八〜八六）はニューヨーク生まれの作詞・脚本家で、フレドリク・ロウ（一九〇四〜八八）はドイツ生まれの作曲家。ロウはドイツでオペレッタを聴いて育ったので、二人の作品には、どこか古きよき時代のオペレッタのムードが漂う。ロウは二四年に渡米したが、当初は曲を書くチャンスに恵まれず、四二年にラーナーと組んでから芽が出る。

『春待つ日』（一九四五）、『ブリガドゥーン』（一九四七）、『馬車を彩れ』（一九五一）の後に、それまでの続演記録を大きく塗り替えた名作『マイ・フェア・レディ』（一九五六）を発表、MGM最後のミュージカル映画『恋の手ほどき』（一九五八）、舞台に戻り『キャメロット』（一九六〇）もヒットさせた。その後、ロウが引退を宣言するので、ラーナーはバートン・レインと組み『晴れた日に永遠が見える』（一九六五）、アンドレ・プレヴィンと組んで『ココ』（一九六九）、舞台版の『恋の手ほどき』（一九七三）、レナード・バーンスタインと組み『ペンシルバニア街一六〇〇番地』（一九七六）などを書いた。また、五〇年代のハリウッドでも『恋愛準決勝戦』（一九五一）、『巴里のアメリカ人』（一九五一）の脚本も書いている。

ブロードウェイで活躍する作曲家は、ハリウッドでも曲を書くことはあったが、逆にハリウッドで名を成してからブロードウェイ作品を書くようになる作曲家はほとんどいなかった。しかし、トーキー映画が誕生してしばらく経つと、映画で経験を積んだ後にブロードウェイで活躍する作曲家も出てきた。ジュール・スタイン（一九〇五～九四）はロンドン生まれだが、八歳の時に一家でアメリカに移住した。クラシックのピアノの名手として期待されたが、本人の興味はポピュラー音楽に向かい、ハリウッドで作曲家となり、三〇年代後半から四〇年代までは、主にB級ハリウッド映画に曲を提供した。ハリウッド時代の有名な作品は、ジーン・ケリーの『錨を上げて』（一九四五）、『ダニー・ケイの牛乳屋』（一九四六）、フランク・シナトラの『下町天国』（一九四七）、ドリス・デイの『洋上のロマンス』（一九四八）など。

ハリウッドでは自分の力を十分に発揮できないと考えたスタインは、ブロードウェイへ出て台本ミュージカル全盛期に名作を書き、自分のスタイルを確立する。代表作には『ハイ・ボタン・シューズ』（一九四七）、『紳士は金髪がお好き』（一九四九）、『ピーター・パン』（一九五四）、『ベルが鳴っています』（一九五六）、『ねえ、ダーリン』（一九五八）、『ジプシー』（一九五九）、『ドレミ』（一九六〇）、『ファニー・ガール』（一九六四）、『シュガー』（一九七二）などがあるが、中でも『ジプシー』は傑作だとされる。ハリウッド映画にも曲は書き続けていて、『愛の泉』（一九五四）の主題歌ではアカデミー主題歌賞を得ている。

ハロルド・ローム（一九〇八〜九三）も作曲家としては変わり種だ。最初は大学で建築を学び建築関係の仕事に就くが、三〇年代の不況の中で、曲を書いた方が儲かることを知り、作詞・作曲家に転向した。最初はサマー・キャンプのショー向けに曲を書くが、国際婦人服労働組合に頼まれて労働組合の自主製作のショー『ピンと針』（一九三七）に曲を提供する。この作品は旧プリンセス劇場を改装した小さな劇場ではあったが、一一〇八回という一九三〇年代では二番目の続演を記録した。その後も『ミスターで呼んで』（一九四六）など、何本か風刺的レヴュー作品を手掛けて、五〇年代に入ると台本ミュージカルに転向した。『君がここにいてくれたら』（一九五二）、『ファニー』（一九五四）、『デストリー再び乗り出す』（一九五九）、六〇年代以降は、バーブラ・ストライザンドの『あなたには卸値で』（一九六二）、日本で東宝が製作した『スカーレット』（一九七〇）などを書いている。

レナード・バーンスタイン（一九一八〜九〇）は指揮者として有名だが、四〇年代から五〇年代にかけてミュージカルやオペレッタも書いた。若い時からピアノが好きで、オペラでも流行歌でも妹と一緒に家でピアノを弾きながら歌っていた。クラシック音楽の作曲を手掛けていたが、ジェローム・ロビンズと知り合い、三人の水兵のニューヨーク休暇を描くバレエ『ファンシー・フリー』（一九四四）の音楽を書いたことがきっかけとなり、そのミュージカル版『オン・ザ・タウン』（一九四四）を作曲する。これで勢いづき、『素敵な街』（一九五三）、コミック・オペラの『キャンディード』（一九五六）、再びロビンズのバレエを全面的に入れた『ウエスト・サイド物語』（一九五七）を書いた。このほかにも一幕物のオペラ『タヒチ島の出来事』（一九五二）、失敗作の『ペンシルバニア街一六〇〇番地』（一九七六）などがある。

フランク・レッサー（一九一〇〜六九）は作詞と作曲の両方をこなし、舞台と映画の両方で活躍、さらに楽譜出版社を経営して後進の作曲家を育てるなど、幅広い活躍をした人物だ。音楽一家に生まれるが、正式な音楽教育は受けずに、いろいろな職業を経験した後、ハリウッドで作詞を手掛ける。第二次世界大戦中に書いた曲がヒットしたので、作曲にも手を出し、ミュージカルの『チャーリーはどこだ』（一九四八）でデビュー。『野郎どもと女たち』（一九五〇）で新風を吹き込み、『一番幸せな奴』（一九五六）ではオペラ的手法をミュージカルに持ち込んだ。『緑の柳』（一九六〇）、『努力しないで出世する方法』（一九六一）なども書いている。ハリウッドでも、エスター・ウィリアムスの『水着の女王』（一九四九）、アステアとベティ・ハットンが共演した

『レッツ・ダンス』（一九五〇）、ダニー・ケイの『アンデルセン物語』（一九五二）などに曲を書いた。

アドラーとロスは、二人で詞も曲も共同で書くというコンビ。リチャード・アドラー（一九二一〜二〇一二）は、第二次世界大戦中は海軍に入隊していたが、復員後にジェリー・ロス（一九二六〜五五）と組んで曲を書くようになった。二人はフランク・レッサーに見出されて、『ジョン・マリ・アンダソンの年鑑』（一九五三）で認められ、『パジャマ・ゲーム』（一九五四）、『くたばれヤンキース』（一九五五）と二本の名作を書くが、残念なことに五五年にロスが亡くなり、その後はアドラーも活躍できなかった。作品数は少ないものの、この二作品は今でも台本ミュージカルの傑作として残っている。

3　一九六〇年代前半

東西冷戦からヴェトナム戦争へ

第二次世界大戦後、アメリカとソ連の間で冷戦状態が続いていたが、一九五三年にスターリンが死去すると、ソ連のフルシチョフ首相はアメリカとの接近を試みて文化交流を始める。ガリーナ・ウラノワの出演したバレエ映画『ロメオとジュリエット物語』（一九五五）が西側諸国でも公開され、一九五六年にはボリショイ・バレエ団がロンドンなどで公演した。イギリスのロイヤル・バレエ団が「王立」となったのも一九五六年だ。

フルシチョフは、続いて一九五七年にスターリン批判の報告を行い、世界で初めての人工衛星を打ち上げ、ソ連の優位性を誇示した。さらに、一九五九年には夫人を伴って訪米し、親米ムードを演出した。東西間の雪解けが進むかと思えたが、一九六〇年にアメリカのU2偵察機が、ソ連の新型ミサイルにより成層圏で撃墜される事件が起きる。そのために両国間の友好ムードは吹き飛び、一九六一年にはベルリンで東西間を分ける「壁」が作られた。

アメリカでは一九六一年にケネディが大統領に就任し、国民に希望を抱かせ、ソ連に対抗して一九六〇年代末までに人類を月に送るアポロ計画などを発表する。しかし、一九五九年に革命が起きたキューバで、ソ連が核ミサイルを配備しようとしていることが発覚して、一九六二年にキューバ危機が起きる。こうした東西対立と共産主義への不安感から、フランス撤退後のヴェトナムに共産主義政権が誕生すると、ドミノ倒しのようにどんどんと共産主義が広がるという「ドミノ理論」が唱えられて、アメリカは一九六二年頃からヴェトナムに本格介入し始める。

一九六三年に、ケネディ大統領は遊説先のダラスで暗殺され、初めて行われた日米間のテレビ中継で、最初のニュースとしてそれが伝えられた。ケネディの後は、副大統領だったジョンソンがそのまま大統領となり一九六九年一月まで大統領を務めるが、その間に、ヴェトナム戦争は拡大して泥沼化してしまう。結局、アメリカは一九六九年に大統領となったニクソンの下で、キッシンジャーが中国と手を結び、一九七二年にニクソンが訪中する。中国との関係を正常化した後で、アメリカは一九七三年に逃げるようにヴェトナムから撤退した。この六〇年代を通じて関わったヴェトナム戦争で、勝利することなく撤退したアメリカは、深い挫折感を味わい、戦争の意味を総括できないままに、社会的に大きなトラウマを残した。

この深い挫折感によりアメリカの社会や文化は大きく変化した。大学生や若者の間では、平和を求める運動が広まり、既存の権威的な体制や価値観を否定して、新しい文化を作ろうとする気運が広まった。物質的な豊かさよりも、精神的な豊かさや、平安な世を求めて、新しい宗教活動なども盛んになった。若者たちは、そうした運動を実践し、ヒッピーに代表されるカウンター・カルチャーを作り始めた。

既存の秩序を見直して、あるべき秩序を取り戻そうというこうした動きは、マイノリティの権利を求める運動とも結びつき、黒人の権利を求める公民権運動も活発化した。リンカーンの奴隷解放宣言の一〇〇周年を記念して、一九六三年に「ワシントン大行進」集会が開催され、キング牧師の有名な演説が行われる。その結果一九六四年に公民権法が成立して、キング牧師にはノーベル平和賞が贈られた。

ポピュラー音楽の変化

一九六〇年代のアメリカでは、人口に占める一五～二九歳の若者比率が三割を超え、若者主導による文化変化も起きた。若者たちのエネルギーは既存のアメリカ文化を打ち砕き、服装はニート（こぎれいで端正）からラフ（形式ばらずにくだけた）へ、美術は前衛からポップへ、音楽はポップスからロックへ、映画は崩壊したスタジオ・システムに代わり『俺たちに明日はない』（一九六七）や『卒業』（一九六七）から始まる一連のアメリカン・ニューシネマ（ニュー・ハリウッド）へと変わった。

ポピュラー音楽の変化も劇的だった。アメリカのポピュラー音楽や流行歌は、一九二〇〜三〇年代にはジャズと一緒に発展してきた。しかし、一九三〇年代のビッグバンドを中心とするスウィング・ジャズから、一九四〇年代のビバップに移り、ディジー・ガレスピー、チャーリー・パーカー、セルニアス・モンク、マイルス・デイヴィスなどが、複雑な和声進行を用いて個人の内面表現などを盛り込みだすと、流行歌の世界とは相容れなくなってしまう。そのため、大衆的な音楽は、流行歌のポップスと、アートを追求するモダンジャズとに分離してしまう。クラシック音楽では、十九世紀後半の後期ロマン派音楽の興隆が、娯楽としての音楽と芸術音楽との分離をもたらしたが、それと同じような現象が、一九四〇〜五〇年代のアメリカのポピュラー音楽界でも生じた。

ジャズの「高度化」に取り残された一般大衆は、ポップスの「新古典派」としてのロック・ミュージックを登場させた。ロックンロールは和声進行を単純化し、リズムを強調した音楽として、一九五〇年代中頃に登場する。ロックンロールでは、ピアノではなくギターが主要な楽器として使われたため、一九六〇年代になると、若者たちはピアノよりもギターを弾くようになった。ロックンロールは、アメリカではエルヴィス・プレスリー、イギリスではビートルズという大スターを生み出し、世界中に一挙に広まった。プレスリーも、デビュー当時はアコースティックギターを弾いていたが、一九六〇年代にエレキギターが普及すると、ロック・ミュージックは大音響を響かせるようになり、音楽の様相を変えた。

ブロードウェイの観客は保守的な中年層が多かったので、一九六〇年代の前半まではミュージカルにロック・ミュージックは入らなかったが、一九六〇年代後半になると大きな影響を受けることになる。

一九六〇年代前半のヒット作品

一九六〇年代の前半に台本ミュージカルは頂点を極める。それまでの最長続演記録は『マイ・フェア・レディ』の二七一七回だったが、一九六四年に初演されたジェリー・ボックの『屋根の上のヴァイオリン弾き』と、ジェリー・ハーマンの『ハロー、ドリー！』の二作品が、記録を更新するヒットとなった。特に『屋根』は三〇〇〇回を超えた。一〇〇〇回超えの作品も六〇年代前半だけで五作品であり、六〇年代全体では一〇作品と五〇年代を超えた。

一九六〇年代前半の主な作品では、ジェリー・ハーマンの『メイム』（一九六〇）が一五〇八回、ラーナーとロウの『キャメロット』（一九六〇）が八七三回、フランク・レッサーの『努力しないで出世する方法』（一九六二）が一四一七回、スティーヴン・ソンドハイムの『ローマで起こった奇妙な出来事』（一九六二）が九六四回、ジュール・スタインの『ファニー・ガール』（一九六四）が一三四八回など、典型的な台本ミュージカルがヒットした。

イギリス製ミュージカルの流入

ロンドンの演劇界は、ジョン・オズボーンが『怒りを込めて振り返れ』（一九五六）を発表して以来、「怒れる若者たち」（アングリー・ヤングメン）世代が台頭してにわかに活気づく。この新しい世代は、五〇年代後半から六〇年代にかけて実験精神に富んだ演劇や、質の高い娯楽を生み出した。これに目を付けたのがブロードウェイの敏腕製作者デイヴィッド・メリクだ。メリクは五〇年代半ばから、ブロードウェイで多くのミュージカルや演劇を製作したが、同時にロンドンの優れたミュージカルや演劇を積極的にブロードウェイに紹介し、それは六〇年代半ばまで続いた。

当時のブロードウェイのヒット作は、大半がロンドンでも上演されたが、ロンドンのヒット作がブロードウェイで上演されるとは限らなかった。『チャーリー・ガール』（一九六五）は、ロンドンでは二二〇二回の続演を記録したが、ブロードウェイでは上演されなかった。それでも時折、ロンドン作品がブロードウェイでも上演された。五〇年代半ばには、サンディ・ウィルソンの『ボーイ・フレンド』（一九五四）が上演されて四八五回の続演を記録している。ロンドンで主演したジュリー・アンドリュースが、そのままブロードウェイでも演じたことがヒットにも寄与した。

しかし、一九五〇年代末になると、アメリカとは一味異なった作品を、メリクが輸入上演し始める。最初はイギリスのレヴュー作品『叔母さんの羽根』（一九五八）で、続いてフランス製『やさしいイルマ』（一九六〇）のロンドン版が、ブロードウェイでも五二四回の続演となった。この作品は一九五六年にパリで初演され、五八年にロンドンでも上演された作品だ。メリクは、イギリス作品をどんどん輸入し、『地球を止めろ／俺は降りたい』（一九六二）、『オリヴァー！』（一九六三）、『おお、素晴らしき戦争！』（一九六四）、『ピクウィック』（一九六五）などを上演した。この中で、アンソニー・ニューリーの『地球を止めろ／俺は降りたい』は、簡素な舞台でエピソードの積み重ねにより人の一生を描き、「コンセプト・ミュージカル」を先取りしたような作品だった。ニューリーの手法は独特で、その後ブロードウェイで『ドーランの叫び／観客の匂い』（一九六五）を発表し、強い印象を残した。

メリク以外の製作でも、六〇年代にはノエル・カワードの『出港』（一九六一）や『夕食に来た娘』（一九六三）、レヴュー作品の『周辺地区を越えて』（一九六二）、トミー・スティールを売り出した『心を繋ぐ六ペンス』（一九六五）などが上演されて、イギリスの存在感を示した。イギリスからの流入は、六〇年代後半になると下火となるが、七〇年代に入ると、アンドリュー・ロイド・ウェバーの登場により、以前にも増してロンドン製ミュージカルがブロードウェイを席巻するようになる。

台本ミュージカルを支えた作曲家

前述のように、一九六〇年代前半には五〇年代最大のヒット作だった『マイ・フェア・レディ』の続演記録を超える二作品が登場した。『屋根の上のヴァイオリン弾き』と『ハロー、ドリー！』だが、これらの作品を書いたのは、いずれも一九三〇年前後に生まれた世代であり、台本ミュージカルを観て育った世代だった。この世代の作曲家たちは、一九八〇年頃まで作品を書き続ける。作品のスタイルは時代に合わせて多少修正されたが、基本的には黄金期の台本ミュージカルのスタイルを維持しており、古いファンを喜ばせた。

ボックとハーニックは、『屋根の上のヴァイオリン弾き』を書いたコンビだ。ジェリー・ボック（一九二八～二〇一〇）はコネチカット生まれの作曲家で、『ミスター・ワンダフル』（一九五六）などを書いていた。シェルドン・ハーニック（一九二四～　）はシカゴ生まれの作詞・作曲家で、五〇年代前半にレヴュー向けの曲を書いていたが、作詞に専念することにしてボックと組み、五〇年代末から二人で作品を書き始める。『ボディ・ビューティフル』（一九五八）の後、『フィオレロ！』（一九五九）でピュリッツァー賞を受賞し、傑作『シー・ラヴズ・ミー』（一九六三）と、『屋根の上のヴァイオリン弾き』（一九六四）を書いた。その後も『リンゴの木』（一九六六）、『ロスチャイルド家』（一九七〇）を発表するが、コンビはここで解消してしまい、ハーニックはリチャード・ロジャースの『王様』（一九七六）の作詞を担当した。最盛期に書いた『シー・ラヴズ・ミー』と『屋根の上のヴァイオリン弾き』は、曲が台本と緻密に組み合わされていて、台本ミュージカルの傑作として残っている。

もう一つの大ヒット作『ハロー、ドリー！』を書いたのがハーマンだ。ニューヨーク生まれのジェリー・ハーマン（一九三一～　）は、大学時代から作詞・作曲をしていたが、卒業後は兵役にとられたので、五五年に除隊しナイトクラブでピアノを弾きながら作品を書くチャンスを狙った。ブロードウェイで上演した『ミルクと蜂蜜』（一九六一）が評価され、続いて書いた『ハロー、ドリー！』（一九六四）が、『マイ・フェア・レディ』を破る二八四四回の続演記録を作り、一躍人気者となる。アンジェラ・ランズベリーを主演とした『メイム』（一九六六）、『いとしき世界』（一九六九）、無声映画の世界を描いた『マックとメーベル』（一九七四）、『グランド・ツアー』（一九七九）の後、『ラ・カージュ・オー・フォール』（一九八三）がヒットした。その後は過去の曲を集めた懐古趣味の作品しかない。

そのほかでは、『バイ・バイ・バーディ』のシュトラウスとアダムスも新風を吹き込んだ。チャールズ・シュトラウス（一九二八～　）はニューヨーク生まれで、クラシック音楽を勉強したものの、ポピュラー音楽やジャズが好きで、ショーの作曲家を目指す。リー・アダムス（一九二四～　）はオハイオ州の生まれだが、ニューヨークの大学で学んでいる時にシュトラウスと出会い、作詞家となってコンビを組む。一九五〇年代後半に、二人はベン・バグリーの製作したレヴューに曲を書くがあまりヒットしなかった。二人が評価されたのは『バイ・バイ・バーディ』（一九六〇）で、プレスリーの徴兵騒動を題材として、初めてエレキギターを使ったサウンドを取り入れた。二人はこの後、『ゴールデン・ボーイ』（一九六四）、『鳥だ、飛行機だ、スーパーマンだ』（一九六六）、『アプローズ』（一九七〇）などを書いた。七〇年代に入り二人の活動は低調となるが、シュトラウスは新しい作詞家マーティン・チャーニンと組み、傑作『アニー』（一九七七）を書いた。その後はヒット作品が出ていない。なお、シュトラウスは、映画『ミンスキーの劇場が手入れを受けた夜』（一九六八）の音楽も担当している。

同じ世代でも、一九六〇年代後半から活動を始めたカンダーとエブのコンビは、純粋な台本ミュージカルではなく少し外れた作品を書いた。代表的な『キャバレー』や『シカゴ』は台本ミュージカルの形式を取ってはいるが、演出と振付により、後のコンセプト・ミュージカルに近づいている。ジョン・カンダー（一九二七〜　）はカンザス・シティの出身で、音楽を学びポピュラー音楽の作曲家を目指していた。フレッド・エブ（一九二八〜二〇〇四）はニューヨーク出身の作詞家。二人は一九六〇年代前半には別々に活動していたが、バーブラ・ストライザンドのレコーディングで知り合い、コンビを組むことにする。ライザ・ミネリの『フローラ、赤い脅威』（一九六五）の後、『キャバレー』（一九六六）で新機軸を開く。『ハッピー・タイム』（一九六八）、『ゾルバ』（一九六八）、『七〇、ガールズ、七〇』（一九七一）、『シカゴ』（一九七五）、『ジ・アクト』（一九七七）、『今年の女性』（一九八一）など、台本ミュージカルからコンセプト・ミュージカルへの転換点となるような作品を書いた。

第七章　ロック作品とコンセプト作品（一九六五〜七九）

1　一九六〇年代後半

ヴェトナム戦争とカウンター・カルチャー

一九六〇年代後半のアメリカでは、社会的変化を反映して、若者文化は大きく変わった。長髪のヒッピーが現れて、平和を求めて既存の道徳観にとらわれずに行動するようになり、カウンター・カルチャー（対抗文化）と呼ばれる新しい価値観が出現する。若者は新しい文化に敏感で、一九五〇年代にもビート族と呼ばれる前衛的な人々が主に芸術面で活動していたが、六〇年代のヒッピー文化は、ヴェトナム反戦や、公民権運動、前衛的な芸術活動などと結びついて、既存の権威を否定するような運動となった。

こうした動きは、瞬く間に世界中に広がり、世界中で大学紛争などが多発する事態となった。日本でもこうした運動が盛んになり、大学の封鎖・占拠などにより、一九六九年の東大入試は見送られた。当然、音楽面でも大きな変化が起こった。前衛的となりすぎたジャズに代わり、ロックンロール音楽が若者の人気を集めたのだ。

割れやすくて重たい七八回転のSPレコードに代わり、ビニール製で割れなくなったLPレコードが発売されたのが一九四八年だったが、その後も技術の進歩は続き、一九五七年末にはステレオ・レコードが発売される。そうしたことから、一九五〇年代にはシングル盤と呼ばれる表裏に各一曲を収録したレコードが流行歌の基本であったが、六〇年代に登場したロック・グループは、一つのコンセプト（構想）に基づいた複数の曲をLPレコードに収録したコンセプト・アルバムを発表するようになる。有名なコンセプト・アルバムの出現は、ビートルズの『サージェント・ペパーズ・ロンリー・ハーツ・クラブ・バンド』（一九六七）頃からで、複数の曲を統一したコンセプトで束ねて発表するという形式が、後の「コンセプト・ミュージカル」にも大きく影響する。

社会の大きな変化は、芸術分野にも大きく影響した。時代を先取りする前衛的な芸術家は、五〇年代後半から実験的な活動を試みていたが、六〇年代にはそうした活動が一斉に顕在化した。五〇年代の美術の分野では、ジャクソン・ポロックの「アクション・ペインティング」などの抽象表現絵画などが主流であったが、六〇年代には漫画のような絵を描くリキテンスタインや、マリリン・モンローやキャンベルのスープ缶を描くアンディ・ウォーホルがポップアートというジャンルを切り開いた。音楽ではジョン・ケージが偶然性による「チャンス・ミュージック」などのパフォーマンスを行い、モダンダンスもこれに追随するように偶然性を追求した。

偶然性の追求により「ハプニング」によるパフォーマンスが流行して、日本も含む世界中で、実験的な芸術が試みられた。ニューヨークでもグリニッチヴィレッジやヒューストン通り南のソーホーと呼ばれた倉庫地区にアーティストが集まり、美術、ダンス、音楽、演劇の新しい表現を模索した。演劇公演においても、劇場の枠を乗り越える市街劇などが模索された。

地域劇団の活発化

一九六〇年代の後半になると、六〇年代前半とはムードが変わってくる。一九六五年以降にヒットした作品は、ミッチ・リーの『ラ・マンチャの男』（一九六五）が二三二八回、ジョン・カンダーの『キャバレー』（一九六六）が一一六六回、バート・バカラックの『プロミシズ、プロミシズ』（一九六八）が一二八一回、シャーマン・エドワーズ『一七七六年』（一九六九）が一二一七回となっている。これらの四作品は、いずれも台本ミュージカルとして書かれてはいるが、それまでとは少し変わった作品だった。

『ラ・マンチャの男』はセルバンテスの『ドン・キホーテ』のミュージカル版だが、セルバンテス自身が主人公で、彼が劇中でアロンソ・キハーノとなり、さらにドン・キホーテに変身する複雑な三重構造で作られた哲学的な作品だった。『キャバレー』では、劇中でキャバレーのＭＣ（進行役）が登場するが、このＭＣは、キャバレーだけでなく劇全体のＭＣとして作品を支配した。

『プロミシズ、プロミシズ』は、ビリー・ワイルダーの名作喜劇映画『アパートの鍵貸します』（一九六〇）のミュージカル版で、当時勢いのあったバート・バカラックの曲だが、序曲にスキャットが入った。『一七七六年』は、アメリカの独立宣言を起草したトマス・ジェファーソンを描いており、ブロードウェイの職人ではなく、大学で歴史を学んでから作曲家になったシャーマン・エドワーズが書いた作品だった。

最もヒットした『ラ・マンチャの男』は、最初からブロードウェイ向けに作られたのではなく、グッドスピード・オペラハウスという「ミュージカルの保存と向上」を目的とするNPO法人の製作した作品がブロードウェイに進出したものだった。オペラハウスという名前が付いているが、十九世紀末に地域の商業と銀行で財を成したグッドスピード氏が建てた普通の劇場で、ニューヨークとボストンの中間に位置する田舎町にある。

一九五九年に地元有志が集まり、劇場を改装して古いミュージカルの保存上演や新作の提供を始めることにして、一九六三年から改装した劇場で公演を開始し、現在でも続いている。以前は年間三作品、現在では劇場が二つとなり、七作品程度を上演しているが、旧作と新作の比率は半々だ。旧作は十九世紀末のサヴォイ・オペラから一九六〇年代の作品まで、幅広く取り上げられるが、商業的にはなかなか再演されないような演目も多く、旧作品を観る貴重な機会を提供している。『ラ・マンチャの男』は一九六五年にこの劇場で初演され、オフ・ブロードウェイを経由してブロードウェイに進出した。この劇場では、一九七六年にも『アニー』を製作して、七八年にブロードウェイに進出している。

こうした運動に刺激を受けたのか、ニューヨーク市でもマンハッタン軽オペラ（LOOM）と呼ばれるオペレッタや古いミュージカル作品を上演する活動が一九六〇年代末から始まった。演目はサヴォイ・オペラから始めたが、ヴィクター・ハーバート、シグマンド・ロムバーグ、ルドルフ・フリムルなどのほか、ジョージ・M・コーハンやウィーンのオペレッタ作品も上演した。しかし、財政的には苦労続きで、自前の劇場を維持できずに一九八〇年代末に活動を終了した。

このような、各地域に根差した地域劇団の活動が活発化したのも一九六〇年代の後半からで、商業的なブロードウェイでは難しい実験的な作品や、意欲的な作品がどんどんと生み出されるようになる。トニー賞でもこうした地域劇団活動を振興するため一九七六年から地域劇団賞を設けた。最初に受賞したのはワシントン特別区のアレーナステージの活動だったが、前述のグッドスピード・オペラハウスも一九九五年に受賞している。

一九八〇年代以降のブロードウェイは、台本ミュージカルが下火となり、観光客を狙った安易なショーが増えて、作品を創作する力が低下した。しかし、ダンサーや歌手、俳優などの出演者のレベルは高く維持されているので、地域劇団で優れた作品が登場すると、その作品を持ってブロードウェイに乗り込み、一流の出演者で斬新なショーを提供する動きも多くなってきた。しかし、これらの作品の多くは地域活動に根差したもので、同じスタッフがブロードウェイで継続的に作品を生み出すわけではなく、地域劇団の発表の檜舞台となっているようにも見える。

オフ・ブロードウェイの新しい波

商業演劇を上演するブロードウェイに飽き足りない若者たちは、グリニッチヴィレッジなどにある小劇場で、実験的な演劇を盛んに上演した。大半の作品は低予算の限定公演だったので、ロングラン公演を目指す商業的なブロードウェイ作品とは区別されて、オフ・ブロードウェイ作品と呼ばれた。六〇年代にはそうしたオフ・ブロードウェイでの製作活動が活発になって、次々と新しい作品が登場した。こうした活動は、製作費が高くなりすぎてブロードウェイでは容易に作品を発表できなくなった若者に、発表の場を与えるという役割も果たした。また、注目を浴びた作品は、ブロードウェイ並みに続演するようになる。オフでは規模の小さな劇場で上演されるため、一概に上演回数だけで比較はできないが、オフでの人気を背景に商業的に手を加えてブロードウェイに進出する作品も現れるようになる。

オフでの先駆的な作品となったのは、クルト・ワイルが亡くなった後に未亡人ロッテ・レーニャが演じた『三文オペラ』の再演（一九五四）で、古い映画館を改造した三〇〇席弱のルシル・ローテル劇場で二六一一回の続演を記録した。その後、古いオペレッタから曲を借用して作られた『リトル・メアリー・サンシャイン』（一九五九）が一一四三回の続演を記録して、オフながら、キャピトル・レコードからオリジナル・キャスト盤が発売された。

そうした時代背景の中で、オフ作品としては最もヒットした傑作『ファンタスティックス』（一九六〇）が登場して、四二年間に一万七一六二回という、気の遠くなるような続演を行った。

この作品を書いたのはトム・ジョーンズとハーヴェイ・シュミットのコンビで、小劇場の空間や、ピアノを中心とした伴奏を効果的に使い、想像力により豊かな演劇空間を生み出し、大劇場ではできない小劇場演劇のよさを認識させた。ハーヴェイとシュミットの二人は、実力を付けてブロードウェイにも進出し、『結婚物語』（一九六六）などのヒット作を書くが、二人の持ち味は小劇場にあった。

オフ・ブロードウェイでの公演は、ブロードウェイの俳優組合や音楽家組合の対象外だったので、面倒な制約を受けずにいろいろな作品を試すことも可能で、実験的な作品も作られたが、ヒットするのはオフでも娯楽的な作品が多かった。ヒット作品としては、シャーリー・テムプルをパロディ化した『カーリー・マクディンプル』（一九六七）、漫画のミュージカル版『君は良い人、チャーリー・ブラウン』（一九六七）、一九三〇年代のバークレイ映画へのオマージュ『海の娘たち』（一九六八）、トミー・テューンの演出したコンセプト的な『ザ・クラブ』（一九七六）などがある。

『ヘアー』

このようなカウンター・カルチャーや実験精神が溢れた時代に、『ヘアー』（一九六七）が登場した。『ヘアー』とは、ヒッピーの象徴である長い髪を指し、そうした新しい風俗や反戦の声を、ロックに乗せて語る作品だった。一九五〇年代末には、エルヴィス・プレスリーがデビューし、六〇年代初頭にはビートルズやローリング・ストーンズも出現していたので、六〇年代後半には、ロックも社会に受け入れられるようになっていた。

ブロードウェイでは長く伝統的な音楽が好まれていたが、一九六〇年代中頃には、ラジオから流れる音楽はロックが中心となり、ポップスやミュージカルの曲は、すっかり影をひそめた。一九六三年の大統領選挙戦では、当時ヒットしていた『ハロー、ドリー！』の主題歌がキャンペーン曲として使用されたが、一九六〇年代後半になると、街で流れるのはロック一辺倒になった。ヒッピー文化やロックは、一九六九年に開催されたウッドストックの野外コンサートによりその頂点を迎え、一九七〇年代に入ると既存の音楽との融合を深めて、より社会に定着する。

『ヘアー』は、当初オフ・ブロードウェイの小劇場で幕を開けたが、初めての本格的ロック作品として評判を呼び、翌年にブロードウェイへ進出して一七五〇回の続演を重ねた。この作品は「ラヴ・ロック・ミュージカル」と称して、ヴェトナム戦争を背景として反戦平和を訴える内容だが、明確なプロットはなく、主人公が徴兵令状を焼き捨て、それをヒッピーたちが祝福するというようなエピソードが綴られた。戦争に抗議するために、一幕の最後に全員が全裸となって抗議をする場面があり、それも話題となったが、それよりも重要なのは、プロットが明確でないということで、一九四〇年代から続いてきた台本ミュージカルとは正反対の作品だった。こうした問題提起を受けて、ブロードウェイでは台本ミュージカルに代わる、新しい作品概念を探す必要に迫られた。

また、この作品の出現により、ロックがブロードウェイでも認知され、劇場音楽のあり方を根本的に変えてしまった。これは、大きな転換点だった。ロック・ミュージックでは、伴奏にエレキギターが使われて、アンプで増幅した大音響の音楽を聞かせる。また、従来のオーケストラでは演奏に二〇人以上必要だったが、ロックになると一挙に一〇人以下で済むようになった。これを喜んだのは観客よりも製作者であり、高騰し始めていた製作費を削減できることから、製作側もアンプを使った音響を積極的に採用し始める。

『ヘアー』とほぼ同時期にブロードウェイで上演された、バート・バカラックの『プロミシズ、プロミシズ』(一九六八)では、序曲に女性コーラスのスキャットを使用したので、その声はマイクを通してスピーカーから流された。このような電気増幅された音響は、隠された補助的な役割だったが、一九六〇年代末には表舞台へ姿を現すようになった。わずか数年後に上演された『ジーザス・クライスト・スーパースター』(一九七一)の出演者たちは、ケーブルの付いたマイクを堂々と使って歌うようになった。

ロック・ミュージカル

ロックを題材にした作品という点では、プレスリーをモデルにした『バイ・バイ・バーディ』(一九六〇)が劇中でロックンロール的な音を聴かせはしたが、この時代にはまだロックを全面的に取り入れる動きはなかった。全面的にロックを使用したミュージカルは『ヘアー』が最初で、その後もブロードウェイは、ロック・ミュージックに対して慎重な態度を取り続けたが、オフ・ブロードウェイではロックを使った作品がヒットするようになる。この時期の作品としては、シェークスピアの『十二夜』を原作とした『ユア・オウン・シング』（一九六八）が九三七回の続演となり、カントリー・ロック・ミュージカルと銘打った『タッチ』（一九七〇）は四二二回の続演、ヒット曲を生んだキリスト物語の『ゴッドスペル』（一九七一）は二六五一の続演と、ロック・ミュージカルの躍進が続いた。

七〇年代に入ると、イギリスからやって来たアンドリュー・ロイド・ウェバーが、『ジーザス・クライスト・スーパースター』（一九七一）をブロードウェイで上演し、本格的なロック作品として七一一回の続演を記録した。この公演では、ロックオペラと称したLP二枚組のコンセプト・アルバムが先に発売され、そのアルバムがそのまま舞台化された。この作品は「マタイ福音書」を下敷きにしているので、バッハの有名な『マタイ受難曲』とほぼ同じ内容であるが、使用された音楽がロックであることと、キリストやユダの人物像があまりにも人間的だったために、宗教家からは批判が寄せられた。

『ジーザス』はレコード・アルバムの舞台化なので、台詞はなく歌だけで構成されている。そうしたことからドラマチックな効果を出すために、演出のトム・オホーガンはスペクタクルな舞台を構成した。この作品では、ロック調音楽の使用、台詞がなく歌だけの「歌い通し（サングスルー）」形式、スペクタクルの採用という、後のメガ・ミュージカルの三要素が出そろった。

このように、ロックはブロードウェイでも市民権を得て、『ヴェローナの恋人たち』(一九七一)が六二八回、『グリース』(一九七二)が三三八八回、『ロッキー・ホラー・ショー』(一九七五)が四六回(英一九七三、二九六〇回)、『ビートルマニア』(一九七七)が一〇〇六回、『エヴィータ』(一九七九)は一五六七回など、ごく普通にロック・ミュージックが使用されるようになった。

こうしたロック作品では、ショーのテンポを上げることが優先され、台詞がどんどん減り、演出もそれを前提とした形に変わらざるを得なくなった。そのために、台本ミュージカルの枠組みは崩れ始める。

マイク使用以前の状況

二十世紀の前半、特に一九三〇年代までのミュージカル上演では、オペラと同じようにマイクは使用されていなかった。その技術もまだなかったのだ。歌手はオペラと同様に、劇場の隅々まで声が届くように発声する訓練を受けていた。時にはメトロポリタン歌劇場出身者もミュージカルに出演していたので、十分に声は届いた。ブロードウェイの劇場は一般的な歌劇場よりも小さく、一二〇〇席程度の劇場が多いので、オペラほどには声量を必要としなかった。また、ソロで歌う歌詞が聞こえなくなるのを防ぐため、オーケストラ編成や編曲にも注意が払われただけでなく、弦楽器と木管楽器による編成が一般的だったこともあり、伝統的な劇場ではマイクは必要なかった。逆に考えると、歌がうまくても声の小さな歌手は、ブロードウェイの舞台には立てなかった。

こうした状況は年とともに変化して、オーケストラの音量と舞台上の歌手の発する声のバランスが崩れ始める。二十世紀初頭のブロードウェイの劇場オーケストラは二五〜三〇人程度の編成だった。オペレッタのオーケストラの楽器編成では、弦楽器が三分の二を占め、そのほかの金管、木管、鍵盤楽器、打楽器などは三分の一以下、つまり一〇人以下だった。二〇〇〇〜三〇〇〇人を収容するオペラ劇場の一〇〇人を超えるようなフル編成オーケストラと比べれば、三分の一から四分の一の規模だが、一二〇〇席程度のブロードウェイの劇場では十分な音量を確保できていた。これに対して、舞台上の出演者は、主役級のソロ歌手は歌劇場で鍛えたベルカントの声量を持つ歌手だったし、合唱は男女合わせて五〇名を超える規模だった。従って典型的なオペレッタでは、出演者総数は一〇〇名程度の場合もあり、合唱でも迫力のある曲が用意されていた。

しかし、ミュージカルに使用される楽曲がジャズ調になると、いろいろな面で、オーケストラの音量と歌手の声量のバランスが崩れる。まず、一九三〇年代のスウィング・ジャズなどの影響により金管楽器が増えたため、弦楽器の比率が低下した。具体的には、全体の三分の二だった弦楽器は二分の一以下となる。やがて、コントラバス一本、チェロ二本、ビオラ二本、ヴァイオリン四本程度という最小構成に近くなってしまう。それに対して、トランペットやサックスなどの大きな音を出す管楽器は増え続ける。また、一九四〇年代以降のダンス場面の増加に伴い、リズムを明確に刻むパーカッション奏者は一人から二人へ増員された。さらに、二十世紀末になるとシンセサイザーなどの電子楽器の使用が進み、弦楽器はほとんど使用されなくなり、楽団の人数も減るので、音の色彩感が減少して、単に大音量で聴かせる作品が増えた。

こうしたオーケストラの編成変更による音量増加に対して、歌手の方はどんどんと声が小さくなった。一九二〇年代までにデビューした歌手は、マイクのない時代だったので例外なく大声の持ち主であったが、一九三〇年代以降はマイク、スピーカー、真空管による増幅器が登場したため、クルーナーに代表される甘くささやくような歌い方の歌手も許されることとなった。特に、ジャズのビッグバンドの楽団歌手は、楽団の音量に地声では対抗できないため、マイクを使った歌が前提となり、声の大きさは重要ではなくなった。このように、スター歌手の声が小さくなっただけでなく、人件費の高騰により出演者はどんどん減り、それに伴い合唱人数も二〇人以下となった。もはや、二十世紀初頭のオペレッタ時代のような迫力ある合唱はなくなり、作曲者も合唱曲を書かなくなった。

マイク使用の始まり

弦楽器と木管楽器であれば音量は限られているので、人の声をかき消してしまうようなことはないが、金管楽器が本格的に大きな音を出すと、人の声は聞こえなくなってしまう。それを避けるためには、金管楽器はミュート（消音器）を用いて音量調整することになる。しかし、ジャズバンド風の編曲で、金管楽器の音を本格的に響かせる編曲を行うと、問題が生じる。

一九四〇年代には、客席で歌がよく聞こえないという問題が起こった。オーケストラの金管が増えて、一階最前列では、金管楽器と打楽器の音ばかりが聞こえて、主役の歌声が聞こえなくなったのだ。そのため、マイクの使用は一九四〇年代から徐々に広まった。最初にマイクを使用したのは、一九四〇年のアール・キャロルの『ヴァニティーズ』で、製作者のキャロルが導入したとされる。初期のマイク使用ではフットライト付近に設置されたフロアマイクが使用されたが、舞台奥などで声を拾いにくい場合には、装置などに隠したマイクが使用される場合もあった。

レナ・ホーンが『ジャマイカ』（一九五七）に出演した際にも、オーケストラの音が大きすぎて、歌声が聞こえないという状況が発生した。問題の解決のためにベテラン指揮者レーマン・エンゲルが対処にあたったが、サックスの音が大きすぎるため、ほかの木管楽器に変更することを提案したところ、レナ・ホーンがサックスの音がどうしても欲しいとこだわったため、マイクが使用された。

ジュール・スタインの作品などは、ジャズ調の編曲で金管楽器が響くことが多い。『ジプシー』（一九五九）の一幕と二幕の終わりで歌われる「すべてはローズに」は大いに盛り上がる曲だが、金管楽器が鳴り響くので、よほど大声の持ち主でないと、楽団の音に負けて声が聞こえない。この曲をオリジナルで歌ったエセル・マーマンは、大声の持ち主として有名だったが、こうした金管楽器と競合する歌では、マイクの補助があったという。

一九五〇年代以降のミュージカルにおける舞台補助マイクも、四〇年代と同様に主にフロアマイクが使われた。フロアマイクは、舞台の縁《ふち》にあるフットライト付近に置かれるので、別名バウンダリー・マイク（縁マイク）とも呼ばれていた。楽団の音や床からの音を拾わないように工夫されたフラットなもので、四〜五メートル間隔で設置されるが、客席からはほとんど見えないように工夫されていたので、控えめにしか使用されないこともあり、観客はほとんど意識することはなかった。

一九七〇年代になると、スティーヴン・ソンドハイムは『カンパニー』（一九七〇）でエレキギターを用い、ジャズ的な編曲を行った。そのために、オーケストラの音は電気的に増幅されて大きな音となった。加えて、装置が立体的で上下の段差があり、主人公が客席に背を向け、舞台奥に向かって歌う場面があったため、声が客席に届かず、歌詞が聞き取れない事態となった。それを解決するために、舞台装置の中に隠しマイクが仕掛けられ、離れた場所から特定の人の声だけを拾う望遠マイク（ライフル・マイク）も併用された。

ロックによるマイク使用

イギリスでも、アンドリュー・ロイド・ウェバーの『ジーザス・クライスト・スーパースター』が一九七二年に上演された時に、マイクが本格的に用いられた。これも、音楽が電気的に増幅されたロックだったために、使用せざるを得なかったのである。このように、ミュージカルにおけるマイクの広範な使用は、ロックと密接に結びついている。楽団や楽器の音が電気的に増幅されるために、人間の声だけでは対抗できずに、声も電気的に増幅するようになったのだ。その結果、劇場の音響はロックコンサートのように大きくなった。特にウェバーの作品では、マイクが観客に見える形で当然のように使用されることが多かった。『ジーザス』がトニー賞でテレビ中継（一九七二年四月）された場面では、ケーブルの付いたマイクを手に持って歌っている。

一般のミュージカルでは、マイクを持って歌うわけにはいかないので、長い間フロアマイクが使われてきた。こうした技術が確立すると、本格的に舞台で歌う訓練を受けていない俳優、例えばハリウッドのスターたちも、ブロードウェイの舞台に立てるようになる。しかし、フロアマイクはあくまでも肉声の補助として使われたため、さらに声を大きく増幅するためには、声を俳優の口元で拾うワイヤレス・マイクの使用が不可欠となった。

ワイヤレス・マイク

ワイヤレス・マイクは現在では当たり前のように使われているが、これが一般的に使用可能となるには、技術的課題の克服が必要だった。ワイヤレス・マイクは、口元で音声を拾い、それを電波に乗せて舞台袖の受信機まで送り、ミキサーやアンプを使って増幅したうえでスピーカーを鳴らす。そこで、口元に付けられるだけ小型化された高性能のマイク、電波を飛ばす小型無線機、それを駆動する小型電池の開発が必要だった。具体的には、ダイナミック・マイクロフォンに代わりコンデンサー・マイクを使い、真空管ではなくトランジスターによる小型無線機を作り、小型電池と組み合わせる作業が必要で、最初に使われた製品は日本のソニー製だった。

初期の製品は、襟元などに隠しマイクを取りつけ、腰に付けた小型の無線機で電波を飛ばすという方式だった。この方法では主役級の一人、二人が使う分には問題を生じないが、出演者が多い作品では対応できなかった。というのは、当時のワイヤレス・マイクはアナログ式で、使える電波が限られていたため、割り当てチャンネルが少なく、多人数では使用できなかったからだ。この問題を解決するには、放送用の電波も使い、帯域を増やして多チャンネル化することが必要だったが、実際にはワイヤレス・マイク同士、または外部の機器との電波干渉が生じてうまくいかなかった。

こうした状況は一九九〇年代前半まで続いたが、電波割り当ての見直しや、デジタル化技術が進み、二十一世紀になるとデジタル式のワイヤレス・マイクがごく普通に使われるようになってきた。現在、一般的なワイヤレス・マイクの装着方式は二つある。一つは、額のところに小さなマイクを付けて、鬘《かつら》の下にケーブルを通して無線機に接続する方法。もう一つは、ヘッドセット式で、頭の後ろから両耳で支えて片方の耳元から小型のマイクを口元まで伸ばす方法だ。どちらのマイクも、近くの客席からは見えてしまうので、気になるといえば気にはなるが、もう誰も隠そうとしなくなった。ヘッドセット式のワイヤレス・マイクが、初めてトニー賞の中継で認められるのは、一九九六年の授賞式で演じられた『レント』の場面だ。この作品もロック調の音楽を使用して、楽器が電気的に増幅されていたので、出演者たちもヘッドセットを使って歌うこととなった。

2　一九七〇年代

ヴェトナム戦争の後遺症

一九七〇年代になると、アメリカではヴェトナム戦争からの撤退が模索されるようになった。北ヴェトナム軍との戦いを南ヴェトナム軍へ移管し、中国との国交回復の後、一九七三年にアメリカ軍は撤退、七五年には南ヴェトナムのサイゴンが陥落して、『ミス・サイゴン』に描かれたようなヘリコプターによる脱出劇があった。しかし、戦争からの撤退を主導したニクソン大統領は、ウォーターゲート事件で辞任せざるを得なくなり、国民は権威の崩壊を肌で感じるようになる。ヴェトナム戦争はアメリカ人の心に大きな傷を残し、七〇年代全般にわたり戦争のトラウマに苦しんだ。傷ついた人々の間では、挫折感や孤独感を紛らわすためのドラッグの使用なども広がり、国全体が荒れたムードとなった。

一方、北欧から広まった性解放の流れは全世界に広がり、アメリカでは映画の表現規制が一九六八年に撤廃されてポルノ映画が登場、劇場ではセックスを赤裸々に扱ったショーが上演され、ポルノ・ショップも増加した。ブロードウェイの治安も悪化して、すさんだ雰囲気となり、上演作品も低調となった。一九七〇年代には、新作を生み出す力の低下や、懐古趣味の高まりもあり、ミュージカルの再演比率が急激に上昇するとともに、ウェバーなどのイギリス製ミュージカルが人気を集めるようになる。

ハリウッド・スターの登場

ブロードウェイの劇場街は、アメリカにおける舞台芸能の頂点となっていたので、昔から、ミンストレルズやヴォードヴィル、バーレスクの出身者は、ブロードウェイを目指した。オペラ界からミュージカルへ転じた例も多い。そのブロードウェイは、長い間、ハリウッドへの人材の供給源でもあった。特にトーキー初期には、歌い、踊れるスターが必要とされたので、アル・ジョルスン、エディ・カンター、フレッド・アステア、アリス・フェイ、ジーン・ケリーなど、多くのスターをハリウッドへ送り込んだ。

しかし、一九六〇年代に入ると、逆にハリウッドで名を成したスターがブロードウェイに出演するようになる。これは、ブロードウェイ側が、簡単に集客できるビッグネームを求めたこともあるが、テレビの本格的な普及により、ハリウッドのスタジオ・システムが崩壊して、俳優が撮影所専属でなくなりフリーで活躍しやすくなったこともある。さらに、この時期には、舞台と映画、レコード業界から、新興のテレビ業界へと、人が流れる動きもあった。

従来のブロードウェイの舞台では、肉声を劇場内に響かせるために、訓練を経た役者しか出演が難しかったが、マイクなどの補助的な手段により、専門の訓練を受けていない俳優でも、舞台出演が容易となった。この時代にハリウッドなどのスターが出演した作品を以下にまとめた。必ずしもヒット作ばかりではないが、話題作りに一役買ったのは間違いない。

『連れてって』（一九五九）四四八回　ジャッキー・グリーソン、ウォルター・ピジョン、ウナ・マーケル
『緑の柳』（一九六〇）九七回　アンソニー・パーキンス
『クリスティーヌ』（一九六〇）一二回　モーリン・オハラ
『トヴァリッチ』（一九六三）二六四回　ヴィヴィアン・リー
『日曜はダメよ』（一九六七）三二〇回　メリナ・メルクーリ
『黄金の虹』（一九六八）三八三回　イーディ・ゴーメとスティーヴ・ローレンス
『ココ』（一九六九）三三九回　キャサリン・ヘップバーン
『アプローズ』（一九七〇）八九六回　ローレン・バコール
『フォリーズ』（一九七一）五二二回　アレクシス・スミス、イヴォンヌ・デ・カルロ
『シュガー・ベイビーズ』（一九七九）一二〇八回　ミッキー・ルーニー、アン・ミラー
『今年の女性』（一九八一）七七〇回　ローレン・バコール

一九七〇年代の作品

一九六〇年代の一番のヒット作だった『屋根の上のヴァイオリン弾き』は、三二四二回の続演となり、『マイ・フェア・レディ』が五〇年代に打ち立てた記録を破ったが、七〇年代の一番のヒット作『コーラス・ライン』（一九七五）は、その二倍近い六一三七回の続演記録を達成した。およそ一五年間にわたる続演だが、一四六〇席のシューバート劇場での公演だから、単純計算すると延べ九〇〇万人が鑑賞したことになる。こうした続演が可能となったのは、人口増ではなく、旅行客がミュージカルを観に来るようになったためだ。

旅行客がミュージカルを観るようになったのは、一九四三年の『オクラホマ！』以降にオリジナル・キャスト盤のレコードが発売され、一九四八年以降はＬＰレコードで手軽に聴けるようになったため、知名度が上がったことがある。また、トニー賞が一九四七年から本格的に始まっただけでなく、一九六七年から全米にテレビ中継されるようになったことから、その魅力がよく知られるようになったことも影響している。一九七〇年代のヒット作品を挙げると、以下のとおりとなる。

『コーラス・ライン』（一九七五）六一三七回
『グリース』（一九七二）三三八八回
『アニー』（一九七七）二三七七回

『ピピン』（一九七二）一九四四回
『マジック・ショー』（一九七四）一八五九回
『ダンシン』（一九七八）一七七四回
『ウィズ』（一九七五）一六七二回
『テキサス一番の娼家』（一九七八）一六六九回
『浮気はやめた』（一九七八）一六三二回
『エヴィータ』（一九七九）一五六七回
『シュガー・ベイビーズ』（一九七九）一二〇八回

このリストを見ると、伝統的な台本ミュージカルは『アニー』だけといってもいいような激変ぶりだ。『マジック・ショー』『ダンシン』『浮気はやめた』『シュガー・ベイビーズ』の四本はレヴューで、一貫した物語はない。飛びぬけて続演記録を書き換えた『コーラス・ライン』『ピピン』、黒人のジェフリー・ホルダーが作った『ウィズ』はどれも物語はルーズで、エピソードの積み重ねのような構成をとっており、いわゆる「コンセプト・ミュージカル」だった。残った『テキサス一番の娼家』は、一応台本ミュージカル作品だが、テレビ資本が入っていて、どこか伝統的な作品とはムードが異なっていた。

さらに、ブロードウェイの大劇場ではないが、性解放をテーマとした『オー！カルカッタ！』

（初演一九六九、再演一九七六）と、『レット・マイ・ピープル・カム』（一九七四）の二作品が長期続演している。この二作品は、性解放時代の産物ではあるが、解放が遅れていた日本やスペインからの観客が多かった。

ポスト台本ミュージカル

一九六〇年代末のロック・ミュージックの劇場への浸透により、台本ミュージカルに陰りが生じたことはすでに述べた。スティーヴン・ソンドハイムとハロルド・プリンスの『カンパニー』（一九七〇）は、それに代わる一つのモデルを提示した。それが「コンセプト・ミュージカル」（構想ミュージカル）と呼ばれるものだ。コンセプト・ミュージカルは、台本ミュージカルと比べると物語の筋書きというべきプロットは緩くなっていて、小さなエピソードを積み重ねて全体のテーマを表現するコラージュ的な技法が使われた。台本が薄くなった分、歌や音楽の比重が高まった。歌や踊りは、「テーマ」または「スタイル」で統合されているので、テーマで作品を統合するレヴューへの接近ともいえる。

いずれにしろ、独立した複数の曲やエピソードが一つのテーマで結びつき、場合によっては緩やかにプロットを形成する。つながり方が弱ければコラージュ作品のようにも見え、緊密につながればモザイク画や、点描法による絵にも見えるので、どの範囲をコンセプト・ミュージカルとするかについてはいまだに意見が分かれている。明確になったのは、物語のある台本作品とテーマだけのレヴュー作品に二分されていた中で、中間的な存在としてコンセプト・ミュージカルが登場したことだ。

コンセプト・ミュージカルでは、台本ミュージカルに比べると台詞の量が減ったため、演出によりそれを補う必要が生じて、以前にも増して演出家の役割が大きくなった。場合によっては、演出家の構想がそのまま作品に反映されることになる。これは、台本の読み替えや時代設定の変更などにより、作品に新しい意味を与えようとする、近年のオペラで流行っている演出重視の姿勢と似ている。オペラは、オペレッタやミュージカルと比べると台本が薄いため、演出での補完が重要となる。こうした演出重視の作品では、作品の優劣が演出と一体的に評価されることになるため、ブロードウェイでも実験精神に富んだソンドハイムと、演出力のあるプリンスによってこの道が切り拓かれた。二人は『カンパニー』の後、『フォリーズ』（一九七一）と『太平洋序曲』（一九七六）において、コンセプト・ミュージカルを試している。

スティーヴン・ソンドハイム（一九三〇～　）はニューヨークに生まれた。高校の同級生にオスカー・ハマースタイン二世の息子がいたので、ハマースタイン一家と付き合うようになり、ハマースタイン二世に可愛がられて作詞の指導を受けた。大学では音楽を学び、五〇年代から曲を書くチャンスを探すが、台本作家アーサー・ローレンツと知り合ったことから、ローレンツの台本作品に詞を提供するようになる。ローレンツとのコンビは六五年まで続き、『ウエスト・サイド物語』（一九五七）、『ジプシー』（一九五九）、『ワルツが聴こえた？』（一九六五）で詞を書いた。

ソンドハイムの詞はウィットに富み好評ではあったが、作曲家を目指していたソンドハイムは、作詞家として評価が固まってしまうのを恐れて、自分の作曲作品を書く。『ローマで起こった奇妙な出来事』（一九六二）は、ハロルド・プリンス製作で、ジョージ・アボット演出、ジャック・コール振付だったが、試演で不評だったため、友人のジェローム・ロビンズに応援を依頼して、大衆受けするような場面を追加してヒットさせた。次の『誰でも口笛を』（一九六四）はアーサー・ローレンツの台本だったが、たった九回で幕を閉じてしまう。

ソンドハイムは高踏的な音楽を書いたので、芸術性は評価されても、大衆受けせずに商業的に成り立たなくなる傾向があった。芸術性と商業性との折り合いを付けるのが難しかったのだ。七〇年代に入ると、製作者でもある演出家ハロルド・プリンスと組み、新しい作品群を作った。『カンパニー』（一九七〇）は従来のプロットに代わり、いくつかのエピソードを歌によって示したので、コンセプト・ミュージカルと名付けられた。その後も『フォリーズ』（一九七一）、『リトル・ナイト・ミュージック』（一九七三）、『太平洋序曲』（一九七六）、『スウィニー・トッド／フリート街の奇妙な床屋』（一九七九）、『陽気に過ごして』（一九八一）などを書くが、これらの中では『リトル・ナイト・ミュージック』が最も評価された。

ソンドハイムとプリンスは、必ずしもコンセプト・ミュージカルだけを目指したわけではなく、様々なスタイルを試しており、批評家からは高い評価を受けたが、商業的には必ずしも成功しなかった。製作者として商業的な成功も必要なプリンスが、『エヴィータ』（一九七九）や『オペラ座の怪人』（一九八八）など、興行的に安全な作品に重点を置かざるを得なくなったため、ソンドハイムは次のパートナーを探すことになる。

　次のパートナーは、台本作家で演出も行うジェームズ・ラパインで、二人は『ジョージと一緒に日曜日の公園』（一九八四）、『森の中へ』（一九八七）、『パッション』（一九九四）を書いた。これらはある程度の成功は収めたものの、ブロードウェイの主流にはなり得なかった。ソンドハイムは、ほかにもレヴュー作品『サイド・バイ・サイド・バイ・ソンドハイム』（一九七七）、『少しだけ結婚して』（一九八一）、『寄せ集めて』（一九九三）の三本を、台本ミュージカル『暗殺者たち』（一九九〇）、『カエル』（二〇〇四）を書いているが、興行的にはあまり成功していない。

　ソンドハイムとプリンスは、コンセプト・ミュージカルを試したが、その流れを引き継いだのは、演出家のボブ・フォッシーとマイケル・ベネットだった。ボブ・フォッシーは『ピピン』（一九七二）と『シカゴ』（一九七五）において、台本ミュージカルのプロットを薄めて、振付と演出に重点を置くコンセプト・ミュージカルを導入した。ベネットは、『コーラス・ライン』（一九七五）と『ドリームガールズ』（一九八一）の二作品で、エピソードの積み重ねにより、全体を物語らせる演出を見せた。この二人により、コンセプト・ミュージカルは発展するかとも思えたが、フォッシーもベネットも一九八七年に相次いで亡くなり、コンセプト・ミュージカル路線は消滅してしまう。しかし、台本を薄くして、物語の展開をスピーディにする傾向は、ブロードウェイのミュージカル全般に浸透して、今日にいたっている。

イギリスからの新しい波

　ソンドハイムとプリンスがコンセプト・ミュージカルを実験していた頃、ビートルズを生んだイギリスで、ロックの進化形から新たなミュージカルが誕生した。アンドリュー・ロイド・ウェバーの『ジーザス・クライスト・スーパースター』から始まった「歌い通し」ミュージカルだ。その基にはロックのコンセプト・アルバムがあった。コンセプト・アルバムでは、複数楽曲がテーマやコンセプト（構想）で統合されている。こうした作品を舞台で上演すると、台詞なしに物語が展開されるので、その形態から「歌い通し」ミュージカル、または使用した音楽から「ロックオペラ」と呼ばれた。

　歌い通しミュージカルは、全部が歌で台詞がないため台本は薄くなり、それを補うために演出に力を入れざるを得ない。そのため、ウェバーの作品では、スペクタクルな装置を使って観客を驚かせる手法が確立された。こうした演出方法はブロードウェイよりもヨーロッパで始まったもので、大規模セットを作り、超ロングランを狙うメガ・ミュージカルと呼ばれるジャンルが一九八〇年代後半に成立する。

　アンドリュー・ロイド・ウェバー（一九四八〜　）はロック調からクラシックまで、あらゆるジャンルをうまく取り込んで書く作曲家だ。ロンドンの音楽一家に生まれ、父親は作曲家で音楽教師、母もピアノ教師だった。ウェバーもクラシック音楽を学ぶが、ロックが好きで、作詞のティム・ライスと組んでロック調のミュージカルを書くようになる。最初に手掛けたのは『ヨセフと超天然色のドリームコート』（英一九六八）で、わずか二二回しか上演されなかったが、続いて『ジーザス・クライスト・スーパースター』（一九七一）を書き七一一回のヒットとなった。この作品は具体的な上演計画がなかったので、コンセプト・アルバムとしてレコードを出し、その演奏会を続けながら支持を集めて、ついにブロードウェイでの上演までこぎつけた。

この『ジーザス』は歌い通し形式で、台詞はなく、トム・オホーガンの演出によるスペクタクル演出で人気を博した。ウェバーの作品は、ハロルド・プリンス演出で一五六七回の続演をした『エヴィータ』（一九七九）を除くと、基本的には『ジーザス』と同じようなスペクタクル路線で、『キャッツ』（一九八二）は七四八五回という記録的な続演、『スターライト急行』（一九八七）は七六一回、『オペラ座の怪人』（一九八八）はいまだ続演中で、『サンセット大通り』（一九九四）もヒットした。そのほかにも、『ジーブスの手で』（英一九七五、米二〇〇一）、『歌と踊り』（英一九八二、米八五）、『愛のかたち』（一九九〇）、『白衣の女』（二〇〇五）、『ロックの教室』（二〇一五）などを書いている。

台本ミュージカルの行き詰まりに対して、ソンドハイムとプリンスはプロットを緩めてエピソード中心のコンセプト・ミュージカルを書いたが、ロック作品から出発してコンセプトでまとめた歌い通し作品を作ったウェバーと比べると、出発点は正反対のように見えても、到達点はあまり変わらない結果となった。結局、一九七〇年代にブロードウェイのミュージカル作品の台本は薄くなり、プロットはあいまいで、歌や踊り、スペクタクルが増え、スピーディな演出で見せる作品が増えたのだ。

振付家の演出への進出

ソンドハイムとウェバーのアプローチは異なるものの、台本ミュージカルが歌や踊りを台本によって統合していたのに対して、どちらもテーマまたはスタイルによって統合する形式となったので、従来よりも演出や振付の役割が重視されるようになった。

演出家が台本と歌と踊りを統合する手法は、ジョージ・アボットが台本ミュージカルの演出で確立していたので、その手法がジェローム・ロビンズとボブ・フォッシー、ハロルド・プリンスに引き継がれた。ジェローム・ロビンズは、バレエ作品『ファンシー・フリー』に基づいて『オン・ザ・タウン』を振付けたが、この作品で演出を担当したのがジョージ・アボットであり、踊りと台本をいかに統合するかについて、二人は緊密な作業を行った。ジェローム・ロビンズはこの作品で統合方法を体得して、次の『ウエスト・サイド物語』に活かした。

『パジャマ・ゲーム』では、ロビンズとアボットが共同演出家としてクレジットされていて、振付家として参加した若き日のボブ・フォッシーが素晴らしい振付を残している。キャロル・ヘイニーの踊る「スチーム・ヒート」や「ヘルナンデスの隠れ家」は、映画にも収録されたので、今でも確認することができる。こうしてアボットの手法を学んだロビンズは演出も担当するようになり、『ベルが鳴っています』では単独の演出家としてクレジットされた。また、『パジャマ・

ゲーム』を介して、演出と振付を統合するノウハウは、ボブ・フォッシーにも引き継がれる。

フォッシーは、劇場向けのジャズ・ダンスを確立したジャック・コール流の技術を身に付けていて、その技法を駆使した新しい踊りを作った。「スチーム・ヒート」を踊ったキャロル・ヘイニーは、後にジーン・ケリーが作ったMGMのバレエ映画『舞踏への招待』（一九五六）でシェヘラザード役を踊ったが、実際の映画では彼女の踊りに基づいてアニメで描かれた娘が踊る形となっている。「スチーム・ヒート」を、キャロル・ヘイニーと一緒に舞台で踊ったのは、バズ・ミラーとピーター・ジェナーローで、ジェナーローは後に振付家としても活躍した。ヘイニーもデューク・エリントンの「サテン・ドール」という曲に美しい踊りを振付けたが、残念なことに病気で早世した。

フォッシーが最後にアボットと組んだのは『町に来た新しい娘』（一九五七）で、「夢」に出てくる売春宿を描くバレエを振付けた。この作品はユージン・オニールの『アンナ・クリスティ』のミュージカル版だが、フォッシーの振付けた売春宿のバレエが、あまりにも直截《ちょくせつ》的な表現なので、アボットと意見が合わなかったという。

ジェローム・ロビンズは、『ウエスト・サイド物語』でバーンスタインの曲に振付けたが、その折に作詞家として参加したのが、売り出し前のスティーヴン・ソンドハイムだった。ソンドハイムは、ここでロビンズの仕事を目の当たりにして、振付、演出と台本の統合方法を学ぶことになる。そして、この『ウエスト・サイド物語』の製作に参加していたのがハロルド・プリンスで、プリンスはここで、ロビンズの仕事ぶりを見るだけでなく、ソンドハイムとも出会った。

アボットの手法は、ハロルド・プリンスを通じて、次世代の振付兼演出家マイケル・ベネットにも伝えられた。ベネットは、『ヘンリー・スウィート・ヘンリー』（一九六七）の後、『プロミシズ、プロミシズ』で振付を担当して頭角を現す。この作品では、後に結婚をするドナ・マケクニーと出会っている。次の『ココ』（一九六九）では振付家として参加するが、製作を担当したハロルド・プリンスと知り合い、実質的な影の演出者としてこの作品をまとめ上げた。そして、次の『カンパニー』（一九七〇）は製作プリンス、音楽ソンドハイム、振付ベネットの三人が揃い、新しいコンセプト・ミュージカルを作った。この時にベネットは演出も自分でやりたがったが、プリンスが演出を担当して、ベネットは共同演出とクレジットされた。こうした経験が、ベネットのコンセプト・ミュージカル『コーラス・ライン』（一九七五）を生み出す。

再演ブーム

一九七〇年代になると、昔のミュージカルの再演ブームが訪れる。ブロードウェイの再演比率は、六〇年代までは一割以下だったが、七〇年代には二割、八〇年代には三割、九〇年代には五割近くになる。これには新作を生み出す力の低下、コンセプト作品の増加、懐古趣味などが影響している。

口火を切ったのは、『ノー、ノー、ナネット』（一九七一）で、一九二五年初演の作品を五〇年近く経って再演した。この作品が八六一回の続演という大ヒットになったので、同じように一九一九年初演の『アイリーン』（一九七三）や、一九一五年初演の『善良エディ』（一九七五）が、相次いで「発掘」された。ついでに、一九二八年にドイツで初演された『三文オペラ』（一九七六）まで上演された。もっとも、こうした古い作品は有名な楽曲が残っていても、台本構成は弱いので、台本は現代的に補強されての上演だった。

こうした作品が登場した背景には、ヴェトナム戦争のトラウマで、アメリカ社会全体が荒れたムードになり、ニューヨークでも治安が悪化して、人口が減り始めたこともある。また、一九六〇年代後半にロック・ミュージカルが登場して、保守的な観客層がこれに馴染めずに古いスタイルの作品を求めたことや、台本ミュージカルを否定したにもかかわらず、代わりの作品を生み出せないブロードウェイの創作力の低下も影響している。これらの再演作品で使われた古い音楽は、その当時に流行したダンスの記憶も呼び戻した。ブロードウェイで忘れられていたタップダンスが再演作品で踊られたので、人々はこれに夢中になり、タップダンスのブームが再び訪れた。再演ではないが、一九三〇年代の映画を舞台化した『四十二番街』（一九八〇）の登場により、新作でもタップダンスが使われるようになり、『マイ・ワン・アンド・オンリー』（一九八三）、『タップ・ダンス・キッド』（一九八三）などが続いた。

一九二〇年代や三〇年代の再演となると、七〇年代当時でも、かなり古い世代しか知らなかったが、ロックが現れる前の一九四〇年代から五〇年代にかけての名作を懐かしむ世代も多く、

『ローレライ／紳士はまだ金髪がお好き』（一九七四）、『マイ・フェア・レディ』『王様と私』『ピーター・パン』『オクラホマ！』などが一九七〇年代に再演された。こうした流れは八〇年代になっても続き、『ウエスト・サイド物語』『ペンザンスの海賊』『つま先立ちで』『ゾルバ』『スウィート・チャリティ』『何でもまかり通る』『ジプシー』など、十九世紀のオペレッタから六〇年代の作品まで、幅広く再演されるようになった。

こうした再演ブームはすっかり定着して、トニー賞は一九九四年からミュージカルの最優秀再演賞を選ぶようになった。トニー賞は原則として四つの候補作を選び、その中から受賞作を決める方式なので、毎年四作品以上の再演があることを示している。

懐古ブーム

再演というのは古い作品をもう一度楽しむことだが、それと同時に、ブロードウェイでは懐古ブームが到来する。六〇年代までは常に新しいものに目を向けてきた国が、古い時代を懐かしむという大転換だった。これは、七〇年代に入り治安が悪化したことや、リズムを強調して大きな音を鳴り響かせるロック・ミュージックが蔓延したことと無関係ではないだろう。

転機となったのは『オーヴァー・ヒア』（一九七四）で、題名からして第一次世界大戦時のヒット曲「オーヴァー・ゼア」のパロディとなっているうえ、第二次世界大戦中に人気のあった女性コーラス・グループのアンドリューズ姉妹（三人だったが、一人は亡くなったため二人で出演）

が出演するという懐古趣味作品だった。七五年に初演された『シカゴ』も禁酒法時代のシカゴを背景としており、昔のバーレスク風に演出された作品だ。

さらに、一昔前のジャズを使ったレヴュー形式の作品も多く登場した。ベッシー・スミスをテーマとした『私とベッシー』（一九七五）、全盛期ハーレムのナイトクラブを探訪するという設定の『バブリング・ブラウン・シュガー』（一九七六）、ファッツ・ウォラーの曲を集めた『浮気はやめた』（一九七八）、ユービー・ブレイクの曲を集めた『ユービー！』（一九七八）、一九一〇年代のバーレスクのスケッチ集『シュガー・ベイビーズ』（一九七九）、『もう一度』（一九七九）、デューク・エリントンをテーマにした『粋な御婦人』（一九八一）などのショーが続々と上演された。

レヴュー形式の作品は、複雑な物語がなく、単に歌や音楽、踊りなどを楽しむショーだったので、ニューヨーク市のキャンペーンにより一九八〇年代から増加し始めたミュージカル目当ての観光客も、気軽に楽しむことができ、一定の支持を集めた。そのため、ブロードウェイでは人々の懐古趣味だけでなく、観光客目当てのレヴューも作られ始めて、ミュージカル公演の三割程度を占めるようになった。

第八章　メガ・ミュージカルの時代（一九八〇〜　）

1　メガ・ミュージカル

ソ連の崩壊とグローバル化

一九八一年に就任した俳優出身のロナルド・レーガン大統領は、一九七〇年代に低調だった経済の立て直しのために、減税と社会福祉費の削減を実施し、ソ連を「悪の帝国」と呼び軍事費を増大させた。こうしたサプライサイド経済学の適用により、景気は上向きＧＤＰも増大したが、その反面、財政赤字も大きくなった。

こうしたことも一因となって、ソ連では一九八〇年代末に共産党の一党独裁体制が崩壊してロシアが成立、ソ連の周辺国は独立して、東西ドイツは統合された。こうして一九五〇年代から続いた四〇年間にわたる東西冷戦は終結した。一方、もう一つの社会主義国家だった中国は、一九八〇年代のドイモイ政策により経済を活性化させたヴェトナムに見習い開放政策を模索、ソ連のペレストロイカの影響を受けて民主化を求める声が高まると一九八九年の天安門事件で弾圧して、一党独裁のまま鄧小平の「南巡講話」（一九九二）により社会主義市場経済へ移行する政策を採った。アメリカは中国に対して関与政策（取込み政策）を採り、支援的な態度だったので、中国は二〇〇一年に、ロシアは二〇一二年にWTO（世界貿易機関）へ加盟し、世界経済が一つになるグローバル化の時代を迎えた。

一九八〇年代に経済が拡大して好景気となったアメリカは、グローバル化した世界へ向けての投資のチャンスを逃すまいと、一九二九年の大恐慌を教訓として銀行業と投資業の分離を定めたグラススティーガル法を廃止する議論が始まり、一九九九年には廃止法案が成立して、新たなバブル経済を作り出し、二〇〇八年にリーマン・ショックを引き起こすまで経済拡大を続けることになる。

二十一世紀に入ると、二〇〇一年にイスラム原理主義者たちによるニューヨークの貿易センタービルへの旅客機突入があり、欧米諸国とイスラム原理主義との間の溝が深まる。経済的にはリーマン・ショックからの回復が見られたものの、グローバル化が進み、物だけでなく、資本、人、情報の移動が進み、従来は先進国と発展途上国の間で生じていた南北格差が、発展途上国の急速な発展と人材移動により、先進諸国内での国内の経済格差として現出するようになった。そのために、先進国は社会の分断に苦しみ、権威主義国家では情報統制により社会不満の爆発を抑える要因となった。

デジタル化の時代

アルファベットを符号化するモールス符号が一八四〇年代に作られた時から、文字の符号化が始まる。モールス符号は主に無線通信などの情報伝達で用いられたが、第二次世界大戦後に半導体技術が進歩してコンピュータが使われるようになると、情報を蓄積・加工するためにあらゆる情報のデジタル化が進んだ。一九九〇年代になると、デジタル化された情報は、インターネットにより瞬時に世界中に伝わるようになった。

コンピュータは、科学技術の計算や、会計計算などに特化して当初は作られたが、特定の用途ではなく、あらゆる目的に使える汎用コンピュータが誕生したのが一九六四年で、発売したＩＢＭ社は三六〇度あらゆる用途で使えるという意味で、システム／三六〇と命名した。ちょうど東京オリンピックの開催された年だったので、日本で初めてのシステム／三六〇は、東京オリンピックの記録管理に使用され、オリンピック終了後には都市銀行のシステムに転用された。この時の記録管理ではまだ日本語を扱うことはできなかった。ＪＩＳ（日本工業規格）で漢字コード表が制定されて、漢字の符号化が進み始めるのは一九七八年のことだ。

その後は、あらゆる分野で符号化は進む。音声を符号化して記録したＣＤは一九八二年に発売され、アナログ式のレコードを駆逐した。静止画像を符号化して記録するデジタル式カメラは一九七五年に発明され、一九九〇年以降に実用的な製品が発売された。画像符号化の標準規格 jpeg は一九九二年に、音声符号化の標準規格 mp3 と文書規格 pdf は一九九三年に制定される。

動画符号化の標準規格 mpeg2 は一九九五年に制定されて、それを採用したＤＶＤは一九九六年に発売され、アナログ方式のレーザーディスクは消滅した。さらに、高精細動画を規格化した H.264 / mpeg4 AVC は二〇〇三年に制定されて、ブルーレイなどに使用されている。

通信の世界でも、一九九五年の Windows95 発売以降、インターネットを利用した通信が飛躍的に増大し、二十一世紀に入るとアナログ電話よりも、インターネットやデジタル式の携帯電話の加入数の方が多くなった。スマートフォンの本格的な普及は二〇〇八年以降だが、出荷台数で見ると、従来型の携帯電話の出荷数を二〇一三年に抜いている。こうして、二十一世紀はあらゆる分野でデジタル化が進み、映画館も日本では二〇一三年頃までに大半がデジタル式の上映に切り替わった。

デジタル技術の進歩は、ワイヤレス・マイクなどの機器の小型化と、多チャンネル化を容易としたので、劇場音楽は楽器も歌声もすべてマイクを通した大音響で提供されるようになった。以前のワイヤレス・マイクは、客席から目立たないように、鬘《かつら》などに仕込まれていたが、もはや電気的な増幅に抵抗感のない観客が増えたために、二十一世紀になると隠すこともなく装着されるようになった。

ブロードウェイへの影響

ニューヨーク市は一九七〇年代に財政が悪化して、ヴェトナム戦争の影響や経済的な問題のために治安が悪化し、犯罪が横行、失業者も増えて、人口が流出して一割も減ってしまう。これを立て直すために、一九七七年に「I♡NY」のロゴを定めてキャンペーンが始まり、治安の回復、旅行者の呼び込みが行われた。このキャンペーンは一九八〇年代も続けられ、観光客の呼び物の一つとして、ブロードウェイでのミュージカル鑑賞もテレビなどで広く宣伝されるようになった。その結果、観光客が増えて財政も潤ったが、ブロードウェイの観客層は大きく変わった。

二〇一五年のブロードウェイの観客数は、一九八〇年当時の約二倍となったが、上演される作品数はほぼ同じなので、長く続演しているメガ・ミュージカル作品が観客を集めていることがわかる。現在では、観客の約三分の二が旅行者であり、この三〇年間の観客層の変化に伴い、上演される作品内容も大きく変わってきた。

次から次へと来る観光客は、新作にはこだわらずに映画などですでに知られた作品を好む。外国人旅行者も増えて、英語を十分に理解しない観客は、複雑な物語を展開する台本ミュージカルではなく、台詞の少ないレヴューや、ダンス・ショーを好んだ。また、有名作品に人気が集まる傾向が強く、ミュージカル映画を観た後でその舞台版をもう一度観る、あるいは有名映画スターの出演作品を観る、などの理由で観客が集まるようになった。いずれにしろ、台本ミュージカルの特色だった芝居としての充実よりも、観客を飽きさせないテンポでショーを運ぶことが優先され、台詞や芝居部分はどんどんと短くなり、全編歌だけで構成される「歌い通し」の作品が、観光客の支持により長く続演するようになった。

一九八〇年代のヒット作品

ブロードウェイのミュージカルで続演が五〇〇〇回を超えたのは、『コーラス・ライン』（一九七五）の六一三七回が最初で、七〇年代は一作品だけだったが、八〇年代になると五〇〇〇回超えの作品が三本も現れる。『キャッツ』（一九八二）の七四八五回、『レ・ミゼラブル』（一九八七）の六六八〇回、『オペラ座の怪人』（一九八八）にいたっては三〇年間以上一万二〇〇〇回を超えて続演中だ。これらの作品は、いずれもイギリスの製作者キャメロン・マッキントッシュが製作した作品で、大規模でスペクタクルなメガ・ミュージカルだ。

メガ作品以外でヒットした八〇年代の作品は、懐古調の『四十二番街』（一九八〇）が三四八六回の続演、男性同性愛カップルを描く『ラ・カージュ・オー・フォール』（一九八三）が一七六一回、マイケル・ベネットの演出が冴えた『ドリームガールズ』（一九八一）が一五二二回、オフでヒットしたB級恐怖映画の舞台化『恐怖の花屋』（一九八二）などがある。八〇年代後半には、トム・ソーヤの世界を描く『ビッグ・リヴァー』（一九八五）が一〇〇五回、イギリスの一九三七年の古い作品を再演した『ミー・アンド・マイ・ガール』（一九八六）が一四二〇回、グレタ・ガルボの一九三二年の映画を舞台化した『グランド・ホテル』（一九八九）が一〇一八回、ハリウッドで自作のハードボイルド小説を映画化しようとする作家を描く『天使の街』（一九八九）が八七八回の続演となっている。

このほかにも、チャールズ・ディケンズの未完の小説を原作として、観客に投票で結末を決めさせる『エドウィン・ドルードの謎』（一九八五）や、ソンドハイムの描くグリム童話集『森の中へ』（一九八七）などがあったが、こうしたリストを見ると、台本ミュージカルはすでに過去のものとなってしまった感がある。

メガ・ミュージカル

一九六〇年代には、アメリカの製作者デイヴィッド・メリクによるイギリス・ミュージカルのブームがあったが、一九八〇年代には、イギリスの製作者キャメロン・マッキントッシュによる第二波が押し寄せた。キャメロン・マッキントッシュは、ロンドンに生まれドゥルーリー・レイン劇場の舞台監督助手などで修業を積んだ後に製作者となり、超大型のヒット・ミュージカルを次々と製作した人物だ。

彼のヒット作は、アンドリュー・ロイド・ウェバーや、フランスのクロード＝ミシェル・シェーンベルクの作品が中心で、台詞がほとんどなく歌だけで構成された「歌い通し」作品が多い。いずれもハイテクを使った巨大でスペクタクルなセットが、舞台上で重要な役割を果たす。こうした巨大な舞台装置を使用する大掛かりな舞台は、フランスのグランド・オペラの再来を思い起こさせるものがある。彼の一連の作品は世界中で熱狂的に支持されて、「メガ・ミュージカル」と呼ばれるようになった。

こうしたスタイルは、最初の『キャッツ』（英一九八一、米八二）と、次の『レ・ミゼラブル』

（仏一九八〇、英八五、米八七）で形作られた。『キャッツ』では年老いた娼婦猫が昇天するための巨大なタイヤが人々を驚かせ、『レ・ミゼラブル』ではフランス革命の巨大なバリケードが舞台上に忽然と現れた。これらは、いずれもジョン・ネイピアの装置、トレヴァー・ナンの演出によるもので、マッキントッシュだけでなく、これらのスタッフとの合作といえる。

『レ・ミゼラブル』の後、マッキントッシュはハロルド・プリンスに演出を依頼して『オペラ座の怪人』（英一九八六、米八八）を作るが、この作品では巨大シャンデリアが天井から落ちてきて話題をさらう。続いて『ミス・サイゴン』（英一九八九、米九一）では、陥落するサイゴンから脱出するためのヘリコプターが轟音とともに登場して観客を驚かせた。この作品の装置もネイピアが担当した。

この流れはその後のトレヴァー・ナン演出作品でも続いた。機関車の走り回る『スターライト急行』（英一九八四、米八七）や、秒単位で大規模な装置を動かそうとするハイテクがうまく作動せずにブロードウェイで失敗した『チェス』（英一九八六、米八八）、ネイピアが装置を担当して巨大な階段が評判になった『サンセット大通り』（英一九九三、米九四）も、オペラを思わせるような大セットだった。

大きな装置を使う演出は、歌い通し形式を始めたロックオペラとも無関係とはいえず、源流をたどると、トム・オホーガン演出の『ジーザス・クライスト・スーパースター』から始まったと考えられる。『ジーザス』の最後の場面は、キリストが巨大な衣装をまとって昇天するスペクタクルな場面となる。こうした作品では、壮大なテーマや巨大な装置に合わせて、歌唱ムードもどんどんとオペラ風となり、パワーアンプを使った大音響で聴かせるようになった。

巨大でスペクタクルなセットの製作により、製作費も高騰するが、旅行客、観光客も含めて、十年単位の続演となればその収益も大きくなる。こうしたヒット作品は、グローバルに広がり、有名になると多くの国で上演されるので、その著作権料収益も大きい。こうして、七〇年代にハリウッドで起こった巨大作品製作と同じような現象が、八〇年代後半のブロードウェイでも起こった。

一九九〇年代のヒット作品

五〇〇〇回超えは、八〇年代は三作品だったが、九〇年代になると四作品となった。ディズニーの製作による『美女と野獣』(一九九四)は五四六一回、エルトン・ジョンの曲による『ライオン・キング』(一九九七)も二〇年間八五〇〇回以上で続演中だ。プッチーニの『ラ・ボエーム』を原作として、ジョナサン・ラーソンがロック調の曲を付けた『レント』(一九九六)は五一二三回、『シカゴ』(一九九六)は二〇年間九〇〇〇回を超えている。このうち『シカゴ』は新作ではなく再演だが、ボブ・フォッシーの演出、振付が再評価され、さらに二〇〇二年の映画版がミュージカル映画としては久々にアカデミー作品賞を取ったことから知名度が上がり、超ロングランとなった。

大ヒット作は、八〇年代にはマッキントッシュ製作のメガ・ミュージカルばかりだったが、九〇年代になるとマッキントッシュ作品は『蝶々夫人』のヴェトナム戦争版『ミス・サイゴン』（一九九一）の四一二五回だけで、それに代わりディズニー作品が人気を得たわけだ。

九〇年代のベストテンに入る続演作品としては、一九三〇年のガーシュウィンの『女の子に夢中』を改作した『クレイジー・フォー・ユー』（一九九二）が一六二二回、一九七一年の作品で七八年に映画がヒットした『グリース』（一九九四）の再演が一五〇三回、カンダーとエブの『キャバレー』（一九九八）の再演が二三七七回となっていて、再演作品が多いことがわかる。それ以外でベストテンに入るのは、懐古的な曲を聴かせるレヴュー『スモーキー・ジョーのカフェ』（一九九五）が二〇三六回の続演で、純粋に新作といえる台本作品は『ジキルとハイド』（一九九七）の一五四三回ぐらいしかなかった。

新作を作る力が落ちたことから、再演に頼る傾向はますます増し、『野郎どもと女たち』（一九九二）、『シー・ラヴズ・ミー』（一九九三）、『ショー・ボート』（一九九四）、『くたばれヤンキース』（一九九四）、『回転木馬』（一九九四）、『努力しないで出世する方法』（一九九五）、『王様と私』（一九九六）、『ローマで起こった奇妙な出来事』（一九九六）、『一七七六年』（一九九七）、『サウンド・オブ・ミュージック』（一九九八）、『アニーよ銃を取れ』（一九九九）、『キス・ミー・ケイト』（一九九九）など、大量の再演作品が上演されて、それぞれ安定した興行成績を残した。こうした再演ブームにより、九〇年代の再演比率は五割近くになってしまう。

新作では、ウィル・ロジャースの半生を『フォリーズ』風に描いた懐古的な『ウィル・ロジャース・フォリーズ』（一九九一）、映画をミュージカル化した『蜘蛛女のキス』（一九九三）、ビリー・ワイルダーの名作映画を舞台化した『サンセット大通り』（一九九四）、ジュリー・アンドリュースが久々に主演した『ヴィクター／ヴィクトリア』（一九九五）、モーリー・イエストン曲の『タイタニック』（一九九七）、有名な小説に題材を取った『紅はこべ』（一九九七）、二十世紀初頭の音楽を使った『ラグタイム』（一九九八）、ボブ・フォッシーの踊りだけを見せる『フォッシー』（一九九九）、ヒット映画の舞台化『サタデー・ナイト・フィーバー』（一九九九）などが注目を集めた。

2　映画の舞台化と新しい波

映画ミュージカルの舞台への移入

ブロードウェイのミュージカルは、昔から小説や演劇を原作とするものが多かったが、映画との関係で言えば、舞台ミュージカルは映画に対して原作を供給する立場にあった。しかし、映画界が実力を付けて優秀な作品を出すようになると、映画を原作とする舞台ミュージカルが現れるようになる。

一部の例外的な作品を除けば、こうした傾向は一九六〇年代末から始まっており、『日曜はダメよ』（一九六七）、『プロミシズ、プロミシズ（アパートの鍵貸します）』（一九六八）あたりから、そうした傾向が顕著となった。『ゾルバ』（一九六八）なども、小説を原作としてはいるものの、映画版『その男ゾルバ』（一九六四）の影響を強く受けていると感じられる。これらに続いたのが、『アプローズ（イヴの総て）』（一九七〇）や『シュガー（お熱いのがお好き）』（一九七二）などだ。それでも、普通の映画がミュージカルとなる例は多かったが、ミュージカル映画をそのまま舞台化するという作品はなかった。

一九六〇年代に、MGMミュージカル映画の『リリー』（一九五三）を舞台化した『カーニヴァル』（一九六一）が上演されているが、原作の映画からは主題歌が一曲使われただけで、ほとんどは新曲だったため、完全な新作といえる。しかし、やがてミュージカル映画をそのまま舞台化する作品が登場する。先鞭を付けたのは舞台的な映画『恋の手ほどき』（一九七三）だったが、トーキー初期のレヴュー映画の傑作を大胆に改変した『四十二番街』（一九八〇）、MGMの名作をそのまま舞台化した『雨に唄えば』（一九八五）などが登場して、ミュージカル映画の舞台化が本格化した。

一九九〇年代に入り、ディズニーが一連の自社作品を舞台化し始めると、それを追うように『フットルース』（一九九八）、『サタデー・ナイト・フィーバー』（一九九九）なども舞台化され、二十一世紀になると『モダン・ミリー』（二〇〇二）、『チキ・チキ・バン・バン』（二〇〇五）、『ザナドゥ』（二〇〇七）、『シュレック』（二〇〇八）、『天使にラブ・ソングを』（二〇一一）、『巴里のアメリカ人』（二〇一五）、『アナスタシア』（二〇一五）と続いている。

ディズニーの進出

映画会社のディズニーは、一九九〇年代半ばに『美女と野獣』（一九九四）で、ブロードウェイ・ミュージカルの製作に進出した。これはディズニー・ルネサンスと呼ばれる一九八〇年代末からのヒット映画の舞台化を狙ったもので、アラン・メンケンの作曲した作品が多かった。ブロードウェイの観客は観光客が大半を占めるようになったので、ヒットして知名度の高い映画の舞台化は、リスクが低く収益性の高い事業となった。そこで、個人製作者が多いブロードウェイに、法人製作者として乗り込んだわけだ。

『美女と野獣』は、ブロードウェイ作品としては少し子供っぽい印象だったが、これで手応えを摑み、ディズニーは本格進出用に自前の劇場も準備した。映画の題名にもなった『四十二番街』（正しくは四十二丁目）は、一九二〇年代のブロードウェイ黄金時代には栄えたものの、七〇年代以降は荒廃して、品のよくない店舗が進出していた。その通りの中心部にあるニューアムステルダム劇場は、往年のジーグフェルドが『フォリーズ』を上演していた由緒ある劇場だったが、近年は映画館として使われていた。ディズニーはこれを改築して、次の『ライオン・キング』（一九九七）を上演した。この作品はジュリー・テイモアの演出が優れており、トニー賞の最優秀ミュージカル賞も得たことから長い続演となった。

ディズニーはせっかく自前の劇場を持ったが、どの作品も続演が続くので、自前の劇場では足りずに、大手の劇場を借りて上演している。その後の作品としては、ヴェルディのオペラを原作とした『アイーダ』（二〇〇〇）、『ターザン』（二〇〇六）、イギリスのキャメロン・マッキントッシュと共同製作した『メリー・ポピンズ』（二〇〇六）、『リトル・マーメイド』（二〇〇八）、『ニュージーズ』（二〇一二）、『アラジン』（二〇一四）、『アナと雪の女王』（二〇一八）などがある。これらの作品は、ヒットしたディズニー映画の舞台化だったが、『アイーダ』だけは作曲のエルトン・ジョンがアニメ映画化を嫌がったため、映画版なしに舞台版が作られた。

二〇〇〇年代

二〇〇〇年代に入っても、再演作品は九〇年代と変わらず多数上演された。一方、新作も九〇年代と比べると増えたので、ミュージカルにおける再演比率は三割程度だった。しかし、九〇年代までのように長い続演作品が続出する状況はなく、五〇〇〇回を超えた作品は、ジュークボックス・ミュージカルの名作『マンマ・ミーア！』（二〇〇一）の五七五八回と、『オズの魔法使』の前日譚を描いた『ウィキッド』（二〇〇三）の六〇〇〇回超えぐらいとなる。二〇〇〇年代にはジュークボックス作品が多く作られたので、『マンマ・ミーア！』以外にも、『ジャージー・ボーイズ』（二〇〇五）が四六四二回、『ロック・オブ・エイジズ』（二〇〇九）が二三二八回の続演を記録した。また、ディズニー系の作品はどれもヒットしたが、『メリー・ポピンズ』が二六一九回の続演を記録した。

そのほかで、注目を集めた新作としては、ボルティモア市の黒人と白人の融合をロックンロールで描く『ヘアスプレー』（二〇〇二）が二六四二回、パペット（人形）を使った『アヴェニューQ』（二〇〇三）が二五三四回、メル・ブルックスの映画の舞台化『プロデューサーズ』（二〇〇一）が二五〇二回、モンティ・パイソンの『スパマロット』（二〇〇五）が一五七五回となっている。また、『リトル・ダンサー』（二〇〇八）、『ハイツ地区で』（二〇〇八）、『メンフィス』（二〇〇九）、『第二五回パトナム郡の綴り競技会』（二〇〇五）、『コンタクト』（二〇〇〇）、『ユーリンタウン』（二〇〇一）、『カラー・パープル』（二〇〇五）、『モダン・ミリー』（二〇〇二）、『春の目覚め』（二〇〇六）、『フル・モンティ』（二〇〇〇）、『ほぼ正常』（二〇〇九）、『眠そうな付添人』（二〇〇六）などもヒットした。

ジュークボックス・ミュージカル

一九七〇年代後半から一九八〇年代前半にかけて、古いジャズの楽曲を集めたレヴュー作品が懐古ブームに乗って現れた。こうした懐古趣味は、観客が若かった時代に聴いた音楽を懐かしむのだから、時代が移り観客の世代が交代すると、懐かしむ音楽も変わってくる。そのため、二十一世紀に入ると、ロックンロール以降の音楽が懐メロの対象となり始めた。

こうした懐メロミュージカルは、ビートルズに扮して歌うだけの『ビートルマニア』（一九七七）が一〇〇六回の続演、エリー・グレニッチのヒット曲を歌いまくる『リーダー・オブ・ザ・パック』（一九八五）が一二〇回の続演、一九六〇年代の曲を集めた『ビーハイヴ』（一九八六）が六〇〇回の続演と、散発的に上演されていた。このような懐メロ作品は、懐かしのヒット曲が次々と歌われるのでジュークボックス・ミュージカルと呼ばれるようになった。

ジュークボックス作品は、『スモーキー・ジョーのカフェ』（一九九五）のように物語のないレヴュー形式で上演されることが多いが、中には物語と絡めて見せることもある。『マンマ・ミーア！』（二〇〇一）は、アバのヒット曲をうまく使った上質のコメディに仕上がっており、大ヒットした。またフォー・シーズンズの伝記に曲をちりばめた『ジャージー・ボーイズ』（二〇〇五）や、『ロック・オブ・エイジズ』（二〇〇九）、キャロル・キングの伝記として仕上げた『ビューティフル／キャロル・キング・ミュージカル』（二〇一四）もヒットした。

この種のジュークボックス・ミュージカルは、簡単に作れるため、二〇〇〇年以降多くの作品が登場したが、大半の作品は一部の観客にしか支持されなかった。比較的評判のよかった作品としては、ビリー・ジョエルの曲を使った『ムーヴィン・アウト』（二〇〇二）、ピーター・アレンの半生を描く『ザ・ボーイ・フロム・オズ』（二〇〇二）などがある。

二〇一〇年代

二〇一〇年代に入っても、ブロードウェイの傾向は二〇〇〇年代と変わらなかった。再演作品が相変わらず三割以上を占めるだけでなく、ヒット映画の舞台化や、ジュークボックス作品が大半を占めている。これは、旅行者や観光客が観客の三分の二を占めている現状を考えると、当然のことだろう。

二〇一〇年代最初のヒット作品は、すでに三〇〇〇回以上続演している『モルモン書』（二〇一一）で、モルモン教の宣教活動でアフリカのウガンダへ行く若者の話。ヒット・ミュージカルとしては珍しく原作のないオリジナルの作品だ。漫画が原作の『スパイダーマン』（二〇一一）は一〇六六回の続演で終わってしまう。

二〇一二年には『ワンス』（二〇一二）が一一六八回、『ニュージーズ』（二〇一二）が一〇〇四回の続演、一三年には『マチルダ』（二〇一三）が一五五四回、『キンキー・ブーツ』（二〇一三）が二〇〇〇回超えで続演中だが、いずれも映画が原作。一四年の『ビューティフル／キャロル・キング・ミュージカル』（二〇一四）は二〇〇〇回超え続演中のジュークボックス作品、『アラジン』（二〇一四）も二〇〇〇回超え続演中でディズニーの製作。

しかし、二〇一五年になると新しい傾向が現れた。ラップを使った『ハミルトン』（二〇一五）が一〇〇〇回を超えて長期続演態勢に入ったのだ。現状では自作自演したリン＝マヌエル・ミランダの単独の動きのようにも見えるが、アメリカ独立時に活躍したアレクサンダー・ハミルトンの伝記をラップで演じ、ピュリッツァー賞を受賞して、一躍時の人となった。ラップ作品としては、マンハッタン島北部のハイツ地区を舞台にした移民たちを描く『ハイツ地区で』（二〇〇七）がすでに出ていたが、アメリカ建国時の英雄的な移民ハミルトンをラップで語るという点で、移民問題が社会的な論点となっている現代に新しい風を吹き込んだ。

二〇一五年以降では、ロイド・ウェバーが久々に曲を書いた『ロックの教室』（二〇一五）が九〇〇回超え、『ウェイトレス』（二〇一六）も一〇〇〇回超えで続演中、オフから持ち上がった『迷子の警察音楽隊』（二〇一七）、『ミーン・ガールズ』（二〇一八）、『プリティ・ウーマン』（二〇一八）も始まったが、どれも映画が原作となっている。

ラップオペラの誕生

一九七〇年代後半に、ブロンクスを中心として、黒人やヒスパニック系の若者の間で、ヒップホップ文化が生まれた。ブレイクダンスやDJから始まり、ラップやグラフィティと呼ばれる落書き的な絵画も登場して、それらは一括してヒップホップと呼ばれるようになった。

ラップはリズムに乗せて語るので、語る言葉は韻律により詞の形式をとっているだけでなく、決まったリズムの伴奏に乗せて語られるため、通常の会話とは異なっている。こうしたラップは、一九七〇年代から始まったが、録音されてレコードで聴けるようになるのは、一九八〇年代初頭からだった。

ラップで語られる内容には、自分たちの思いや主張が綴られるが、こうしたラップを積み重ねて、一つの物語を語ることも可能となってくる。そのため、ロックオペラがコンセプト・アルバムにより複数の曲で物語を構成したのに倣い、ラップでもコンセプト・アルバムで物語る動きが出てくる。ラップのコンセプト・アルバムは一九九〇年代末から出始めたが、舞台化作品はしばらく登場しなかった。コンセプト・アルバムではなく、演劇的に演じられたのは、ビヨンセがデビューしたMTVの作品『カルメン／ヒップホペラ』（二〇〇一）あたりからだと考えられる。こうした作品は、ラップオペラまたはラップミュージカルと呼ばれるようになる。

ラップは旋律ありきではなく、リズムに乗せて言葉の韻律を整えて語る、あるいは歌唱する形式なので、ミュージカルの事例で考えれば、『マイ・フェア・レディ』（一九五六）におけるレックス・ハリソンの歌唱や、『ミュージック・マン』（一九五七）の冒頭の歌などは、ほとんどラップと似た形式になっている。日本の古い事例で考えると、笠置シヅ子の『買物ブギー』（一九五〇）などもラップと似た効果をあげている。

『ハミルトン』

ブロードウェイではかなり遅れたが、『ハイツ地区で』（二〇〇七）でラップミュージカルが初めて登場し、次の『ハミルトン』（二〇一五）で大ブレークした。この二作品を自作自演したのは、リン＝マヌエル・ミランダで、ニューヨーク生まれだが、プエルトリコ系で、スペイン語のバックグラウンドも持っている。『ハイツ地区で』でトニー賞とグラミー賞を取り、次の『ハミルトン』ではピュリッツァー賞も獲得した。ミュージカルでピュリッツァー賞を取ったのは、『フィオレロ！』（一九五九）以来となる。

この作品で描かれたハミルトンという人物は、一〇ドル札にも肖像画が印刷されているアメリカ建国時の立役者だが、アメリカ生まれではなく移民だった。二〇一六年のトニー賞授賞式は、クリントンとトランプが対決する大統領選の真っ只中で行われたので、民主党の支持者が多いニューヨーク市では、『ハミルトン』に出てくる「俺たち移民がアメリカの独立を守るのだ！」という台詞に、客席も大いに沸いていた。こうした話題性にも事欠かないので、大ヒットへ結びついた。

この『ハミルトン』のヒットは、話題性もあるが、音楽劇としては重要な課題があることを再認識させた。それはオペラにおけるレチタティーヴォの問題だ。オペラはイタリアで始まり、イタリア語の言語特性に合ったレチタティーヴォとアリアが形成されたが、ほかの言語では音韻特性の違いからレチタティーヴォによる歌唱が難しいために、いろいろな苦労があり、オペレッタでは地の台詞を使い、ミュージカルでもそれを引き継いだ。

ミュージカルは、台本ミュージカル形式を完成させたものの、ロックの普及に伴い、ロックオペラと呼ばれる歌い通し形式が生まれ、さらにラップの登場により、英語による新しいレチタティーヴォが登場した。ラップというレチタティーヴォは、英語の音韻と密着しているので、この形式のまま他言語化するのは、オペラのレチタティーヴォが他言語に置き換えにくかったのと同じように、新たな問題にぶつかる可能性が高い。今後、ミュージカル、ロックオペラ、ラップオペラがどういう方向に向かうのか、注目に値するだろう。

あとがき

演劇の発祥は宗教的な色彩を帯びており、当初から総合的な芸能として、台詞《せりふ》以外に歌や踊りが入っていた。西洋古典のギリシャ劇もコロスと呼ばれる合唱が入ったし、日本でも古典劇は音楽的な伴奏や、踊りとともに演じられる。アジアに残る古い芸能でも、演劇と音楽や踊りは密接に結びついている。つまり、純粋に台詞だけで演じられる演劇の方が例外的で、近代の生み出した産物なのだ。

近代以降の作劇法、音楽や踊り、演出法の進歩とともに、演劇は、純台詞劇、オペラ、バレエ、パントマイムのように細分化されてしまい、別のジャンルとして発展してきた。そのため、歌や踊りを含む公演では、わざわざ「総合芸術」（総合娯楽ではない！）と看板を掲げる必要が生じた。しかし、演劇は太古の昔から総合的なのだ。本書で扱った十七世紀以降のオペラ、バレエ、オペレッタ、ミュージカルというジャンルでは、いずれも、物語と音楽や踊りの関係が常に問題となって来た。これらのジャンルは同根なので、似たような課題を抱えているのだ。

現在でも、これらは別ジャンルとして扱われ、観客層も異なるが、極論すればオペラ、バレエ、オペレッタは第一次世界大戦後に新作を生み出す力を失い、過去の古典的作品を現在でも大事に上演している。そうした点でも、日本の能、狂言、歌舞伎、文楽と同じだ。音楽劇で現代でも新作を生み出しているのは、ミュージカルだけともいえる。では多くの人から支持されるようなオペラや歌舞伎の新作は、なぜ現れないのか。この本を書いたのは、そうした問題意識からだ。

オペラやバレエの新作は今でも作られている。しかし、上演される作品の大半は十九世紀の作品だ。これはオペラベース（www.operabase.com）の統計を見れば、簡単に確認できる。二〇〇八～一七年に世界中のオペラ劇場で上演された作品の作曲家を、上演回数の多い順に並べると、①ヴェルディ、②プッチーニ、③モーツァルト、④ロッシーニ、⑤ワーグナーの順で、全員が十九世紀以前の作曲家だ。六位以下を見ても、⑥ドニゼッティ、⑦ビゼー、⑧オッフェンバック、⑨リヒャルト・シュトラウス、⑩レハールという具合であり、二十世紀以降の作曲家が聴衆にあまり受け入れられていないことがわかる。メトロポリタン歌劇場の上演記録を見ても、公演回数の多い上位五〇作品は、全部十九世紀の作曲家の作品だ（プッチーニやリヒャルト・シュトラウスが二十世紀に書いた作品はある）。

読書は基本的に一人で本と向き合うが、オペラやバレエは劇場に観客が集まらないと成立しない。だから、どんな観客を想定するかによって、作品内容は大きく変わる。モーツァルトは、神聖ローマ帝国レオポルド二世のボヘミア国王即位祝賀のために『皇帝ティートの慈悲』を正歌劇の形式で書いた。また、ウィーンの興行師シカネーダーの依頼を受けて『魔笛』をジングシュピール形式で書いた。同一人物が全く異なるスタイルで書くのは、依頼主や観客の要求に応えるためだ。

同じようなことは絵画の世界でもある。画家が描く主題は時代とともに変化する。教会からの依頼であれば宗教画を描き、王族からの依頼ならば王族の肖像画を描く。それ以外の世俗的な主題を描くのは、それを買ってくれる人がいるからだ。音楽劇も同じように、聴衆の求めに応じなければ、上演の機会が得られないので、台本作家も作曲家も、聴衆やスポンサーを念頭に作品を書いた。どんなに優れた作品も、そうしなければ上演されなかった。

これまでの音楽劇の説明では、物語や音楽の解説が中心で、観客については注意が不足していたように思える。フランスでは、フランス革命により絶対王政から共和制に変わったので、バレエもオペラも、国王ではなくブルジョアの望む作品へと切り替わった。ドイツ語圏やイタリア語圏のオペラも、十九世紀には貴族とブルジョアの両方の観客を念頭に置いて書かれた。古くから共和制だったヴェネチアでは、市民の好む作品が流行った。

フランス革命に続いて、第一次世界大戦でも観客層は大きく変化した。ヨーロッパのほとんどの国は共和制となり、大量生産の時代を迎えて大衆が登場した。貴族を真似るスノッブなブルジョアと異なり、大衆はもっとわかりやすい作品を求めた。こうしたことが、オペラからオペレッタへ、そしてミュージカルへと変わる流れを作った。

本書では、なぜ作品のスタイルが変化したのか、という説明に主眼を置いたので、個別の作品解説は意図していない。従って、作品内容は別の解説書で調べていただきたい。日本語で読める文献はかなり限られてはいるが、全然ないわけではない。ただし、「百聞は一見に如かず」という格言のとおり、作品内容は本だけでは理解できない。やはり観る必要がある。

音楽劇の変化は、音楽の進歩と大いに関係している。音楽家がどうやって生活費を得たのか、誰のために曲を書いたかによっても、音楽は大きく変化した。また、近年においてはテクノロジーの進歩が音楽劇にも大きく影響している。十九世紀における電気の利用や、二十世紀における電子技術の進歩、二十一世紀における社会のデジタル化により、作品内容は大きく変化した。そうした点も、見落とされがちだったので、気が付く範囲で本書に盛り込んだ。

本書の野心的な試みについて、平凡社の福田祐介、劇書房の長峯英子の両氏に相談に乗っていただき、貴重なコメントを沢山いただいた。両氏の協力なしにはこの本は書けなかったので、この場を借りて改めて感謝の言葉を述べたい。

二〇一九年二月

重木昭信

『マンマ・ミーア！』Mamma Mia! (2001) 5758回 ジュークボックス　アバ
『ムーヴィン・アウト』Movin' Out (2002) 1303回 ジュークボックス　ビリー・ジョエル
『ザ・ボーイ・フロム・オズ』（オズから来た男）The Boy From Oz (2003) 364回 ジュークボックス　ピーター・アレン
『ジャージー・ボーイズ』Jersey Boys (2005) 4642回 ジュークボックス　フォー・シーズンズ
『ロック・オブ・エイジズ』（時代のロック）Rock of Ages (2009) 2328回 ジュークボックス
『ビューティフル／キャロル・キング・ミュージカル』Beautiful The Carole King Musical (2014) 2000+回 ジュークボックス　キャロル・キング

【2010年代】
『モルモン書』The Book of Mormon (2011) 3000+回 ロバート・ロペス
『スパイダーマン』Spider-Man: Turn Off The Dark (2011) 1066回
『ワンス』Once (2012) 1168回
『マチルダ』Matilda The Musical (2013) 1554回
『キンキー・ブーツ』（変態ブーツ）Kinky Boots (2013) 2000+回
『ハミルトン』Hamilton (2015) 1000+回 リン＝マヌエル・ミランダ
『ウェイトレス』Waitress (2016) 1000+回
『迷子の警察音楽隊』The Band's Visit (2017) オフ(2016)
『ミーン・ガールズ』（意地悪な女の子たち）Mean Girls (2018) ジェフ・リッチモンド
『プリティ・ウーマン』Pretty Woman: The Musical (2018)

【その他】
『オズの魔法使』The Wizard of Oz (1939) 映画
『イヴの総て』All about Eve (1950) 映画
『リリー』Lili (1953) 映画
『お熱いのがお好き』Some Like It Hot (1959) 映画
『その男ゾルバ』Zorba the Greek (1964) 映画
『カルメン／ヒップホペラ』Carmen: A Hip Hopera (2001) ＭＴＶ

『天使にラブ・ソングを』Sister Act (2011) 561回 アラン・メンケン
『巴里のアメリカ人』An American in Paris (2015) 623回 ジョージ・ガーシュウィン
『アナスタシア』Anastasia (2015) 500+回

【ディズニーの進出】
『美女と野獣』Beauty and the Beast (1994) 5461回 アラン・メンケン
『ライオン・キング』The Lion King (1997) 8500+回 エルトン・ジョン
『アイーダ』Aida (2000) 1852回 エルトン・ジョン
『ターザン』Tarzan (2006) 486回 フィル・コリンズ
『メリー・ポピンズ』Mary Poppins (2006) 2619回 シャーマン兄弟
『リトル・マーメイド』The Little Mermaid (2008) 685回 アラン・メンケン
『ニュージーズ』（新聞売りの少年たち）Newsies The Musical (2012) 1004回 アラン・メンケン
『アラジン』Aladdin (2014) 2000+回 アラン・メンケン
『アナと雪の女王』Frozen (2018) ロバート・ロペス

【2000年代】
『フル・モンティ』（素っ裸）The Full Monty (2000) 770回
『コンタクト』（交際）Contact (2000) 1010回
『ユーリンタウン』（尿の街）Urinetown (2001) 965回
『プロデューサーズ』（製作者たち）The Producers (2001) 2502回 メル・ブルックス
『ヘアスプレー』Hairspray (2002) 2642回 マーク・シャイマン
『ウィキッド』（邪悪な）Wicked (2003) 6000+回 スティーヴン・シュワルツ
『アヴェニューQ』Avenue Q (2003) 2534回 ロバート・ロペス
『スパマロット』（迷惑騎士）Spamalot (2005) 1575回
『第25回パトナム郡の綴り競技会』The 25th Annual Putnam County Spelling Bee (2005) 1136回
『カラーパープル』（紫の色）The Color Purple (2005) 910回
『春の目覚め』Spring Awakening (2006) 859回
『眠そうな付添人』The Drowsy Chaperone (2006) 674回
『リトル・ダンサー』Billy Elliot: The Musical (2008) 1312回 エルトン・ジョン
『ハイツ地区で』In the Heights (2008) 1184回 リン＝マヌエル・ミランダ
『メンフィス』Memphis (2009) 1165回
『ほぼ正常』Next to Normal (2009) 733回

【ジュークボックス・ミュージカル】
『リーダー・オブ・ザ・パック』（仲間のリーダー）Leader of the Pack (1985) 120回 ジュークボックス　エリー・グレニッチ
『ビーハイヴ』Beehive (1986) 600回 オフ　ジュークボックス

『エドウィン・ドルードの謎』The Mystery of Edwin Drood (1985) 608回 ルパート・ホームズ
『ミー・アンド・マイ・ガール』Me and My Girl (1986) 1420回 英 (1937) 1646回 ノエル・ゲイ
『レ・ミゼラブル』Les Misérables (1987) 6680回 仏 (1980) 英 (1985) メガ　クロード＝ミシェル・シェーンベルク
『チェス』Chess (1988) 68回　英 (1986) 1209回 メガ
『グランド・ホテル』Grand Hotel (1989) 1018回 ジョージ・フォレストとロバート・ライト
『天使の街』City of Angels (1989) 878回 サイ・コールマン

【1990年代】
『ミス・サイゴン』Miss Saigon (1991) 4125回 英 (1989) メガ　クロード＝ミシェル・シェーンベルク
『ウィル・ロジャース・フォリーズ』The Will Rogers Follies (1991) 983回 サイ・コールマン
『クレイジー・フォー・ユー』（君に夢中）Crazy For You (1992) 1622回『女の子に夢中』(1930) のリメイク　ジョージ・ガーシュウィン
『グリース』Grease (1994) 再演1503回
『ヴィクター／ヴィクトリア』Victor / Victoria (1995) 738回 ヘンリー・マンシーニ
『スモーキー・ジョーのカフェ』Smokey Joe's Café (1995) 2036回 レヴュー
『レント』Rent (1996) 5123回 ジョナサン・ラーソン
『シカゴ』Chicago (1996) 再演　9000+回 ジョン・カンダー
『ジキルとハイド』Jekyll & Hyde (1997) 1543回 フランク・ワイルドホーン
『タイタニック』Titanic (1997) 804回 モーリー・イエストン
『紅はこべ』（スカーレット・ピンパーネル）The Scarlet Pimpernel (1997) 772回 フランク・ワイルドホーン
『ラグタイム』Ragtime (1998) 861回 スティーヴン・フラハティ
『フォッシー』Fosse (1999) 1100回 レヴュー
『サタデー・ナイト・フィーバー』Saturday Night Fever (1999) 500回 ビージーズ

【映画ミュージカルの舞台への移入】
『カーニヴァル』Carnival! (1961) 719回 ボブ・メリル
『雨に唄えば』Singin' in the Rain (1985) 367回
『フットルース』Footloose (1998) 737回
『モダン・ミリー』Thoroughly Modern Millie (2002) 903回 ジーニン・テゾーリ
『チキ・チキ・バン・バン』Chitty Chitty Bang Bang (2005) 285回 シャーマン兄弟
『ザナドゥ』Xanadu (2007) 512回
『シュレック』Shrek The Musical (2008) 441回 ジーニン・テゾーリ

『バブリング・ブラウン・シュガー』Bubbling Brown Sugar (1976) 766回 レヴュー
『浮気はやめた』Ain't Misbehavin' (1978) 1632回 レヴュー　ファッツ・ウォラー
『ユービー！』Eubie! (1978) 439回 レヴュー　ユービー・ブレイク
『もう一度』One Mo' Time (1979) 1372回 オフ　レヴュー
『粋な御婦人』Sophisticated Ladies (1981) 767回 レヴュー　デューク・エリントン

【ヒット作品】
『町に来た新しい娘』New Girl in Town (1957) 432回 ボブ・メリル
『ジャマイカ』Jamaica (1957) 558回 ハロルド・アーレン
『ラ・マンチャの男』Man of La Mancha (1965) 2328回 ミッチ・リー
『結婚物語』I Do! I Do! (1966) 561回 トム・ジョーンズとハーヴェイ・シュミット
『ヘンリー・スウィート・ヘンリー』Henry, Sweet Henry (1967) 80回 ボブ・メリル
『プロミシズ、プロミシズ』Promises, Promises (1968) 1281回 バート・バカラック
『1776年』1776 (1969) 1217回 シャーマン・エドワーズ
『オー！カルカッタ！』Oh! Calcutta! (1969) 606回 再演 (1769) 5959回 レヴュー
『ピピン』Pippin (1972) 1944回
『マジック・ショー』The Magic Show (1974) 1859回 スティーヴン・シュワルツ
『レット・マイ・ピープル・カム』Let My People Come (1974) 1327回 オフ　レヴュー
『コーラス・ライン』A Chorus Line (1975) 6137回 マーヴィン・ハムリッシュ
『ウィズ』The Wiz (1975) 1672回
『ダンシン』Dancin' (1978) 1774回 レヴュー
『テキサス一番の娼家』The Best Little Whorehouse in Texas (1978) 1669回 キャロル・ホール

【その他】
『マタイ受難曲』Matthäus-Passion (1727) オラトリオ　バッハ
『アンナ・クリスティ』Anna Christie (1921) 177回 戯曲　ユージン・オニール
『舞踏への招待』Invitation to the Dance (1956) 映画
『アパートの鍵貸します』The Apartment (1960) 映画
『サージェント・ペパーズ・ロンリー・ハーツ・クラブ・バンド』(ペパー軍曹の淋しい心クラブ楽団) Sgt. Pepper's Lonely Hearts Club Band (1967) レコード・アルバム　ビートルズ

第8章　メガ・ミュージカルの時代（1980～　）

【1980年代】
『ドリームガールズ』Dreamgirls (1981) 1522回 ヘンリー・クリーガー
『恐怖の花屋』Little Shop of Horrors (1982) 2209回 オフ　アラン・メンケン
『ビッグ・リヴァー』Big River (1985) 1005回 ロジャー・ミラー

『少しだけ結婚して』Marry Me A Little (1981) 96回 オフ　レヴュー
『ジョージと一緒に日曜日の公園』Sunday in the Park with George (1984) 604回
『森の中へ』Into the Woods (1987) 764回
『暗殺者たち』Assassins (1990) 71回 オフ
『寄せ集めて』Putting It Together (1993) 96回 オフ　レヴュー
『パッション』（熱情）Passion (1994) 280回
『カエル』The Frogs (2004) 92回 1974年作の改訂版

【アンドリュー・ロイド・ウェバー】 Andrew Lloyd Webber (1948-)
『ジーザス・クライスト・スーパースター』Jesus Christ Superstar (1971) 711回
『エヴィータ』Evita (1979) 1567回
『キャッツ』Cats (1982) 7485回 メガ
『ヨセフと超天然色のドリームコート』Joseph and the Amazing Technicolor Dreamcoat (1982) 747回 初演は英 (1968)
『歌と踊り』Song and Dance (1985) 474回
『スターライト急行』Starlight Express (1987) 761回 メガ
『オペラ座の怪人』The Phantom of the Opera (1988) 12000+回 メガ
『愛のかたち』Aspects of Love (1990) 377回
『サンセット大通り』Sunset Boulevard (1994) 977回
『ジーブスの手で』By Jeeves (2001) 73回
『白衣の女』The Woman in White (2005) 109回
『ロックの教室』School of Rock (2015) 500+回

【再演ブーム】
『ノー、ノー、ナネット』No, No, Nanette (1971) 再演861回 初演 (1925) ヴィンセント・ユーマンズ
『アイリーン』Irene (1973) 再演605回 初演 (1919) ハリー・ティアニー
『ローレライ／紳士はまだ金髪がお好き』Lorelei-Gentlemen Still Prefer Blondes (1974) 320回『紳士は金髪がお好き』(1949) のリメイク　ジュール・スタイン
『善良エディ』Very Good Eddie (1975) 再演304回 初演 (1915) ジェローム・カーン
『四十二番街』42nd Street (1980) 3486回 ハリー・ウォーレン
『マイ・ワン・アンド・オンリー』My One And Only (1983) 767回 ジョージ・ガーシュウィン
『タップ・ダンス・キッド』The Tap Dance Kid (1983) 669回 ヘンリー・クリーガー
『スウィート・チャリティ』Sweet Charity (1986) 369回 初演 (1966) サイ・コールマン

【懐古ブーム】
『オーヴァー・ヒア』Over Here! (1974) 341回 シャーマン兄弟
『私とベッシー』Me and Bessie (1975) 453回 レヴュー　ベッシー・スミス

『君は良い人、チャーリー・ブラウン』You're a Good Man, Charlie Brown (1967) 1597回
『海の娘たち』Dames at Sea (1968) 575回
『ザ・クラブ』The Club (1976) 674回

【ロック・ミュージカル】
『ヘアー』Hair (1967) 1750回 オフでは94回　ゴルト・マクダーマト
『ユア・オウン・シング』Your Own Thing (1968) 937回
『タッチ』Touch (1970) 422回
『ゴッドスペル』Godspell (1971) 2651回 スティーヴン・シュワルツ
『ヴェローナの恋人たち』Two Gentlemen of Verona (1971) 628回 ゴルト・マクダーマト
『グリース』Grease (1972) 3388回
『ロッキー・ホラー・ショー』The Rocky Horror Show (1975) 46回 英(1973) 2960回 リチャード・オブライエン
『ビートルマニア』Beatlemania (1977) 1006回 ジュークボックス　ビートルズ

【ハリウッド・スターの登場】
『連れてって』Take Me Along (1959) 448回 ボブ・メリル
『クリスティーヌ』Christine (1960) 12回 サミー・フェイン
『トヴァリッチ』Tovarich (1963) 264回 リー・ポクリス
『日曜はダメよ』Illya Darling (1967) 320回 マノス・ハジダキス
『黄金の虹』Golden Rainbow (1968) 383回 ウォルター・マークス
『ココ』Coco (1969) 329回 アンドレ・プレヴィン
『シュガー・ベイビーズ』Sugar Babies (1979) 1208回 ジミー・マキュー

【スティーヴン・ソンドハイム】Stephen Sondheim (1930-　)
『ローマで起こった奇妙な出来事』A Funny Thing Happened on the Way to the Forum (1962) 964回
『誰でも口笛を』Anyone Can Whistle (1964) 9回
『カンパニー』（仲間たち）Company (1970) 690回
『フォリーズ』Follies (1971) 522回
『リトル・ナイト・ミュージック』（小夜曲）A Little Night Music (1973) 601回
『太平洋序曲』Pacific Overtures (1976) 193回
『サイド・バイ・サイド・バイ・ソンドハイム』（ソンドハイムと並んで）Side by Side by Sondheim (1977) 390回 レヴュー
『スウィニー・トッド／フリート街の奇妙な床屋』Sweeney Todd: The Demon Barber of Fleet Street (1979) 557回
『陽気に過ごして』Merrily We Roll Along (1981) 16回

【ジョン・カンダーとフレッド・エブ】 John Kander (1927-), Fred Ebb (1928-2004)
『フローラ、赤い脅威』Flora, The Red Menace (1965) 87回
『キャバレー』Cabaret (1966) 1166回
『ハッピー・タイム』(幸せな時) The Happy Time (1968) 286回
『ゾルバ』Zorba (1968) 305回
『70、ガールズ、70』70, Girls, 70 (1971) 35回
『シカゴ』Chicago (1975) 947回
『ジ・アクト』The Act (1977) 233回 レヴュー
『今年の女性』Woman of the Year (1981) 770回
『蜘蛛女のキス』Kiss of the Spider Woman (1993) 906回

【その他】
『無防備な城』Castle in the Air (1890) 106回 グスタヴ・カーカー
『ゆりかごは揺れるだろう』The Cradle Will Rock (1937) 108回 オペラ　マーク・ブリッツスタイン
『チャップリンの独裁者』The Great Dictator (1940) 映画
『氷上の出来事』It Happens on Ice (1940) 662回 アイス・レヴュー
『氷上のスターたち』Stars on Ice (1942) 830回 アイス・レヴュー
『女の子を追って』Follow the Girls (1944) 888回
『氷に脱帽』Hats Off to Ice (1944) 890回 アイス・レヴュー
『ノールウェイの歌』Song of Norway (1944) 860回 ジョージ・フォレストとロバート・ライト
『フィニアンの虹』Finian's Rainbow (1947) 725回 バートン・レイン
『三十四丁目の奇蹟』Miracle On 34th Street (1947) 映画
『ロメオとジュリエット物語』РомеоиДжульетта / Romeo i Dzhulyetta (1955) 映画
『怒りを込めて振り返れ』Look Back in Anger (1956) 戯曲
『俺たちに明日はない』Bonnie and Clyde (1967) 映画
『卒業』The Graduate (1967) 映画

第七章　ロック作品とコンセプト作品（1965~79）

【オフ・ブロードウェイからの新しい波】
『三文オペラ』The Threepenny Opera (1954) 2611回 オフ再演　オペレッタ　ベルリン初演 (1928)
『リトル・メアリー・サンシャイン』Little Mary Sunshine (1959) 1143回
『ファンタスティックス』The Fantasticks (1960) 17162回 トム・ジョーンズとハーヴェイ・シュミット
『カーリー・マクディンプル』Curley McDimple (1967) 931回

『周辺地区を越えて』Beyond the Fringe (1962) 673回 レヴュー
『オリヴァー！』Oliver! (1963) 774回 ライオネル・バート
『夕食に来た娘』The Girl Who Came to Supper (1963) 112回 ノエル・カワード
『おお、素晴らしき戦争！』Oh, What a Lovely War! (1964) 125回 レヴュー
『ピクウィック』Pickwick (1965) 56回 シリル・オーナデル
『ドーランの叫び／観客の匂い』The Roar of the Greasepaint - The Smell of the Crowd (1965) 232回 レスリー・ブリッカスとアンソニー・ニューリー
『心を繋ぐ六ペンス』Half a Sixpence (1965) 512回 デイヴィッド・ヘネカー
『チャーリー・ガール』Charlie Girl (1965) 2202回 ロンドン初演　デイヴィッド・ヘネカー

【ジェリー・ボックとシェルドン・ハーニック】Jerry Bock (1928-2010), Sheldon Harnick (1924-)
『ミスター・ワンダフル』Mr. Wonderful (1956) 383回
『ボディ・ビューティフル』The Body Beautiful (1958) 60回
『フィオレロ！』Fiorello! (1959) 795回
『シー・ラヴズ・ミー』（彼女は僕を愛している）She Loves Me (1963) 301回
『屋根の上のヴァイオリン弾き』Fiddler on the Roof (1964) 3242回
『リンゴの木』The Apple Tree (1966) 463回
『ロスチャイルド家』The Rothschilds (1970) 505回

【ジェリー・ハーマン】Jerry Herman (1931-)
『ミルクと蜂蜜』Milk and Honey (1961) 543回
『ハロー、ドリー！』Hello, Dolly! (1964) 2844回
『メイム』Mame (1966) 1508回
『いとしき世界』Dear World (1969) 132回
『マックとメーベル』Mack & Mabel (1974) 66回
『グランド・ツアー』（大旅行）The Grand Tour (1979) 61回
『ラ・カージュ・オー・フォール』（狂人の檻）La Cage aux Folles (1983) 1761回

【チャールズ・シュトラウスとリー・アダムス】Charles Strouse (1928-), Lee Adams (1924-)
『バイ・バイ・バーディ』Bye Bye Birdie (1960) 607回
『ゴールデン・ボーイ』（黄金の男）Golden Boy (1964) 569回
『鳥だ、飛行機だ、スーパーマンだ』It's a Bird, It's a Plane, It's Superman (1966) 129回
『アプローズ』（喝采）Applause (1970) 898回
『アニー』Annie (1977) 2377回
『ミンスキーの劇場が手入れを受けた夜』The Night They Raided Minsky's (1968) 映画

『ファニー』Fanny (1954) 888回
『デストリー再び乗り出す』Destry Rides Again (1959) 472回
『あなたには卸値で』I Can Get It for You Wholesale (1962) 300回
『スカーレット』Scarlett (1970) 東京初演　ロンドンは『風と共に去りぬ』Gone with the Window (1972)

【レナード・バーンスタイン】Leonard Bernstein (1918-90)
『オン・ザ・タウン』（ニューヨークにて）On the Town (1944) 462回
『タヒチ島の出来事』Trouble in Tahiti (1952) 47回 一幕物のオペラ
『素敵な街』Wonderful Town (1953) 559回
『キャンディード』Candide (1956) 73回 オペレッタ
『ウエスト・サイド物語』West Side Story (1957) 732回
『ペンシルバニア街1600番地』1600 Pennsylvania Avenue (1976) 7回

【フランク・レッサー】Frank Loesser (1920-69)
『チャーリーはどこだ』Where's Charley? (1948) 792回
『野郎どもと女たち』Guys and Dolls (1950) 1200回
『一番幸せな奴』The Most Happy Fella (1956) 676回
『緑の柳』Greenwillow (1960) 97回
『努力しないで出世する方法』How To Succeed In Business Without Really Trying (1961) 1417回
『水着の女王』Neptune's Daughter (1949) 映画
『レッツ・ダンス』（一緒に踊ろう）Let's Dance (1950) 映画
『アンデルセン物語』Hans Christian Andersen (1952) 映画

【リチャード・アドラーとジェリー・ロス】Richard Adler (1921-2012), Jerry Ross (1926-55)
『ジョン・マリ・アンダソンの年鑑』John Murray Anderson's Almanac (1953) 229回 レヴュー
『パジャマ・ゲーム』The Pajama Game (1954) 1063回
『くたばれヤンキース』Damn Yankees (1955) 1019回

【イギリス製ミュージカルの流入】
『ボーイ・フレンド』The Boy Friend (1954) 485回 サンディ・ウィルソン
『叔母さんの羽根』La Plume de Ma Tante (1958) 835回 レヴュー
『やさしいイルマ』Irma La Douce (1960) 524回 マルグリート・モノー
『出港』Sail Away (1961) 167回 ノエル・カワード
『地球を止めろ／俺は降りたい』Stop the World - I Want to Get Off (1962) 556回 レスリー・ブリッカスとアンソニー・ニューリー

【メルディス・ウィルソン】Meredith Willson (1902-84)
『ミュージック・マン』（音楽屋）The Music Man (1957) 1375回
『不沈のモリー・ブラウン』The Unsinkable Molly Brown (1960) 532回
『ここに愛あり』Here's Love (1963) 338回

【アラン・J・ラーナーとフレドリク・ロウ】Alan J. Lerner (1918-86), Frederick Lowe (1904-88)
『春待つ日』The Day Before Spring (1945) 167回
『ブリガドゥーン』Brigadoon (1947) 581回
『馬車を彩れ』Paint Your Wagon (1951) 289回
『マイ・フェア・レディ』My Fair Lady (1956) 2717回
『キャメロット』Camelot (1960) 873回
『晴れた日に永遠が見える』On a Clear Day You Can See Forever (1965) 280回
『ココ』Coco (1969) 329回
『恋の手ほどき』Gigi (1973) 103回
『恋愛準決勝戦』Royal Wedding (1951) 映画
『巴里のアメリカ人』An American in Paris (1951) 映画
『恋の手ほどき』Gigi (1958) 映画

【ジュール・スタイン】Jule Styne (1905-94)
『ハイ・ボタン・シューズ』High Button Shoes (1947) 727回
『紳士は金髪がお好き』Gentlemen Prefer Blondes (1949) 740回
『ピーター・パン』Peter Pan (1954) 152回
『ベルが鳴っています』Bells Are Ringing (1956) 924回
『ねえ、ダーリン』Say, Darling (1958) 332回
『ジプシー』Gypsy (1959) 702回
『ドレミ』Do Re Mi (1960) 400回
『ファニー・ガール』（おかしな娘）Funny Girl (1964) 1348回
『シュガー』Sugar (1972) 505回
『錨を上げて』Anchors Aweigh (1945) 映画
『ダニー・ケイの牛乳屋』The Kid from Brooklyn (1946) 映画
『下町天国』It Happened in Brooklyn (1947) 映画
『洋上のロマンス』Romance on the High Seas (1948) 映画
『愛の泉』Three Coins in the Fountain (1954) 映画

【ハロルド・ローム】Harold Rome (1908-93)
『ピンと針』Pins and Needles (1937) 1108回 レヴュー
『ミスターで呼んで』Call Me Mister (1946) 734回 レヴュー
『君がここにいてくれたら』Wish You Were Here (1952) 598回

『フライイング・ハイ』Flying High (1930) 355回 レイ・ヘンダソン
『グレート・ワルツ』（偉大なワルツ）The Great Waltz (1934) 347回 オペレッタ ヨハン・シュトラウス親子
『ヘルツァポピン』Hellzapoppin' (1938) 1404回 レヴュー オール・オルセンとチック・ジョンソン
『快活七科』Seven Lively Arts (1944) 182回 レヴュー コール・ポーター
『カッスル夫妻』The Story of Vernon and Iren Castle (1939) 映画
『百万弗の人魚』Million Dollar Mermaid (1952) 映画

第6章 台本ミュージカルの時代（1940~64）

【アグネス・デ・ミル】 Agnes de Mille (1905-93)
『ロデオ』Rodeo (1942) バレエ
『ブルーマ・ガール』Bloomer Girl (1944) 654回 ハロルド・アーレン

【ジェローム・ロビンズ】 Jerome Robbins (1918-98)
『ファンシー・フリー』Fancy Free (1944) バレエ レナード・バーンスタイン
『ジェローム・ロビンズのブロードウェイ』Jerome Robbins' Broadway (1989) 634回 レヴュー

【リチャード・ロジャースとオスカー・ハマースタイン２世】
『オクラホマ！』Oklahoma! (1943) 2212回
『回転木馬』Carousel (1945) 890回
『アレグロ』Allegro (1947) 315回
『南太平洋』South Pacific (1949) 1925回
『王様と私』The King and I (1951) 1246回
『私とジュリエット』Me and Juliet (1953) 358回
『パイプの夢』Pipe Dream (1955) 246回
『シンデレラ』Cinderella (1957) テレビ
『花太鼓の歌』Flower Drum Song (1958) 600回
『サウンド・オブ・ミュージック』（音楽の響き）The Sound of Music (1959) 1443回
『ノー・ストリングス』（絆はなかった）No Strings (1962) 580回
『ワルツが聴こえた？』Do I Hear a Waltz? (1965) 220回
『アンドロクロスとライオン』Androcles and the Lion (1967) テレビ
『トゥー・バイ・トゥー』(2匹ずつ) Two by Two (1970) 351回
『王様』Rex (1976) 48回
『ママの思い出』I Remember Mama (1979) 108回

『前門の虎』Between the Devil (1937) 93回
『君の瞳の星』Stars in Your Eyes (1939) 127回
『アメリカの内幕』Inside U.S.A. (1948) 399回 レヴュー
『ブルックリンに育つ木』A Tree Grows in Brooklyn (1951) 270回
『美しき海辺で』By the Beautiful Sea (1954) 270回
『陽気な生活』The Gay Life (1961) 113回
『ジェニー』Jennie (1963) 82回

【クルト・ワイル】Kurt Weill (1900-50)
『三文オペラ』Die Dreigroschenoper (1928) 400回 ベルリン初演　独語
『ハッピー・エンド』Happy End (1929) 7回 ベルリン初演　独語
『マハゴニー市の興亡』Aufstieg und Fall der Stadt Mahagonny (1930) ライプツィッヒ初演　オペラ　独語
『ジョニー・ジョンソン』Johnny Johnson (1936) 68回
『ニッカーボッカーの休日』（オランダ系ニューヨーク人の休日）Knickerbocker Holiday (1938) 168回
『暗闇の女』Lady in the Dark (1941) 467回
『生き返ったヴィーナス』One Touch of Venus (1943) 567回
『フロレンスの熱血漢』The Firebrand of Florence (1944) 43回
『街の情景』Street Scene (1947) 148回
『愛の生活』Love Life (1948) 252回
『星に散る』Lost in the Stars (1949) 281回

【その他】
『ラ・フィーユ・マル・ガルデ』（リーズの結婚）La Fille mal gardée (1789) バレエ　ボルドー初演
『ワイルド・ウェスト・ショー』Buffalo Bill's Wild West (1883-1913)
『ゼンダ城の虜』*The Prisoner of Zenda* (1894) 小説
『パリから来た娘』The Girl from Paris (1896) 281回 キャリル作『陽気なパリジェンヌ』(1896) の改作
『メリー・ウィドウ』（陽気な未亡人）The Merry Widow (1907) 416回 英語版オペレッタ　レハール
『チョコレートの兵隊』The Chocolate Soldier (1909) 295回『勇敢な兵隊』の英語版　オペレッタ　オスカー・シュトラウス
『キッド・ブーツ』Kid Boots (1923) 479回 ハリー・ティアニー
『リオ・リタ』Rio Rita (1927) 494回 ハリー・ティアニー
『グッド・ニューズ』Good News (1927) 557回 レイ・ヘンダソン
『ロザリー』Rosalie (1928) 335回 ガーシュウィンとロムバーグ
『フーピー』Whoopee! (1929) 406回 ウォルター・ドナルドソン

『直面せよ』Let's Face It! (1941) 547回
『兵隊さんへのちょっとしたもの』Something for the Boys (1943) 422回
『キス・ミー・ケイト』Kiss Me, Kate (1948) 1077回
『カン・カン』Can-Can (1953) 892回
『絹の靴下』Silk Stockings (1955) 478回
『コンチネンタル』The Gay Divorcee (1934) 映画
『海は桃色』Anything Goes (1936) 映画

【リチャード・ロジャースとローレンツ・ハート】Richard Rodgers (1902-79), Lorenz Hart (1895-1943)
『ガリック・ゲイエティーズ』The Garrick Gaieties (1925) 211回 レヴュー
『ガール・フレンド』The Girl Friend (1926) 301回
『ペギー＝アン』Peggy-Ann (1926) 333回
『ベッツィ』Betsy (1926) 39回
『コネチカット・ヤンキー』A Connecticut Yankee (1927) 421回
『捧げ銃』Present Arms (1928) 155回
『お人好しのサイモン』Simple Simon (1930) 135回
『アメリカの恋人』America's Sweetheart (1931) 135回
『ジャンボ』Jumbo (1935) 233回
『つま先立ちで』On Your Toes (1936) 315回
『戦う子供たち』Babes in Arms (1937) 289回
『私はぜひ正しくありたい』I'd Rather Be Right (1937) 290回
『天使と結婚した私』I Married an Angel (1938) 338回
『シラクサから来た男たち』The Boys from Syracuse (1938) 235回
『女の子が多過ぎる』Too Many Girls (1939) 249回
『友人ジョーイ』Pal Joey (1940) 374回
『ゼウスの手で』By Jupiter (1942) 427回
『今晩は愛して頂戴ナ』Love Me Tonight (1932) 映画
『お化け大統領』The Phantom President (1932) 映画
『風来坊』Hallelujah, I'm A Bum (1933) 映画
『ミシシッピ』Mississippi (1935) 映画

【アーサー・シュワルツとハワード・ディーツ】Arthur Schwartz (1900-84), Howard Dietz (1896-1983)
『三人で群衆』Three's a Crowd (1930) 271回 レヴュー
『バンド・ワゴン』The Band Wagon (1931) 260回 レヴュー
『フライイング・カラーズ』Flying Colors (1932) 188回 レヴュー
『音楽で敵討ち』Revenge with Music (1934) 158回
『アット・ホーム・アブロード』At Home Abroad (1935) 198回 レヴュー

『サニー』Sunny (1925) 517回
『ショー・ボート』Show Boat (1927) 572回
『猫とヴァイオリン』The Cat and the Fiddle (1931) 395回
『空飛ぶ音楽』Music in the Air (1932) 342回
『ロバータ』Roberta (1933) 295回
『三人姉妹』Three Sisters (1934) 72回 ロンドン初演
『五月にしては暖かい』Very Warm for May (1939) 59回
『恋の歌』I Dream Too Much (1935) 映画
『有頂天時代』Swing Time (1936) 映画
『たくましき男』High, Wide, and Handsome (1937) 映画
『熱帯の一夜』One Night in the Tropics (1940) 映画
『晴れて今宵は』You Were Never Lovelier (1942) 映画
『カバーガール』Cover Girl (1944) 映画

【オスカー・ハマースタイン２世】Oscar Hammerstein II (1895-1960)
『カルメン・ジョーンズ』Carmen Jones (1943) 503回 音楽はビゼーの『カルメン』を使用

【年次レヴュー】
『ジーグフェルド・フォリーズ』Ziegfeld Follies (1907-31)
『パッシング・ショー』The Passing Show (1912-24)
『グリニッチヴィレッジ・フォリーズ』Greenwich Village Follies (1919-28)
『スキャンダルス』George White's Scandals (1919-31)
『ミュージックボックス・レヴュー』Music Box Revues (1921-24)
『ヴァニティーズ』Earl Carroll's Vanities (1923-31)
『グランドストリート・フォリーズ』Grand Street Follies (1922-29)

【コール・ポーター】Cole Porter (1891-1964)
『パリ』Paris (1928) 195回
『目覚めて夢見よ』Wake Up and Dream (1929) 136回 レヴュー
『ニューヨーカー』The New Yorkers (1930) 168回 レヴュー
『陽気な離婚』Gay Divorce (1932) 248回
『何でもまかり通る』Anything Goes (1934) 420回
『ジュビリー』Jubilee (1935) 169回
『レッド・ホット・アンド・ブルー』Red, Hot and Blue (1936) 183回
『あなたは判らない』You Never Know (1938) 78回
『私に任せて』Leave It to Me! (1938) 307回
『デュバリーは貴婦人』DuBarry Was a Lady (1939) 408回
『パナマのハティ』Panama Hattie (1940) 501回

『アニーよ銃を取れ』Annie Get Your Gun (1946) 1147回
『自由の女神』Miss Liberty (1949) 308回
『マダムで呼びなさい』Call Me Madam (1950) 644回
『大統領』Mr. President (1962) 265回
『これが陸軍だ』This Is the Army (1942) 113回 レヴュー　映画 (1943)

【ジョージ・ガーシュウィン】George Gershwin (1898-1937)
『ご婦人よ、行儀よく！』Lady, Be Good! (1924) 330回
『女の子に夢中』Girl Crazy (1930) 272回
『楽団を打ち鳴らせ』Strike Up the Band (1930) 191回
『君がため我は歌わん』Of Thee I Sing (1931) 441回
『ケーキを食べればよい』Let 'Em Eat Cake (1933) 90回
『私の英語はご容赦を』Pardon My English (1933) 43回
『ポーギーとベス』Porgy and Bess (1935) 124回
『ラプソディ・イン・ブルー』Rhapsody in Blue (1924) 管弦楽曲
『踊らん哉』Shall We Dance (1937) 映画
『踊る騎士』A Damsel in Distress (1937) 映画
『ゴールドウィン・フォリーズ』The Goldwyn Follies (1938) 映画

【ルドルフ・フリムル】Rudolf Friml (1879-1972)
『蛍』The Firefly (1912) 120回 オペレッタ
『ローズ・マリー』Rose-Marie (1924) 557回 オペレッタ
『放浪の王者』The Vagabond King (1925) 511回 オペレッタ
『三銃士』The Three Musketeers (1928) 318回 オペレッタ
『ローズ・マリー』Rose Marie (1954) 映画

【シグマンド・ロムバーグ】Sigmund Romberg (1887-1951)
『五月の頃』Maytime (1917) 492回 オペレッタ
『花咲く頃』Blossom Time (1921) 516回 オペレッタ
『学生王子』The Student Prince (1924) 608回 オペレッタ
『砂漠の歌』The Desert Song (1926) 471回 オペレッタ
『ニュー・ムーン』The New Moon (1928) 509回 オペレッタ
『セントラルパークにて』Up in Central Park (1945) 504回
『ピンクタイツの娘』The Girl in Pink Tights (1954) 115回

【ジェローム・カーン】Jerome Kern (1885-1945)（プリンセス劇場の項345頁も参照）
『ユタから来た娘』The Girl from Utah (1914) 120回 英 (1913) に追加曲
『サリー』Sally (1920) 561回

『善良エディ』Very Good Eddie (1915) 341回 ジェローム・カーン
『オー、ボーイ！』Oh, Boy! (1917) 463回 ジェローム・カーン
『ジェーンにお任せ』Leave It to Jane (1917) 167回 ジェローム・カーン
『こっちの身にもなって』Have a Heart (1917) 76回 ジェローム・カーン
『オー、レディ！レディ!!』Oh, Lady! Lady!! (1918) 219回 ジェローム・カーン

【ヒッポドローム劇場】
『戦でのアメリカ人騒ぎ／侵入者たち』A Yankee Circus on Mars / The Raiders (1905) 276回 レヴュー
『社交界の大騒ぎ』A Society Circus (1905) 596回 レヴュー
『日本への旅』A Trip to Japan (1909) 447回 レヴュー
『国際杯』The International Cup (1910) 333回 レヴュー
『世界をめぐる』Around the World (1911) 445回 レヴュー
『多くの旗の下で』Under Many Flags (1912) 445回 レヴュー
『アメリカ』America (1913) 360回 レヴュー
『世界の戦争』Wars of the World (1914) 229回 レヴュー
『ヒップ！ヒップ！フーレイ！』Hip! Hip! Hooray! (1915) 425回 レヴュー
『ビッグ・ショー』The Big Show (1916) 425回 レヴュー
『元気を出して』Cheer Up (1917) 456回 レヴュー
『何もかも』Everything (1918) 461回 レヴュー
『幸せな日々』Happy Days (1919) 452回 レヴュー
『良き時代』Good Times (1920) 456回 レヴュー
『一緒に』Get Together (1921) 397回 レヴュー
『より良き時代』Better Times (1922) 405回 レヴュー

【レヴューの成立】
『パッシング・ショー』The Passing Show (1894) 121回 レヴュー
『楽しき世界』The Merry World (1895) 71回 レヴュー
『陽気なニューヨークで』In Gay New York (1896) 110回 レヴュー
『クロリンディ／ケーク・ウォークの発祥』Clorindy, or The Origin of the Cake Walk (1898) 55回 レヴュー 『ライスの夏の夜』Rice's Summer Nights (1898) の中で上演

【アーヴィング・バーリン】Irving Berlin (1888-1989)
『ステップに御注意』Watch Your Step (1914) 175回 レヴュー
『止まって！見て！聞いて！』Stop! Look! Listen! (1915) 105回
『イップ・イップ・ヤファンク』Yip Yip Yaphank (1918) 32回 レヴュー
『万人の喝采する時』As Thousands Cheer (1933) 400回 レヴュー
『ルイジアナの取引』Louisiana Purchase (1940) 444回

【ジュリアン・エドワーズ】 Julian Edwards (1855-1910)
『ゼウス』Jupiter (1892) 72回 オペレッタ
『ジョニーの凱旋する時』When Johnny Comes Marching Home (1902) 71回 オペレッタ

【グスタヴ・カーカー】 Gustave Kerker (1857-1923)
『ニューヨークの美人』The Belle of New York (1897) 64回 オペレッタ

【レジナルド・デ・コーヴン】 Reginald De Koven (1859-1920)
『ロビン・フッド』Robin Hood (1891) 77回 オペレッタ
『ロブ・ロイ』Rob Roy (1894) 168回 オペレッタ

【その他】
『ポーリンの危難』The Perils of Pauline (1914) 映画
『南部の唄』Song of the South (1946) 映画
『トラブル・ウィズ・ガールズ』The Trouble with Girls (1969) 映画

第5章　ミュージカルとレヴューの発生（1900~39）

【ヴィクター・ハーバート】 Victor August Herbert (1859-1924)
『嘘つき王子』Prince Ananias (1894) 55回 オペレッタ
『おもちゃの国の子供たち』Babes in Toyland (1903) 192回 オペレッタ
『帽子屋の女店員』Mlle. Modiste (1905) 224回 オペレッタ
『赤い風車』The Red Mill (1906) 274回 オペレッタ
『お転婆マリエッタ』Naughty Marietta (1910) 136回 オペレッタ
『恋人たち』Sweethearts (1913) 136回 オペレッタ
『アイリーン』Eileen (1917) 64回 オペレッタ

【ジョージ・M・コーハン】 George Michael Cohan (1878-1942)
『小さなジョニー・ジョーンズ』Little Johnny Jones (1904) 205回
『ブロードウェイから45分』Forty-five Minutes from Broadway (1906) 90回
『ブロードウェイを持つ男』The Man Who Owns Broadway (1909) 128回
『小さな百万長者』The Little Millionaire (1911) 192回
『ハロー、ブロードウェイ！』Hello, Broadway! (1914) 123回
『小さなネリー・ケリー』Little Nellie Kelly (1922) 276回
『ヤンキー・ドゥードゥル・ダンディ』Yankee Doodle Dandy (1942) 伝記映画

【プリンセス劇場ミュージカル】
『上の空』Nobody Home (1915) 135回 ジェローム・カーン

【その他】
『あっぱれクライトン』The Admirable Crichton (1902) 喜劇　バリー
『男性と女性』Male and Female (1919) 無声映画
『会議は踊る』Der Kongreß tanzt (1931) 映画
『ゴールド・ディガース』Gold Diggers of 1933 (1933) 映画
『流されて…』Travolti da un insolito destino nell'azzurro mare d'agosto (1974) 映画
『エリザベート』Elisabeth (1992) ミュージカル　ウィーン初演

第4章　アメリカの音楽劇（19世紀）
『ボヘミアン・ガール』The Bohemian Girl (1843) 100+回 バラッド・オペラ　ロンドン初演
『アンクル・トムの小屋』Uncle Tom's Cabin (1852) メロドラマ
『盲人で行こう』Going It Blind (1859) 9回 英語版オペレッタ　オッフェンバック
『7人の娘たち！』The Seven Sisters! (1860) 253回
『アルカンタラの医師』The Doctor of Alcantara (1862) オペレッタ　ボストン初演
『黒い悪魔』The Black Crook (1866) 475回
『ハムプティ・ダムプティ』Humpty Dumpty (1868) 483回 パントマイム
『イクシオン王』Ixion! (1868) 120回 バーレスク　リディア・トムプソン
『白い小鹿』The White Fawn (1868) 176回
『トレビゾンドの姫』The Princess Trebizonde (1871) 7回 英語版オペレッタ
『エヴァンジェリン』Evangeline! (1874) 14回 再演 (1885) 252回
『マリガン警備隊のピクニック』The Mulligan Guard's Pic-Nic (1878) 40回
『女王のレースのハンカチーフ』The Queen's Lace Handkerchief (1882) 113回 英語版オペレッタ　ヨハン・シュトラウス２世
『メスサレム王子』Prince Methusalem (1883) 102回 英語版オペレッタ　ヨハン・シュトラウス２世
『アドニス』Adonis (1884) 603回
『アーミニー』Erminie (1886) 512回 英語版オペレッタ　エドワード・ヤコボウスキー
『懐かしの農家』The Old Homestead (1887) 155回 歌入りメロドラマ
『ナジー』Nadjy (1888) 154回『即興結婚』Les noces improvises (1886) の英語版
『チャイナタウン探訪』A Trip to Chinatown (1891) 657回
『1492年』1492 (1893) 452回 エドワード・E・ライス

【ジョン・フィリップ・スーザ】 John Philip Sousa (1854-1932)
『エル・カピタン』El Capitan (1896) 112回 オペレッタ

『王女イーダ』Princess Ida (1884) 246回
『ミカド』The Mikado (1885) 672回
『ラディゴア』Ruddigore (1887) 288回
『ロンドン塔の衛士』The Yeomen of the Guard (1888) 423回
『ゴンドラ漕ぎ』The Gondoliers (1889) 554回
『ユートピア有限会社』Utopia, Limited (1893) 245回
『大公』The Grand Duke (1896) 123回

【エドワード期ミュージカル・コメディ】
『ロンドンにて』In Town (1892) 292回 オズモンド・カー
『陽気な娘』A Gaiety Girl(1893) 413回 シドニー・ジョーンズ
『店員の娘』The Shop Girl (1894) 546回 アイヴァン・キャリル
『ゲイシャ』The Geisha (1896) 760回 シドニー・ジョーンズ
『陽気なパリジェンヌ』The Gay Parisienne (1896) 306回 アイヴァン・キャリル
『サーカスの娘』The Circus Girl (1896) 497回 アイヴァン・キャリル
『逃げ出した娘』A Runaway Girl (1898) 593回 アイヴァン・キャリル
『サン・トイ』San Toy (1899) 768回 シドニー・ジョーンズ
『フロロドーラ』Florodora (1899) 455回 レスリー・ステュアート
『中国のハネムーン』A Chinese Honeymoon (1901) 1075回 ハワード・タルボット
『ケイの店から来た娘』The Girl From Kays (1902) 432回 アイヴァン・キャリル
『さくらんぼ娘』The Cherry Girl (1903) 215回 アイヴァン・キャリル
『伯爵と娘』The Earl and the Girl (1903) 371回 アイヴァン・キャリル
『蒼い月』The Blue Moon (1905) 182回 ハワード・タルボット
『白菊』The White Chrysanthemum (1905) 179回 ハワード・タルボット
『オランダのミス・フック』Miss Hook of Holland (1907) 462回 ポール・ルーベンス
『クエーカー教徒の娘』The Quaker Girl (1910) 536回 ライオネル・モンクトン
『ユタから来た娘』The Girl from Utah (1913) 195回 シドニー・ジョーンズ
『朱金昭』Chu Chin Chow (1916) 2238回 フレデリク・ノートン
『山の娘』The Maid of the Mountains (1917) 1352回 フレイザー＝シムソン

【ノエル・カワード】 Noël Coward (1899-1973)
『甘辛人生』Bitter Sweet (1929) 697回 ロンドン初演
『風俗画』Conversation Piece (1934) 177回 ロンドン初演
『オペレッタ』Operette (1937) 132回 ロンドン初演
『太平洋1860年』Pacific 1860 (1946) 129回 ロンドン初演
『クラブのエース』Ace of Clubs (1950) 211回 ロンドン初演

【エメリヒ・カールマン】Emmerich Kálmán (1882-1953)
『タタールの侵略』（陽気な軽騎兵）Tatárjárás (1908) ブダペスト初演　ハンガリー語
『チャルダーシュの女王』Die Csárdásfürstin (1915) ウィーン初演　独語
『マリツァ伯爵令嬢』Gräfin Mariza (1924) ウィーン初演　独語
『サーカスの女王』Die Zirkusprinzessin (1926) ウィーン初演　独語
『シカゴの大公令嬢』Die Herzogin von Chicago (1928) ウィーン初演　独語
『モンマルトルのすみれ』Das Veilchen vom Montmartre (1930) ウィーン初演　独語

【ラルフ・ベナツキー】Ralph Benatzky (1884-1957)
『カサノヴァ』Casanova (1928) ウィーン初演　ヨハン・シュトラウス2世の曲を使用
『三銃士』Die drei Musketiere (1929) ベルリン初演
『白馬亭』Im weißen Rößl (1930) ベルリン初演　ローベルト・シュトルツとの共作
『天国の扉のアクセル』Axel an der Himmelstür (1936) ウィーン初演
『世界の涯てに』Zu neuen Ufern (1937) 映画

【パウル・アブラハム】Paul Abraham (1892-1960)
『お嬢様の夫』Az utolsó Verebély lány / Der Gatte des Fräuleins (1928) ブダペスト初演　マジャール語
『ヴィクトリアと軽騎兵』Victoria und ihr Husar (1930) ブダペスト初演　独語
『ハワイの花』Die Blume von Hawaii (1931) ライプツィッヒ初演　独語
『サヴォイの舞踏会』Ball im Savoy (1933) ベルリン初演　独語
『ロキシーと素晴らしい仲間たち』Roxy und ihr Wunderteam (1937) ウィーン初演　独語
『南の哀愁』Die singende Stadt (1930) 映画
『セレナーデ』Sérénade (1940) シューベルトの伝記映画

【ウィリアム・S・ギルバートとアーサー・サリヴァン】
William Schwenck Gilbert (1836-1911), Arthur Sullivan (1842-1900)
『コックスとボックス』Cox and Box (1867) 300回 ビュルナン台本
『テスピス』Thespis (1871) 63回
『陪審裁判』Trial by Jury (1875) 131回
『魔法使い』The Sorcerer (1877) 175回
『軍艦ピナフォア』H.M.S. Pinafore (1878) 571回
『ペンザンスの海賊』The Pirates of Penzance (1879) 100回 ニューヨーク初演　ロンドン (1880) 363回
『ペイシェンス』Patience (1881) 578回
『アイオランシ』Iolanthe (1882) 398回

『乞食学生』Der Bettelstudent (1882) ウィーン初演
『ガスパローネ』Gasparone (1884) ウィーン初演
『哀れなヨナタン』Derarme Jonathan (1890) ウィーン初演

【カール・ツェラー】Carl Zeller (1842-98)
『小鳥売り』Der Vogelhändler (1891) ウィーン初演
『坑夫長』Der Obersteiger (1894) ウィーン初演

【フランツ・レハール】Franz Lehár (1870-1948)
『ピアノ調律師』Der Klavierstimmer (1902) ウィーン初演
『メリー・ウィドウ』Die lustige Witwe (1905) ウィーン初演
『ルクセンブルク伯爵』Der Graf von Luxemburg (1909) ウィーン初演
『ジプシーの恋』Zigeunerliebe (1910) ウィーン初演
『フラスキータ』Frasquita (1922) ウィーン初演
『パガニーニ』Paganini (1925) ウィーン初演
『ロシアの皇太子』Der Zarewitsch (1927) ベルリン初演
『微笑みの国』Das Land des Lächelns (1929) ベルリン初演

【オスカー・シュトラウス】Oscar Straus (1870-1954)
『ワルツの夢』Ein Walzertraum (1907) ウィーン初演
『勇敢な兵隊』(チョコレートの兵隊) Der tapfere Soldat (1908) ウィーン初演
『最後のワルツ』Der letzte Walzer (1920) ベルリン初演
『三つのワルツ』Drei Walzer (1935) チューリッヒ初演
『彼女の最初のワルツ』Ihr erster Walzer (1950) ミュンヘン初演

【レオ・ファル】Leo Fall (1873-1925)
『ドルの女王』Die Dollarprinzessin (1907) ウィーン初演
『イスタンブールの薔薇』Die Rose von Stambul (1916) ウィーン初演

【ローベルト・シュトルツ】Robert Stolz (1880-1975)
『陽気な娘』Das Glücksmädel (1910) ウィーン初演
『幸せへの踊り』Der Tanz ins Glück (1920) ウィーン初演
『白馬亭』Im weißen Rößl (1930) ベルリン初演　ラルフ・ベナツキーとの共作
『小さなすみれが花咲く時』Wenn die kleinen Veilchen blühen (1932) ハーグ初演
『四分の三拍子の二人の心』Zwei Herzen im 3/4 Takt (1930) 映画　舞台版 (1933)
『ウィーンの陽気な女房たち』Die lustigen Weiber von Wien (1931) 映画
『アルカディアの王子』Der Prinz von Arkadien (1932) 映画
『春のパレード』Frühjahrsparade (1934) 映画
『青きダニューブの夢』Spring Parade (1940) 映画

『ジロフル＝ジロフラ』Giroflé-Girofla (1874) ブリュッセル初演
『サン＝ジェルヴェの平原』Les Prés Saint-Gervais (1874)
『小さな花嫁』La Petite Mariée (1875)
『コシキ』Kosiki (1876)
『マジョレーヌ』La marjolaine (1877)
『カマルゴ』La Camargo (1878)
『小公爵』Le Petit Duc (1878)
『小さなお嬢さん』La Petite Mademoiselle (1879)
『可愛いペルシャ娘』La jolie Persane (1879)
『昼と夜』Le Jour et la Nuit (1881)
『心と手』Le Cœur et la main (1882)
『カナリア諸島の姫』La Princesse des Canaries (1883)
『アリババ』Ali-Baba (1887) ブリュッセル初演

【ルコック以降の作曲家】
『マスコット』La Mascotte (1880) エドモン・オードラン
『コルヌヴィユの鐘』Les Cloches de Corneville (1877) ロベール・プランケット
『お菊さん』Madame Chrysanthème (1893) アンドレ・メサジュ
『ヴェロニク』Véronique (1898) アンドレ・メサジュ

【フランツ・フォン・スッペ】 Franz von Suppé (1819-95)
『詩人と農夫』Dichter und Bauer (1846) 歌入り喜劇　ウィーン初演
『寄宿学校』Das Pensionat (1860) ウィーン初演
『美しきガラテア』Die schöne Galathée (1865) ベルリン初演
『軽騎兵』Leichte Kavallerie (1866) ウィーン初演
『ファティニツァ』Fatinitza (1876) ウィーン初演
『ボッカッチョ』Boccaccio (1879) ウィーン初演
『ドンナ・ファニータ』Donna Juanita (1880) ウィーン初演

【ヨハン・シュトラウス２世】 Johann Strauss II (1825-99)
『インディゴと40人の盗賊』Indigo und die vierzig Räuber (1871) ウィーン初演
『こうもり』Die Fledermaus (1874) ウィーン初演
『女王のレースのハンカチーフ』Das Spitzentuch der Königin (1880) ウィーン初演
『ヴェネチアの一夜』Eine Nacht in Venedig (1883) ベルリン初演
『ジプシー男爵』Der Zigeunerbaron (1885) ウィーン初演
『ウィーン気質』Wiener Blut (1899) ウィーン初演

【カール・ミレッカー】 Carl Millöcker (1842-99)
『デュバリー伯爵夫人』Die Dubarry (1879) ウィーン初演

ペテルブルク初演　バレエ
『白鳥の湖』（改訂版）Лебединоеозеро / Lebedinoye ozero (1895) サンクト・ペテルブルク初演　バレエ　イワーノフと共同
『ライモンダ』Раймонда / Raymonda (1898) サンクト・ペテルブルク初演　バレエ

第3章　オペレッタの展開（19世紀後半〜第1次世界大戦）

【ジャック・オッフェンバック】Jacques Offenbach (1819-80)
『二人の盲人』Les deux aveugles (1855)
『地獄のオルフェウス』Orphée aux enfers (1858) 浅草オペラでは『天国と地獄』
『うるわしのエレーヌ』La belle Hélène (1864)
『青ひげ』Barbe-bleue (1866)
『パリの生活』La vie parisienne (1866)
『ジェロルスタン女大公殿下』La Grande-Duchesse de Gérolstein (1867) 浅草オペラでは『ブン大将』
『ロビンソン・クルーソ』Robinson Crusoé (1867)
『ペリコール』La Périchole (1868)
『トレビゾンドの姫』La princesse de Trébizonde (1869)
『山賊』Les brigands (1869)
『鼓手長の娘』La fille du tambour-major (1879)

【エルヴェ】Hervé (1825-92)
『ドン・キホーテとサンチョ・パンサ』Don Quichotte et Sancho Pança (1847) 一幕物のパロディ歌劇
『円卓の騎士』Les chevaliers de la Table Ronde (1866)
『失われた目』L'œil crevé (1867)
『シルペリク』Chilpéric (1868)
『小ファウスト』Le petit Faust (1869)
『アラジン２世』Aladdin the 2nd (1870)
『かまとと令嬢』Mam'zelle Nitouche (1883)

【シャルル・ルコック】Alexandre Charles Lecocq (1832-1918)
『茶の花』Fleur de thé (1868)
『百人の乙女』Les Cent Vierges (1872) ブリュッセル初演
『独身者たちの島』The Island of Bachlars (1874)『百人の乙女』の英語版　ロンドン初演
『アンゴ夫人の娘』La Fille de Madame Angot (1872) ブリュッセル初演　浅草オペラでは『アンゴー夫人の娘』

『ラインの黄金』Das Rheingold (1869) 楽劇　ミュンヘン初演
『ワルキューレ』Die Walküre (1870) 楽劇　ミュンヘン初演
『ジークフリート』Siegfried (1876) 楽劇　バイロイト初演
『神々の黄昏』Götterdämmerung (1876) 楽劇　バイロイト初演
『ニーベルングの指環』Der Ring des Nibelungen (1876) 前記四部作の総称
『パルジファル』Parsifal (1882) 楽劇　バイロイト初演

【リヒャルト・シュトラウス】Richard Strauss (1864-1949)
『グントラム』Guntram (1894) 楽劇　ワイマール初演
『火難』Feuersnot (1901) 楽劇　ドレスデン初演
『サロメ』Salome (1905) ドレスデン初演
『エレクトラ』Elektra (1909) ドレスデン初演
『ばらの騎士』Der Rosenkavalier (1911) ドレスデン初演
『ナクソス島のアリアドネ』Ariadne auf Naxos (1912) ウィーン初演　『町人貴族』Le Bourgeois Gentilhomme (1670) の劇中劇として挿入
『影のない女』Die Frau ohne Schatten (1919) ウィーン初演
『エジプトのヘレナ』Die ägyptische Helena (1928) ドレスデン初演
『アラベラ』Arabella (1933) ドレスデン初演
『無口な女』Die schweigsame Frau (1935) ドレスデン初演
『平和の日』Friedenstag (1938) ミュンヘン初演
『ダフネ』Daphne (1938) ドレスデン初演
『ダナエの愛』Die Liebe der Danae (1938) ザルツブルク初演
『カプリッチョ』Capriccio (1942) ミュンヘン初演

【19世紀のバレエ】
『舞踊とバレエについての手紙』*Lettres sur la danse et les ballets* (1760) 書籍
『ラ・シルフィード』La Sylphide (1832) パリ初演　ロマン派バレエ
『ジゼル』Giselle (1841) パリ初演　ロマン派バレエ

【マリウス・プティパ】Marius Petipa (1818-1910)
『ファラオの娘』Дочьфараона / Doč faraona (1862) サンクト・ペテルブルク初演　バレエ
『ドン・キホーテ』ДонКихот / Don Quixote (1869) モスクワ初演　バレエ
『バヤデルカ』Баядерка / Bayaderka (1877) サンクト・ペテルブルク初演　バレエ
『眠れる森の美女』Спящаякрасавица / Spyashchaya krasavitsa (1890) サンクト・ペテルブルク初演　バレエ
『くるみ割り人形』Щелкунчик / Shchelkunchik (1892) サンクト・ペテルブルク初演　バレエ　イワーノフ振付（助言のみ）
『フローラの目覚め』ПробуждениеФлоры / Probuzhdenie Flory (1894) サンクト・

『惚れ薬』Le philtre (1831) オペラ・コミック
『ギュスタフ３世』Gustave III (1833) 大歌劇
『青銅の馬』Le cheval de bronze (1835) オペラ・コミック
『黒いドミノ』Le domino noir (1837) オペラ・コミック
『王冠のダイヤモンド』Les diamants de la couronne (1841) オペラ・コミック
『マノン・レスコー』Manon Lescaut (1856) オペラ・コミック

【ジャコモ・マイヤーベーア】 Giacomo Meyerbeer (1791-1864)
『アンジュのマルゲリータ』Margherita d'Anjou (1820) 準正歌劇　ミラノ初演　伊語
『エジプトの十字軍』Il Crociato in Egitto (1824) ヴェネチア初演　伊語
『悪魔のロベール』Robert le Diable (1831) 大歌劇　パリ初演　仏語
『ユグノー教徒』Les Huguenots (1836) 大歌劇　パリ初演　仏語
『預言者』Le Prophète (1849) 大歌劇　パリ初演　仏語
『北極星』L'étoile du nord (1854) 喜歌劇　パリ初演　仏語
『アフリカの女』L'africaine (1865) 大歌劇　パリ初演　仏語

【ジョルジュ・ビゼー】 Georges Bizet (1838-75)
『ミラクル博士』Le Docteur Miracle (1857) オペレッタ
『真珠とり』Les Pecheurs de Perles (1863) オペラ
『美しいパースの娘』La Jolie fille de Perth (1867) オペラ
『アルルの女』L'arlesienne (1872) メロドラマ
『カルメン』Carmen (1875) オペラ・コミック

【ドイツのオペラ】
『エグモント』Egmont (1810) メロドラマ　ウィーン初演　ベートーヴェン　独語
『フィデリオ』Fidelio (1814) ウィーン初演　ベートーヴェン　独語
『魔弾の射手』Der Freischütz (1821) ベルリン初演　ウェーバー　独語
『夏の夜の夢』Ein Sommernachtstraum (1843) メロドラマ　ポツダム初演　メンデルスゾーン　独語

【リヒャルト・ワーグナー】 Wilhelm Richard Wagner (1813-83)
『さまよえるオランダ人』Der fliegende Holländer (1843) ドレスデン初演
『タンホイザー』Tannhäuser und der Sängerkrieg auf Wartburg (1845) ドレスデン初演
『ローエングリン』Lohengrin (1850) ワイマール初演
『トリスタンとイゾルデ』Tristan und Isolde (1865) 楽劇　ミュンヘン初演
『ニュルンベルクのマイスタージンガー』Die Meistersinger von Nürnberg (1868) 楽劇　ミュンヘン初演

【ジュゼッペ・ヴェルディ】Giuseppe Verdi (1813-1901)
『ナブッコ』Nabucco (1842) ミラノ初演
『十字軍のロンバルディア人』I Lombardi alla prima crociata (1843) ミラノ初演
『エルナーニ』Ernani (1844) ヴェネチア初演
『アッティラ』Attila (1846) ヴェネチア初演
『マクベス』Macbeth (1847) フィレンツェ初演
『レニャーノの戦い』La battaglia di Legnano (1849) ローマ初演
『ルイザ・ミラー』Luisa Miller (1849) ナポリ初演
『リゴレット』Rigoletto (1851) ヴェネチア初演
『イル・トロヴァトーレ』Il Trovatore (1853) ローマ初演
『椿姫』La Traviata (1853) ヴェネチア初演
『シチリア島の夕べの祈り』Les vêpres siciliennes (1855) 大歌劇　パリ初演　仏語
『シモン・ボッカネグラ』Simon Boccanegra (1857) ヴェネチア初演
『仮面舞踏会』Un Ballo in Maschera (1859) ローマ初演
『運命の力』La forza del destino (1862) サンクト・ペテルブルク初演
『ドン・カルロ』Don Carlos (1867) 大歌劇　パリ初演　仏語
『アイーダ』Aida (1871) 大歌劇形式　カイロ初演
『オテッロ』Otello (1887) ミラノ初演
『ファルスタッフ』Falstaff (1893) ミラノ初演
『夏の嵐』Senso (1954) 映画

【ジャコモ・プッチーニ】Giacomo Puccini (1858-1924)
『ヴィッリ』（妖精）Le Villi (1884) ミラノ初演
『エドガール』Edgar (1889) ミラノ初演
『マノン・レスコー』Manon Lescaut (1893) トリノ初演
『ラ・ボエーム』La Bohème (1896) トリノ初演
『トスカ』Tosca (1900) ローマ初演
『蝶々夫人』Madama Butterfly (1904) ミラノ初演
『西部の娘』La Fanciulla del West (1910) ニューヨーク初演
『つばめ』La rondine (1917) モンテカルロ初演
『外套』Il Tabarro (1918) 一幕物の「三部作」Il trittico ニューヨーク初演
『修道女アンジェリカ』Suor Angelica (1918)「三部作」
『ジャンニ・スキッキ』Gianni Schicchi (1918)「三部作」
『トゥーランドット』Turandot (1926) ミラノ初演

【フランソワ・オーベール】François Auber (1782-1871)
『石工』Le maçon (1825) オペラ・コミック
『ポルティチの唖娘』La muette de Portici (1828) 大歌劇
『フラ・ディアヴォロ』Fra Diavolo (1830) オペラ・コミック

『魔笛』Die Zauberflöte (1791) ジングシュピール　ウィーン初演　独語
『皇帝ティートの慈悲』La clemenza di Tito (1791) 正歌劇　プラハ初演

【ジョアッキーノ・ロッシーニ】Gioachino Antonio Rossini (1792-1868)
『絹のはしご』La scala di seta (1812) 喜歌劇　ヴェネチア初演
『タンクレディ』Tancredi (1813) 正歌劇　ヴェネチア初演
『アルジェのイタリア女』L'italiana in Algeri (1813) 喜歌劇　ヴェネチア初演
『セビーリャの理髪師』Il barbiere di Siviglia (1816) 喜歌劇　ローマ初演
『チェネレントラ』（シンデレラ）La Cenerentola (1817) 喜歌劇　ローマ初演
『泥棒かささぎ』La gazza ladra (1817) 準正歌劇　ミラノ初演
『アルミーダ』Armida (1817) 正歌劇　ナポリ初演
『湖上の美人』La donna del lago (1819) 正歌劇　ナポリ初演
『セミラーミデ』Semiramide (1823) 正歌劇　ヴェネチア初演
『ランスへの旅』Il viaggio a Reims (1825) 喜歌劇　パリ初演
『オリー伯爵』Le Comte Ory (1828) 喜歌劇形式　パリ初演　仏語
『ギヨーム・テル』（ウィリアム・テル）Guillaume Tell (1829) 大歌劇　パリ初演　仏語

【ガエターノ・ドニゼッティ】Gaetano Donizetti (1797-1848)
『劇場の都合』（ヴィヴァ・ラ・マンマ）Le convenienze teatrali (1827) 喜歌劇　ナポリ初演
『アンナ・ボレーナ』Anna Bolena (1830) 正歌劇　ミラノ初演
『愛の妙薬』L'elisir d'amore (1832) 喜歌劇　ミラノ初演
『ルクレツィア・ボルジア』Lucrezia Borgia (1833) 正歌劇　ミラノ初演
『マリア・ストゥアルダ』Maria Stuarda (1834) 正歌劇　ナポリ初演
『ランメルモールのルチア』Lucia di Lammermoor (1835) 正歌劇　ナポリ初演
『ロベルト・デヴリュー』Roberto Devereux (1837) 正歌劇　ナポリ初演
『殉教者』Les martyrs (1840) 大歌劇　パリ初演　仏語版
『連隊の娘』La fille du regiment (1840) 喜歌劇　パリ初演　仏語
『ファヴォリータ』La favorite (1840) 正歌劇　パリ初演　仏語
『シャモニーのリンダ』Linda di Chamounix (1842) 準正歌劇　ウィーン初演
『ドン・パスクアーレ』Don Pasquale (1843) 喜歌劇　パリ初演

【ヴィンチェンツォ・ベッリーニ】Vincenzo Bellini (1801-35)
『キャプレッティ家とモンテッキ家』I Capuleti e i Montecchi (1830) ヴェネチア初演
『夢遊病の女』La sonnambula (1831) ミラノ初演
『ノルマ』Norma (1831) ミラノ初演
『清教徒』I puritani (1835) パリ初演

『カストルとポリュックス』Castor et Pollux (1737) パリ初演
『ダルダニュス』Dardanus (1739) パリ初演
『愛の驚き』Les surprises de l'Amour (1748) ヴェルサイユ初演

【ゲオルク・フリードリヒ・ヘンデル】Georg Friedrich Händel (1685-1759)
『アルミーラ』Almira (1705) ハンブルク初演
『リナルド』Rinaldo (1711) ロンドン初演
『ジュリオ・チェザーレ』Giulio Cesare (1724) ロンドン初演
『ロデリンダ』Rodelinda (1725) ロンドン初演
『水上の音楽』Water Music (1717) 管弦楽曲

【その他】
『女の平和』*Λυσιστράτη* / Lysistratē (BC411) ギリシャ喜劇
『芸術家列伝』*Le Vite de' più eccellenti pittori, scultori, e architettori* (1550) 書籍　ジョルジオ・ヴァザーリ
『王妃のバレエ・コミック』Balet comique de la Royne / Ballet Comique de la Reine (1581) 宮廷バレエ　ルーブル宮初演
『ダフネ』Dafne (1598) フィレンツェ初演　ペーリ曲
『エウリディーチェ』L'Euridice (1600) フィレンツェ初演　ペーリとカッチーニ曲
『乞食オペラ』The Beggar's Opera (1728) バラッド・オペラ　ロンドン初演　ジョン・ゲイ台本　英語
『奥様女中』La serva padrona (1733) インテルメッツォ　ナポリ初演　ペルゴレージ曲
『村の占い師』Le devin du village (1752) フォンテーヌブロー初演　ルソー曲　仏語
『オペラ論』*Saggio sopra l'opera in musica* (1755) 書籍　フランチェスコ・アルガロッティ
『カストラート』Farinelli Il Castrato (1994) 映画

第2章　オペラとバレエの黄金期（19世紀）
【ヴォルフガング・アマデウス・モーツァルト】Wolfgang Amadeus Mozart (1756-91)
『クレタ王イドメネオ』Idomeneo (1781) 正歌劇　ミュンヘン初演
『後宮からの逃走』Die Entführung aus dem Serail (1782) ジングシュピール　ウィーン初演　独語
『フィガロの結婚』Le nozze di Figaro (1786) 喜歌劇　ウィーン初演
『ドン・ジョヴァンニ』Don Giovanni (1787) 喜歌劇　プラハ初演
『女はみんなこうしたもの』（コジ・ファン・トゥッテ）Così fan tutte (1790) 喜歌劇　ウィーン初演

原題名一覧

【凡例】
・本文中に登場した作品名等の原題を示す。
・邦題がわかりにくい時は（　）で意味を補足した。
・(　)内の数字は西暦の年号を表す。
・年号の後の数字は続演回数を表す。数字の後ろの「+」はその数字を超えていることを表す。
・初演場所が明確な場合には省略してある。
・作品名の後の人名は作曲者などを表記した。

第１章　オペラの誕生（17〜18世紀）

【クラウディオ・モンテヴェルディ】 Claudio Monteverdi (1567-1643)
『オルフェオ』L'Orfeo (1607) マントヴァ初演
『タンクレディとクロリンダの戦い』Il Combattimento di Tancredi e Clorinda (1624) ヴェネチア初演
『ウリッセの帰還』Il ritorno d'Ulisse in patria (1641) ヴェネチア初演
『ポッペアの戴冠』L'incoronazione di Poppea (1642) ヴェネチア初演

【ピエトロ・メタスタジオ】 Pietro Metastasio (1698-1782)
『オリンピーアデ』L'Olimpiade (1733) ウィーン初演　アントニオ・カルダーラ
『デモフォンテ』Demofoonte (1733) ウィーン初演　アントニオ・カルダーラ
『皇帝ティートの慈悲』La clemenza di Tito (1734) ウィーン初演　アントニオ・カルダーラ

【クリストフ・ヴィリバルト・グルック】 Christoph Willibald Gluck (1714-87)
『ドン・ジュアン』Don Juan ou Le Festin de Pierre (1761) バレエ・パントマイム　ウィーン初演
『オルフェオとエウリディーチェ』Orfeo ed Euridice (1762) ウィーン初演
『アルチェステ』Alceste (1767) ウィーン初演
『オーリドのイフィジェニー』Iphigénie en Aulide (1774) パリ初演

【ジャン＝バティスト・リュリ】 Jean-Baptiste Lully (1632-87)
『夜のバレエ』Ballet royal de la Nuit (1653) 宮廷バレエ　パリ初演
『町人貴族』Le Bourgeois Gentilhomme (1670) コメディ＝バレ　シャンボール城初演

【ジャン＝フィリップ・ラモー】 Jean-Philip Rameau (1683-1764)
『優雅なインドの国々』Les Indes galantes (1735) パリ初演

【音楽】

D. J. グラウト、クロード・V・パリスカ、戸口幸策、寺西基之、津上英輔訳『新西洋音楽史』上・中・下、音楽之友社、1998、2010、2014

H. M. ミラー、村井範子、松前紀男、佐藤馨、秋岡陽訳『新音楽史』改訂版、東海大学出版会、2000

パウル・ベッカー、河上徹太郎訳『西洋音楽史』河出文庫、河出書房新社、2011

マイクル・ハード、福田昌作訳『西洋音楽史入門』音楽之友社、1974

ハワード・グッドール、夏目大訳『音楽の進化史』中央公論新社、2014

Bonds, Mark Evan. *A Brief History of Music in Western Culture*, Pearson Education, Inc., New Jersey, 2004

【その他】

Toll, Robert C., *Blacking Up: The Minstrel Show in Nineteenth-Century America*, Oxford University Press, New York, 1974

Baral, Robert. *Revue – The Great Broadway Period, Fleet Press Corporation*, New York, 1962

Allen, Robert C. *Horrible Prettiness – Burlesque and American Culture*, The University of North Carolina Press, 1991

Lewis, Robert M. *From Traveling Show to Vaudville – Theatrical Spectacle in America, 1830-1910*, The Johns Hopkins University Press, Baltimore, 2003

Hyman, Alan. *The Gaiety Years*, Cassell, London, 1975

Whitehouse, Edmund Compile. *London Lights – A History of West End Musicals*, This England Books, 2005

【オンライン・データベース】

オペラ初演　http://operadata.stanford.edu/

オペラ上演　https://www.operabase.com/home/en

オペラ・バレエ一次資料　https://sites.lib.byu.edu/obps/

オペレッタ　http://www.musicaltheatreguide.com/menu/introduction.htm

ブロードウェイ　https://www.ibdb.com//

オフ・ブロードウェイ　http://www.lortel.org/Archives

演劇写真（ニューヨーク市立図書館）　https://digitalcollections.nypl.org/

古典的録音（米国国会図書館）　http://www.loc.gov/jukebox/

ロンドンのミュージカル　http://guidetomusicaltheatre.com/index.html

映画　https://www.imdb.com/

デジタル図書館　https://archive.org/

バレエ情報総合データベース（日本の公演情報、昭和音楽大学）　http://ballet.tosei-showa-music.ac.jp/home/

【オペレッタ】

ジョゼ・ブリュイール、窪川英水、大江真里訳『オペレッタ』文庫クセジュ、白水社、1981

ジャック・ルシューズ、岡田朋子訳『オペレッタ』文庫クセジュ、白水社、2013

庄野潤三『サヴォイ・オペラ』河出書房新社、1986

渡辺忠雄『ウィーン・オペレッタ探訪』オール出版、1990

ジークフリート・クラカウアー、平井正訳『天国と地獄／ジャック・オッフェンバックと同時代のパリ』ちくま学芸文庫、筑摩書房、1995

Traubner, Richard. *Operetta: A Theatrical History*, Doubleday & Company, Inc., New York, 1983

Ganzl, Kurt & Lamb, Andrew. *Ganzl's Book of the Musical Theatre*, Schirmer Books, New York, 1989

【ミュージカル】

芝邦夫『ブロードウェイ・ミュージカル事典』劇書房、1984、1991（改訂増補版）

喜志哲雄『ミュージカルが《最高》であった頃』晶文社、2006

スタンリー・グリーン、青井陽治訳『ブロードウェイ・ミュージカル』ヤマハ音楽振興会、1988

アラン・ジェイ・ラーナー、千葉文夫、梅本淳子、星優子訳『ミュージカル物語／オッフェンバックから『キャッツ』まで』筑摩書房、1990

小山内伸『ミュージカル史』中央公論新社、2016

Smith, Cecil & Litton, Glenn. *Musical Comedy in America*, Theatre Arts Books, New York, 1951 & 1981

Bordman, Gerald. *American Musical Theatre – A Chronicle*, Oxford University Press, Inc., New York, 1978

Everett, William A. & Laird, Paul R. Edit. *The Cambridge Companion to the Musical*, Cambridge University Press, Cambridge, 2002

Hischak, Thomas. *The Oxford Companion to the American Musical – Theatre, Film, and Television*, Oxford University Press, New York, 2008

【演劇】

チェザーレ・モリナーリ、倉橋健訳『演劇の歴史』上・下、PARCO出版局、1977

フィルス・ハートノル、白川宣力他訳『演劇の歴史』朝日出版社、1981

ロベール・ピニャール『世界演劇史』文庫クセジュ158、白水社、1969

永野藤夫『世界の演劇文化史』原書房、2001

岩瀬孝、佐藤実枝、伊藤洋『フランス演劇史概説』増補版、早稲田大学出版部、1995

Brockett, Oscar G. & Hildy, Franklin J. *History of the Theatre*, Tenth Edition, Pearson Education Limited, Essex, 2014

主要参考文献

【オペラ】

D. J. グラウト、服部幸三訳『オペラ史』上・下、音楽之友社、1957-58
ロジャー・パーカー、大崎滋生監修『オックスフォード オペラ史』平凡社、1999
戸口幸策『オペラの誕生』平凡社ライブラリー、2006
レズリイ・オーリイ著、ロドニイ・ミルズ補筆改訂、加納泰訳『世界オペラ史』東京音楽社、1991
水谷彰良『新 イタリア・オペラ史』音楽之友社、2015
ジル・ド・ヴァン『イタリア・オペラ』文庫クセジュ886、白水社、2005
ジョン・ウォラック、ユアン・ウエスト、大崎滋生、西原稔監訳『オックスフォード オペラ大事典』平凡社、1996
音楽之友社編『オペラ辞典』音楽之友社、1993
スタンリー・セイディ編、中矢一義、土田英三郎監修『新グローヴ　オペラ事典（普及版）』白水社、2011
ウィリアム・ウィーヴァー、大平光雄訳『イタリア・オペラの黄金時代／ロッシーニからプッチーニまで』音楽之友社、1998
フレデリック・ロベール、窪川英水訳『オペラとオペラ・コミック』文庫クセジュ759、白水社、1994
岡田暁生『オペラの運命／十九世紀を魅了した「一夜の夢」』中公新書1585、中央公論新社、2001
Abbate, Carolyn & Parker, Roger. *A History of Opera – The Last 400 Years*, Penguin Books, 2012, 2015

【バレエ】

フェルディナンド・レイナ、小倉重夫訳『バレエの歴史』音楽之友社、1974
佐々木涼子『バレエの歴史／フランス・バレエ史／宮廷バレエから20世紀まで』学習研究社、2008
三浦雅士『バレエ入門』新書館、2000
鈴木晶『バレエ誕生』新書館、2002
鈴木晶『踊る世紀』新書館、1994
鈴木晶編『バレエとダンスの歴史／欧米劇場舞踊史』平凡社、2012
芳賀直子『ビジュアル版バレエ・ヒストリー／バレエ誕生からバレエ・リュスまで』世界文化社、2014
市川雅『ダンスの20世紀』新書館、1995
デブラ・クレイン、ジュディス・マックレル、鈴木晶監訳『オックスフォード バレエ・ダンス事典』平凡社、2010
Homans, Jennifer. *Apoll's Angels – A History of Ballet*, Randam House, New York, 2010

The Wiz 『ウィズ』 332
The Wizard of Oz 『オズの魔法使』 329
The Woman in White 『白衣の女』 333
Woman of the Year 『今年の女性』 335
Wonderful Town 『素敵な街』 337

X

Xanadu 『ザナドゥ』 331

Y

A Yankee Circus on Mars / The Raiders 『戦でのアメリカ人騒ぎ／侵入者たち』 344
Yankee Doodle Dandy 『ヤンキー・ドゥードゥル・ダンディ』 345
The Yeomen of the Guard 『ロンドン塔の衛士』 347
Yip Yip Yaphank 『イップ・イップ・ヤファンク』 344
You Never Know 『あなたは判らない』 342
You Were Never Lovelier 『晴れて今宵は』 342
You're a Good Man, Charlie Brown 『君は良い人、チャーリー・ブラウン』 334
Your Own Thing 『ユア・オウン・シング』 334

Z

Der Zarewitsch 『ロシアの皇太子』 349
Die Zauberflöte 『魔笛』 355
Zeller, Carl カール・ツェラー 349
Ziegfeld Follies 『ジーグフェルド・フォリーズ』 342
Der Zigeunerbaron 『ジプシー男爵』 350
Zigeunerliebe 『ジプシーの恋』 349
Die Zirkusprinzessin 『サーカスの女王』 348
Zorba 『ゾルバ』 335
Zorba the Greek 『その男ゾルバ』 329
Zu neuen Ufern 『世界の涯てに』 348
Zwei Herzen im 3/4 Takt 『四分の三拍子の二人の心』 349

V

The Vagabond King 『放浪の王者』 343
Das Veilchen vom Montmartre 『モンマルトルのすみれ』 348
Les vêpres siciliennes 『シチリア島の夕べの祈り』 354
Verdi, Giuseppe ジュゼッペ・ヴェルディ 354
Véronique 『ヴェロニク』 350
Very Good Eddie 『善良エディ』 333, 344
Very Warm for May 『五月にしては暖かい』 342
Il viaggio a Reims 『ランスへの旅』 355
Victor / Victoria 『ヴィクター／ヴィクトリア』 331
Victoria und ihr Husar 『ヴィクトリアと軽騎兵』 348
La vie parisienne 『パリの生活』 351
Le Villi 『ヴィッリ』 354
Le Vite de' più eccellenti pittori, scultori, e architettori 『芸術家列伝』 356
Der Vogelhändler 『小鳥売り』 349

W

Wagner, Wilhelm Richard リヒャルト・ワーグナー 353
Waitress 『ウェイトレス』 329
Wake Up and Dream 『目覚めて夢見よ』 342
Die Walküre 『ワルキューレ』 352
Ein Walzertraum 『ワルツの夢』 349
Wars of the World 『世界の戦争』 344
Watch Your Step 『ステップに御注意』 344
Water Music 『水上の音楽』 356
Webber, Andrew Lloyd アンドリュー・ロイド・ウェバー 333
Weill, Kurt クルト・ワイル 340
Wenn die kleinen Veilchen blühen 『小さなすみれが花咲く時』 349
West Side Story 『ウエスト・サイド物語』 337
When Johnny Comes Marching Home 『ジョニーの凱旋する時』 345
Where's Charley? 『チャーリーはどこだ』 337
The White Chrysanthemum 『白菊』 347
The White Fawn 『白い小鹿』 346
Whoopee! 『フーピー』 340
Wicked 『ウィキッド』 330
Wiener Blut 『ウィーン気質』 350
The Will Rogers Follies 『ウィル・ロジャース・フォリーズ』 331
Willson, Meredith メルディス・ウィルソン 338
Wish You Were Here 『君がここにいてくれたら』 338

Tarzan 『ターザン』 330
Tatárjárás 『タタールの侵略』 348
Thespis 『テスピス』 348
This Is the Army 『これが陸軍だ』 343
Thoroughly Modern Millie 『モダン・ミリー』 331
Three Coins in the Fountain 『愛の泉』 338
The Three Musketeers 『三銃士』 343
Three Sisters 『三人姉妹』 342
Three's a Crowd 『三人で群衆』 341
The Threepenny Opera（1954）米 『三文オペラ』 335
Titanic 『タイタニック』 331
Too Many Girls 『女の子が多過ぎる』 341
Tosca 『トスカ』 354
Touch 『タッチ』 334
Tovarich 『トヴァリッチ』 334
La Traviata 『椿姫』 354
Travolti da un insolito destino nell'azzurro mare d'agosto 『流されて…』 346
A Tree Grows in Brooklyn 『ブルックリンに育つ木』 340
Trial by Jury 『陪審裁判』 348
A Trip to Chinatown 『チャイナタウン探訪』 346
A Trip to Japan 『日本への旅』 344
Tristan und Isolde 『トリスタンとイゾルデ』 353
Trouble in Tahiti 『タヒチ島の出来事』 337
The Trouble with Girls 『トラブル・ウィズ・ガールズ』 345
Il Trovatore 『イル・トロヴァトーレ』 354
Turandot 『トゥーランドット』 354
The 25th Annual Putnam County Spelling Bee 『第25回パトナム郡の綴り競技会』 330
Two by Two 『トゥー・バイ・トゥー』(2匹ずつ) 339
Two Gentlemen of Verona 『ヴェローナの恋人たち』 334

U

Uncle Tom's Cabin 『アンクル・トムの小屋』 346
Under Many Flags 『多くの旗の下で』 344
The Unsinkable Molly Brown 『不沈のモリー・ブラウン』 338
Up in Central Park 『セントラルパークにて』 343
Urinetown 『ユーリンタウン』 330
Az utolsó Verebély lány 『お嬢様の夫』 348
Utopia, Limited 『ユートピア有限会社』 347

Spyashchaya krasavitsa 『眠れる森の美女』 352
Starlight Express 『スターライト急行』 333
Stars in Your Eyes 『君の瞳の星』 340
Stars on Ice 『氷上のスターたち』 335
Stolz, Robert ローベルト・シュトルツ 349
Stop the World - I Want to Get Off 『地球を止めろ／俺は降りたい』 337
Stop! Look! Listen! 『止まって！見て！聞いて！』 344
The Story of Vernon and Iren Castle 『カッスル夫妻』 339
Straus, Oscar オスカー・シュトラウス 349
Strauss, Johann II ヨハン・シュトラウス２世 350
Strauss, Richard リヒャルト・シュトラウス 352
Street Scene 『街の情景』 340
Strike Up the Band 『楽団を打ち鳴らせ』 343
Strouse, Charles チャールズ・シュトラウス 336
The Student Prince 『学生王子』 343
Styne, Jule ジュール・スタイン 338
Sugar 『シュガー』 338
Sugar Babies 『シュガー・ベイビーズ』 334
Sullivan, Arthur アーサー・サリヴァン 348
Sunday in the Park with George 『ジョージと一緒に日曜日の公園』 333
Sunny 『サニー』 342
Sunset Boulevard 『サンセット大通り』 333
Suor Angelica 『修道女アンジェリカ』 354
Suppé, Franz von フランツ・フォン・スッペ 350
Les surprises de l'Amour 『愛の驚き』 356
Sweeney Todd: The Demon Barber of Fleet Street 『スウィニー・トッド／フリート街の奇妙な床屋』 334
Sweet Charity 『スウィート・チャリティ』 333
Sweethearts 『恋人たち』 345
Swing Time 『有頂天時代』 342
La Sylphide 『ラ・シルフィード』 352

T

Il Tabarro 『外套』 354
Take Me Along 『連れてって』 334
Tancredi 『タンクレディ』 355
Tannhäuser und der Sängerkrieg auf Wartburg 『タンホイザー』 353
Der Tanz ins Glück 『幸せへの踊り』 349
The Tap Dance Kid 『タップ・ダンス・キッド』 333
Der tapfere Soldat 『勇敢な兵隊』 349

La serva padrona 『奥様女中』 356
Seven Lively Arts 『快活七科』 339
The Seven Sisters! 『7人の娘たち！』 346
1776 『1776年』 332
70, Girls, 70 『70、ガールズ、70』 335
Shall We Dance 『踊らん哉』 343
Shchelkunchik 『くるみ割り人形』 352
She Loves Me 『シー・ラヴズ・ミー』 336
The Shop Girl 『店員の娘』 347
Show Boat 『ショー・ボート』 342
Shrek The Musical 『シュレック』 330
Side by Side by Sondheim 『サイド・バイ・サイド・バイ・ソンドハイム』 334
Siegfried 『ジークフリート』 352
Silk Stockings 『絹の靴下』 341
Simon Boccanegra 『シモン・ボッカネグラ』 354
Simple Simon 『お人好しのサイモン』 341
Die singende Stadt 『南の哀愁』 348
Singin' in the Rain 『雨に唄えば』 331
Sister Act 『天使にラブ・ソングを』 330
1600 Pennsylvania Avenue 『ペンシルバニア街1600番地』 337
Smokey Joe's Café 『スモーキー・ジョーのカフェ』 331
A Society Circus 『社交界の大騒ぎ』 344
Some Like It Hot 『お熱いのがお好き』 329
Something for the Boys 『兵隊さんへのちょっとしたもの』 341
Ein Sommernachtstraum 『夏の夜の夢』 353
Sondheim, Stephen スティーヴン・ソンドハイム 334
Song and Dance 『歌と踊り』 333
Song of Norway 『ノールウェイの歌』 335
Song of the South 『南部の唄』 345
La sonnambula 『夢遊病の女』 355
Sophisticated Ladies 『粋な御婦人』 332
The Sorcerer 『魔法使い』 348
The Sound of Music 『サウンド・オブ・ミュージック』 339
Sousa, John Philip ジョン・フィリップ・スーザ 346
South Pacific 『南太平洋』 339
Spamalot 『スパマロット』 330
Spider-Man: Turn Off The Dark 『スパイダーマン』 329
Das Spitzentuch der Königin（1880） 『女王のレースのハンカチーフ』 350
Spring Awakening 『春の目覚め』 330
Spring Parade 『青きダニューブの夢』 349

Rodeo 『ロデオ』 339
Rodgers, Richard リチャード・ロジャース 339, 341
Romance on the High Seas 『洋上のロマンス』 338
Romberg, Sigmund シグマンド・ロムバーグ 343
Rome, Harold ハロルド・ローム 338
Romeo i Dzhulyetta 『ロメオとジュリエット物語』 335
La rondine 『つばめ』 354
Rosalie 『ロザリー』 340
Rose Marie（1924） 『ローズ・マリー』 343
Rose-Marie（1954）映画 『ローズ・マリー』 343
Die Rose von Stambul 『イスタンブールの薔薇』 349
Der Rosenkavalier 『ばらの騎士』 352
Ross, Jerry ジェリー・ロス 337
Rossini, Gioachino Antonio ジョアッキーノ・ロッシーニ 355
The Rothschilds 『ロスチャイルド家』 336
Roxy und ihr Wunderteam 『ロキシーと素晴らしい仲間たち』 348
Royal Wedding 『恋愛準決勝戦』 338
Ruddigore 『ラディゴア』 347
A Runaway Girl 『逃げ出した娘』 347

S

Saggio sopra l'opera in musica 『オペラ論』 356
Sail Away 『出港』 337
Sally 『サリー』 343
Salome 『サロメ』 352
San Toy 『サン・トイ』 347
Saturday Night Fever 『サタデー・ナイト・フィーバー』 331
Say, Darling 『ねえ、ダーリン』 338
La scala di seta 『絹のはしご』 355
The Scarlet Pimpernel 『紅はこべ』 331
Scarlett 『スカーレット』 337
Die schöne Galathée 『美しきガラテア』 350
School of Rock 『ロックの教室』 333
Schwartz, Arthur アーサー・シュワルツ 341
Die schweigsame Frau 『無口な女』 352
Semiramide 『セミラーミデ』 355
Senso 『夏の嵐』 354
Sérénade 『セレナーデ』 348
Sgt. Pepper's Lonely Hearts Club Band 『サージェント・ペパーズ・ロンリー・ハーツ・クラブ・バンド』 332

Probuzhdenie Flory 『フローラの目覚め』 352
The Producers 『プロデューサーズ』 330
Promises, Promises 『プロミシズ、プロミシズ』 332
Le Prophète 『預言者』 353
Puccini, Giacomo ジャコモ・プッチーニ 354
I puritani 『清教徒』 355
Putting It Together 『寄せ集めて』 333

Q

The Quaker Girl 『クエーカー教徒の娘』 347
The Queen's Lace Handkerchief (1882) 米 『女王のレースのハンカチーフ』 346

R

Ragtime 『ラグタイム』 331
Rameau, Jean-Philip ジャン＝フィリップ・ラモー 357
Raymonda 『ライモンダ』 351
The Red Mill 『赤い風車』 345
Red, Hot and Blue 『レッド・ホット・アンド・ブルー』 342
Rent 『レント』 331
Revenge with Music 『音楽で敵討ち』 341
Rex 『王様』 339
Rhapsody in Blue 『ラプソディ・イン・ブルー』 343
Das Rheingold 『ラインの黄金』 352
Rigoletto 『リゴレット』 354
Rinaldo 『リナルド』 356
Der Ring des Nibelungen 『ニーベルングの指環』 352
Rio Rita 『リオ・リタ』 340
Il ritorno d'Ulisse in patria 『ウリッセの帰還』 357
The Roar of the Greasepaint - The Smell of the Crowd 『ドーランの叫び／観客の匂い』 336
Rob Roy 『ロブ・ロイ』 345
Robbins, Jerome ジェローム・ロビンズ 339
Robert le Diable 『悪魔のロベール』 353
Roberta 『ロバータ』 342
Roberto Devereux 『ロベルト・デヴリュー』 355
Robin Hood 『ロビン・フッド』 345
Robinson Crusoé 『ロビンソン・クルーソ』 351
Rock of Ages 『ロック・オブ・エイジズ』 329
The Rocky Horror Show 『ロッキー・ホラー・ショー』 334
Rodelinda 『ロデリンダ』 356

Pardon My English 『私の英語はご容赦を』 343
Paris 『パリ』 342
Parsifal 『パルジファル』 352
The Passing Show (1894) 『パッシング・ショー』 344
The Passing Show (1912-24) 『パッシング・ショー』 342
Passion 『パッション』 333
Patience 『ペイシェンス』 348
Les Pecheurs de Perles 『真珠とり』 353
Peggy-Ann 『ペギー＝アン』 341
Das Pensionat 『寄宿学校』 350
La Périchole 『ペリコール』 351
The Perils of Pauline 『ポーリンの危難』 345
Peter Pan 『ピーター・パン』 338
Petipa, Marius マリウス・プティパ 352
Le Petit Duc 『小公爵』 350
Le petit Faust 『小ファウスト』 351
La Petite Mademoiselle 『小さなお嬢さん』 350
La Petite Mariée 『小さな花嫁』 350
The Phantom of the Opera 『オペラ座の怪人』 333
The Phantom President 『お化け大統領』 341
Le philtre 『惚れ薬』 353
Pickwick 『ピクウィック』 336
Pins and Needles 『ピンと針』 338
Pipe Dream 『パイプの夢』 339
Pippin 『ピピン』 332
The Pirates of Penzance 『ペンザンスの海賊』 348
La Plume de Ma Tante 『叔母さんの羽根』 337
Porgy and Bess 『ポーギーとベス』 343
Porter, Cole コール・ポーター 342
Les Prés Saint-Gervais 『サン＝ジェルヴェの平原』 350
Present Arms 『捧げ銃』 341
Pretty Woman: The Musical 『プリティ・ウーマン』 329
Prince Ananias 『嘘つき王子』 345
Prince Methusalem 『メスサレム王子』 346
Princess Ida 『王女イーダ』 347
The Princess Trebizonde（1871）米 『トレビゾンドの姫』 346
La princesse de Trébizonde（1869）『トレビゾンドの姫』 351
La Princesse des Canaries 『カナリア諸島の姫』 350
Der Prinz von Arkadien 『アルカディアの王子』 349
The Prisoner of Zenda 『ゼンダ城の虜』 340

No, No, Nanette 『ノー、ノー、ナネット』 333
Nobody Home 『上の空』 345
Norma 『ノルマ』 355
Le nozze di Figaro 『フィガロの結婚』 356

O

Der Obersteiger 『坑夫長』 349
L'œil crevé 『失われた目』 351
Of Thee I Sing 『君がため我は歌わん』 343
Offenbach, Jacques ジャック・オッフェンバック 351
Oh! Calcutta! 『オー！カルカッタ！』 332
Oh, Boy! 『オー、ボーイ！』 344
Oh, Lady! Lady!! 『オー、レディ！レディ !!』 344
Oh, What a Lovely War! 『おお、素晴らしき戦争！』 336
Oklahoma! 『オクラホマ！』 339
The Old Homestead 『懐かしの農家』 346
L'Olimpiade 『オリンピーアデ』 357
Oliver! 『オリヴァー！』 336
On a Clear Day You Can See Forever 『晴れた日に永遠が見える』 338
On the Town 『オン・ザ・タウン』 337
On Your Toes 『つま先立ちで』 341
Once 『ワンス』 329
One Mo' Time 『もう一度』 332
One Night in the Tropics 『熱帯の一夜』 342
One Touch of Venus 『生き返ったヴィーナス』 340
Operette 『オペレッタ』 347
L'Orfeo 『オルフェオ』 357
Orfeo ed Euridice 『オルフェオとエウリディーチェ』 357
Orphée aux enfers 『地獄のオルフェウス』 351
Otello 『オテッロ』 354
Over Here! 『オーヴァー・ヒア』 333

P

Pacific 1860 『太平洋1860年』 347
Pacific Overtures 『太平洋序曲』 334
Paganini 『パガニーニ』 349
Paint Your Wagon 『馬車を彩れ』 338
The Pajama Game 『パジャマ・ゲーム』 337
Pal Joey 『友人ジョーイ』 341
Panama Hattie 『パナマのハティ』 342

Metastasio, Pietro　ピエトロ・メタスタジオ　357
Meyerbeer, Giacomo　ジャコモ・マイヤーベーア　353
The Mikado　『ミカド』　347
Milk and Honey　『ミルクと蜂蜜』　336
Million Dollar Mermaid　『百万弗の人魚』　339
Millöcker, Carl　カール・ミレッカー　350
Miracle On 34th Street　『三十四丁目の奇蹟』　335
Les Misérables　『レ・ミゼラブル』　331
Miss Hook of Holland　『オランダのミス・フック』　347
Miss Liberty　『自由の女神』　343
Miss Saigon　『ミス・サイゴン』　331
Mississippi　『ミシシッピ』　341
Mr. President　『大統領』　343
Mr. Wonderful　『ミスター・ワンダフル』　336
Monteverdi, Claudio　クラウディオ・モンテヴェルディ　357
The Most Happy Fella　『一番幸せな奴』　337
Movin' Out　『ムーヴィン・アウト』　329
Mozart, Wolfgang Amadeus　ヴォルフガング・アマデウス・モーツァルト　356
La muette de Portici　『ポルティチの唖娘』　354
The Mulligan Guard's Pic-Nic　『マリガン警備隊のピクニック』　346
Music Box Revues　『ミュージックボックス・レヴュー』　342
Music in the Air　『空飛ぶ音楽』　342
The Music Man　『ミュージック・マン』　338
My Fair Lady　『マイ・フェア・レディ』　338
My One And Only　『マイ・ワン・アンド・オンリー』　333
The Mystery of Edwin Drood　『エドウィン・ドルードの謎』　331

N

Nabucco　『ナブッコ』　354
Eine Nacht in Venedig　『ヴェネチアの一夜』　350
Nadjy　『ナジー』　346
Naughty Marietta　『お転婆マリエッタ』　345
Neptune's Daughter　『水着の女王』　337
New Girl in Town　『町に来た新しい娘』　332
The New Moon　『ニュー・ムーン』　343
The New Yorkers　『ニューヨーカー』　342
Newsies The Musical　『ニュージーズ』　330
Next to Normal　『ほぼ正常』　330
The Night They Raided Minsky's　『ミンスキーの劇場が手入れを受けた夜』　336
No Strings　『ノー・ストリングス』（絆はなかった）　339

Die lustige Witwe 『メリー・ウィドウ』 349
Die lustigen Weiber von Wien 『ウィーンの陽気な女房たち』 349
Lysistratē 『女の平和』 356

M

Macbeth 『マクベス』 354
Mack & Mabel 『マックとメーベル』 336
Le maçon 『石工』 354
Madama Butterfly 『蝶々夫人』 354
Madame Chrysanthème 『お菊さん』 350
Mlle. Modiste 『帽子屋の女店員』 345
Mam'zelle Nitouche 『かまとと令嬢』 351
The Magic Show 『マジック・ショー』 332
The Maid of the Mountains 『山の娘』 347
Male and Female 『男性と女性』 346
Mame 『メイム』 336
Mamma Mia! 『マンマ・ミーア！』 329
Man of La Mancha 『ラ・マンチャの男』 332
The Man Who Owns Broadway 『ブロードウェイを持つ男』 345
Manon Lescaut（1893） 『マノン・レスコー』 354
Manon Lescaut（1856） 『マノン・レスコー』 353
Margherita d'Anjou 『アンジュのマルゲリータ』 353
Maria Stuarda 『マリア・ストゥアルダ』 355
La marjolaine 『マジョレーヌ』 350
Marry Me A Little 『少しだけ結婚して』 333
Les martyrs 『殉教者』 355
Mary Poppins 『メリー・ポピンズ』 330
La Mascotte 『マスコット』 350
Matilda The Musical 『マチルダ』 329
Matthäus-Passion 『マタイ受難曲』 332
Maytime 『五月の頃』 343
Me and Bessie 『私とベッシー』 332
Me and Juliet 『私とジュリエット』 339
Me and My Girl 『ミー・アンド・マイ・ガール』 331
Mean Girls 『ミーン・ガールズ』 329
Die Meistersinger von Nürnberg 『ニュルンベルクのマイスタージンガー』 353
Memphis 『メンフィス』 330
Merrily We Roll Along 『陽気に過ごして』 334
The Merry Widow 『メリー・ウィドウ』 340
The Merry World 『楽しき世界』 344

Leader of the Pack 『リーダー・オブ・ザ・パック』 330
Leave It to Jane 『ジェーンにお任せ』 344
Leave It to Me! 『私に任せて』 342
Lebedinoye ozero 『白鳥の湖』(改訂版) 351
Lecocq, Alexandre Charles シャルル・ルコック 351
Lehár, Franz フランツ・レハール 349
Leichte Kavallerie 『軽騎兵』 350
Lerner, Alan J. アラン・J・ラーナー 338
Let 'Em Eat Cake 『ケーキを食べればよい』 343
Let My People Come 『レット・マイ・ピープル・カム』 332
Let's Dance 『レッツ・ダンス』 337
Let's Face It! 『直面せよ』 341
Lettres sur la danse et les ballets 『舞踊とバレエについての手紙』 352
Der letzte Walzer 『最後のワルツ』 349
Die Liebe der Danae 『ダナエの愛』 352
Lili 『リリー』 329
Linda di Chamounix 『シャモニーのリンダ』 355
The Lion King 『ライオン・キング』 330
Little Johnny Jones 『小さなジョニー・ジョーンズ』 345
Little Mary Sunshine 『リトル・メアリー・サンシャイン』 335
The Little Mermaid 『リトル・マーメイド』 330
The Little Millionaire 『小さな百万長者』 345
Little Nellie Kelly 『小さなネリー・ケリー』 345
A Little Night Music 『リトル・ナイト・ミュージック』 334
Little Shop of Horrors 『恐怖の花屋』 332
Loesser, Frank フランク・レッサー 337
Lohengrin 『ローエングリン』 353
I Lombardi alla prima crociata 『十字軍のロンバルディア人』 354
Look Back in Anger 『怒りを込めて振り返れ』 335
Lorelei - Gentlemen Still Prefer Blondes『ローレライ/紳士はまだ金髪がお好き』 333
Lost in the Stars 『星に散る』 340
Louisiana Purchase 『ルイジアナの取引』 344
Love Life 『愛の生活』 340
Love Me Tonight 『今晩は愛して頂戴ナ』 341
Lowe, Frederick フレドリク・ロウ 338
Lucia di Lammermoor 『ランメルモールのルチア』 355
Lucrezia Borgia 『ルクレツィア・ボルジア』 355
Luisa Miller 『ルイザ・ミラー』 354
Lully, Jean-Baptiste ジャン=バティスト・リュリ 357

J

Jamaica 『ジャマイカ』 332
Jekyll & Hyde 『ジキルとハイド』 331
Jennie 『ジェニー』 340
Jerome Robbins' Broadway 『ジェローム・ロビンズのブロードウェイ』 339
Jersey Boys 『ジャージー・ボーイズ』 329
Jesus Christ Superstar 『ジーザス・クライスト・スーパースター』 333
John Murray Anderson's Almanac 『ジョン・マリ・アンダソンの年鑑』 337
Johnny Johnson 『ジョニー・ジョンソン』 340
La Jolie fille de Perth 『美しいパースの娘』 353
La jolie Persane 『可愛いペルシャ娘』 350
Joseph and the Amazing Technicolor Dreamcoat 『ヨセフと超天然色のドリームコート』 333
Le Jour et la Nuit 『昼と夜』 350
Jubilee 『ジュビリー』 342
Jumbo 『ジャンボ』 341
Jupiter 『ゼウス』 345

K

Kálmán, Emmerich エメリヒ・カールマン 348
Kander, John ジョン・カンダー 335
Kerker, Gustave グスタヴ・カーカー 345
Kern, Jerome ジェローム・カーン 343
Kid Boots 『キッド・ブーツ』 340
The Kid from Brooklyn 『ダニー・ケイの牛乳屋』 338
The King and I 『王様と私』 339
Kinky Boots 『キンキー・ブーツ』 329
Kiss Me, Kate 『キス・ミー・ケイト』 341
Kiss of the Spider Woman 『蜘蛛女のキス』 335
Der Klavierstimmer 『ピアノ調律師』 349
Knickerbocker Holiday 『ニッカーボッカーの休日』 340
Der Kongreß tanzt 『会議は踊る』 346
Kosiki 『コシキ』 350
Koven, Reginald De レジナルド・デ・コーヴン 345

L

Lady, Be Good! 『ご婦人よ、行儀よく！』 343
Lady in the Dark 『暗闇の女』 340
Das Land des Lächelns 『微笑みの国』 349

Die Herzogin von Chicago 『シカゴの大公令嬢』 348
High Button Shoes 『ハイ・ボタン・シューズ』 338
High, Wide, and Handsome 『たくましき男』 342
Hip! Hip! Hooray! 『ヒップ！ヒップ！フーレイ！』 344
How To Succeed In Business Without Really Trying 『努力しないで出世する方法』 337
Les Huguenots 『ユグノー教徒』 353
Humpty Dumpty 『ハムプティ・ダムプティ』 346

I

I Can Get It for You Wholesale 『あなたには卸値で』 337
I Do! I Do! 『結婚物語』 332
I Dream Too Much 『恋の歌』 342
I Married an Angel 『天使と結婚した私』 341
I Remember Mama 『ママの思い出』 339
I'd Rather Be Right 『私はぜひ正しくありたい』 341
Idomeneo 『クレタ王イドメネオ』 356
Ihr erster Walzer 『彼女の最初のワルツ』 349
Illya Darling 『日曜はダメよ』 334
Im weißen Rößl 『白馬亭』 348, 349
In Gay New York 『陽気なニューヨークで』 344
In the Heights 『ハイツ地区で』 330
In Town 『ロンドンにて』 347
L'incoronazione di Poppea 『ポッペアの戴冠』 357
Les Indes galantes 『優雅なインドの国々』 357
Indigo und die vierzig Räuber 『インディゴと40人の盗賊』 350
Inside U.S.A. 『アメリカの内幕』 340
The International Cup 『国際杯』 344
Into the Woods 『森の中へ』 333
Invitation to the Dance 『舞踏への招待』 332
Iolanthe 『アイオランシ』 348
Iphigénie en Aulide 『オーリドのイフィジェニー』 357
Irene (1973) 『アイリーン』 333
Irma La Douce 『やさしいイルマ』 337
The Island of Bachlars 『独身者たちの島』 351
It Happened in Brooklyn 『下町天国』 338
It Happens on Ice 『氷上の出来事』 335
It's a Bird, It's a Plane, It's Superman 『鳥だ、飛行機だ、スーパーマンだ』 336
L'italiana in Algeri 『アルジェのイタリア女』 355
Ixion! 『イクシオン王』 346

Grand Hotel 『グランド・ホテル』 331
Grand Street Follies 『グランドストリート・フォリーズ』 342
The Grand Tour 『グランド・ツアー』 336
La Grande-Duchesse de Gérolstein 『ジェロルスタン女大公殿下』 351
Grease 『グリース』 331, 334
The Great Dictator 『チャップリンの独裁者』 335
The Great Waltz 『グレート・ワルツ』 339
Greenwich Village Follies 『グリニッチヴィレッジ・フォリーズ』 342
Greenwillow 『緑の柳』 337
Guillaume Tell 『ギヨーム・テル』 355
Guntram 『グントラム』 352
Gustave III 『ギュスタフ３世』 353
Guys and Dolls 『野郎どもと女たち』 337
Gypsy 『ジプシー』 338

H

H.M.S. Pinafore 『軍艦ピナフォア』 348
Hair 『ヘアー』 334
Hairspray 『ヘアスプレー』 330
Half a Sixpence 『心を繋ぐ六ペンス』 336
Hallelujah, I'm A Bum 『風来坊』 341
Hamilton 『ハミルトン』 329
Hammerstein, Oscar II オスカー・ハマースタイン２世 339, 342
Händel, Georg Friedrich ゲオルク・フリードリヒ・ヘンデル 356
Hans Christian Andersen 『アンデルセン物語』 337
Happy Days 『幸せな日々』 344
Happy End 『ハッピー・エンド』 340
The Happy Time 『ハッピー・タイム』 335
Harnick, Sheldon シェルドン・ハーニック 336
Hart, Lorenz ローレンツ・ハート 341
Hats Off to Ice 『氷に脱帽』 335
Have a Heart 『こっちの身にもなって』 344
Hello, Broadway! 『ハロー、ブロードウェイ！』 345
Hello, Dolly! 『ハロー、ドリー！』 336
Hellzapoppin' 『ヘルツァポピン』 339
Henry, Sweet Henry 『ヘンリー・スウィート・ヘンリー』 332
Herbert, Victor August ヴィクター・ハーバート 345
Here's Love 『ここに愛あり』 338
Herman, Jerry ジェリー・ハーマン 336
Hervé エルヴェ 351

The Gay Divorcee 『コンチネンタル』 341
The Gay Life 『陽気な生活』 340
The Gay Parisienne 『陽気なパリジェンヌ』 347
La gazza ladra 『泥棒かささぎ』 355
The Geisha 『ゲイシャ』 347
Gentlemen Prefer Blondes 『紳士は金髪がお好き』 338
George White's Scandals 『スキャンダルス』 342
Gershwin, George ジョージ・ガーシュウィン 343
Get Together 『一緒に』 344
Gianni Schicchi 『ジャンニ・スキッキ』 354
Gigi (1973) 『恋の手ほどき』 338
Gigi (1958) 映画 『恋の手ほどき』 338
Gilbert, William Schwenck ウィリアム・S・ギルバート 348
Girl Crazy 『女の子に夢中』 343
The Girl Friend 『ガール・フレンド』 341
The Girl From Kays 『ケイの店から来た娘』 347
The Girl from Paris 『パリから来た娘』 340
The Girl from Utah (1913) 英 『ユタから来た娘』 347
The Girl from Utah (1914) 米 『ユタから来た娘』 343
The Girl in Pink Tights 『ピンクタイツの娘』 343
The Girl Who Came to Supper 『夕食に来た娘』 336
Giroflé-Girofla 『ジロフル＝ジロフラ』 350
Giselle 『ジゼル』 352
Giulio Cesare 『ジュリオ・チェザーレ』 356
Gluck, Christoph Willibald クリストフ・ヴィリバルト・グルック 357
Das Glücksmädel 『陽気な娘』 349
Godspell 『ゴッドスペル』 334
Going It Blind 『盲人で行こう』 346
Gold Diggers of 1933 『ゴールド・ディガース』 346
Golden Boy 『ゴールデン・ボーイ』 336
Golden Rainbow 『黄金の虹』 334
The Goldwyn Follies 『ゴールドウィン・フォリーズ』 343
The Gondoliers 『ゴンドラ漕ぎ』 347
Good News 『グッド・ニューズ』 340
Good Times 『良き時代』 344
Götterdämmerung 『神々の黄昏』 352
The Graduate 『卒業』 335
Der Graf von Luxemburg 『ルクセンブルク伯爵』 349
Gräfin Mariza 『マリツァ伯爵令嬢』 348
The Grand Duke 『大公』 347

Finian's Rainbow 『フィニアンの虹』 335
Fiorello! 『フィオレロ！』 336
The Firebrand of Florence 『フロレンスの熱血漢』 340
The Firefly 『蛍』 343
Die Fledermaus 『こうもり』 350
Fleur de thé 『茶の花』 351
Der fliegende Holländer 『さまよえるオランダ人』 353
Flora, The Red Menace 『フローラ、赤い脅威』 335
Florodora 『フロロドーラ』 347
Flower Drum Song 『花太鼓の歌』 339
Flying Colors 『フライイング・カラーズ』 341
Flying High 『フライイング・ハイ』 339
Follies 『フォリーズ』 334
Follow the Girls 『女の子を追って』 335
Footloose 『フットルース』 331
1492 『1492年』 346
Forty-five Minutes from Broadway 『ブロードウェイから45分』 345
42nd Street 『四十二番街』 333
La forza del destino 『運命の力』 354
Fosse 『フォッシー』 331
Fra Diavolo 『フラ・ディアヴォロ』 354
Frasquita 『フラスキータ』 349
Die Frau ohne Schatten 『影のない女』 352
Der Freischütz 『魔弾の射手』 353
Friedenstag 『平和の日』 352
Friml, Rudolf ルドルフ・フリムル 343
The Frogs 『カエル』 333
Frozen 『アナと雪の女王』 330
Frühjahrsparade 『春のパレード』 349
The Full Monty 『フル・モンティ』 330
Funny Girl 『ファニー・ガール』 338
A Funny Thing Happened on the Way to the Forum 『ローマで起こった奇妙な出来事』 334

G

A Gaiety Girl 『陽気な娘』 347
The Garrick Gaieties 『ガリック・ゲイエティーズ』 341
Gasparone 『ガスパローネ』 349
Der Gatte des Fräuleins 『お嬢様の夫』 348
Gay Divorce 『陽気な離婚』 342

DuBarry Was a Lady 『デュバリーは貴婦人』 342

E

The Earl and the Girl 『伯爵と娘』 347
Earl Carroll's Vanities 『ヴァニティーズ』 342
Ebb, Fred フレッド・エブ 335
Edgar 『エドガール』 354
Edwards, Julian ジュリアン・エドワーズ 345
Egmont 『エグモント』 353
Eileen (1917) 『アイリーン』 345
Elektra 『エレクトラ』 352
Elisabeth 『エリザベート』 346
L'elisir d'amore 『愛の妙薬』 355
Die Entführung aus dem Serail 『後宮からの逃走』 356
Erminie 『アーミニー』 346
Ernani 『エルナーニ』 354
L'étoile du nord 『北極星』 353
Eubie! 『ユービー！』 332
L'Euridice 『エウリディーチェ』 356
Evangeline! 『エヴァンジェリン』 346
Everything 『何もかも』 344
Evita 『エヴィータ』 333

F

Fall, Leo レオ・ファル 349
Falstaff 『ファルスタッフ』 354
La Fanciulla del West 『西部の娘』 354
Fancy Free 『ファンシー・フリー』 339
Fanny 『ファニー』 337
The Fantasticks 『ファンタスティックス』 335
Farinelli Il Castrato 『カストラート』 356
Fatinitza 『ファティニツァ』 350
La favorite 『ファヴォリータ』 355
Feuersnot 『火難』 352
Fiddler on the Roof 『屋根の上のヴァイオリン弾き』 336
Fidelio 『フィデリオ』 353
La Fille de Madame Angot 『アンゴ夫人の娘』 351
La fille du regiment 『連隊の娘』 355
La fille du tambour-major 『鼓手長の娘』 351
La Fille mal gardée 『ラ・フィーユ・マル・ガルデ』 340

Dames at Sea 『海の娘たち』 334
Damn Yankees 『くたばれヤンキース』 337
A Damsel in Distress 『踊る騎士』 343
Dancin' 『ダンシン』 332
Daphne (1938) 『ダフネ』 352
Dardanus 『ダルダニュス』 356
The Day Before Spring 『春待つ日』 338
de Mille, Agnes アグネス・デ・ミル 339
Dear World 『いとしき世界』 336
Demofoonte 『デモフォンテ』 357
Derarme Jonathan 『哀れなヨナタン』 349
The Desert Song 『砂漠の歌』 343
Destry Rides Again 『デストリー再び乗り出す』 337
Les deux aveugles 『二人の盲人』 351
Le devin du village 『村の占い師』 356
Les diamants de la couronne 『王冠のダイヤモンド』 353
Dichter und Bauer 『詩人と農夫』 350
Dietz, Howard ハワード・ディーツ 341
Do I Hear a Waltz? 『ワルツが聴こえた?』 339
Do Re Mi 『ドレミ』 338
Doč faraona 『ファラオの娘』 352
Le Docteur Miracle 『ミラクル博士』 353
The Doctor of Alcantara 『アルカンタラの医師』 346
Die Dollarprinzessin 『ドルの女王』 349
Le domino noir 『黒いドミノ』 353
Don Carlos 『ドン・カルロ』 354
Don Giovanni 『ドン・ジョヴァンニ』 356
Don Juan ou Le Festin de Pierre 『ドン・ジュアン』 357
Don Pasquale 『ドン・パスクアーレ』 355
Don Quichotte et Sancho Pança 『ドン・キホーテとサンチョ・パンサ』 351
Don Quixote 『ドン・キホーテ』 352
Donizetti, Gaetano ガエターノ・ドニゼッティ 355
La donna del lago 『湖上の美人』 355
Donna Juanita 『ドンナ・ファニータ』 350
Dreamgirls 『ドリームガールズ』 332
Die drei Musketiere 『三銃士』 348
Drei Walzer 『三つのワルツ』 349
Die Dreigroschenoper (1928) 『三文オペラ』 340
The Drowsy Chaperone 『眠そうな付添人』 330
Die Dubarry 『デュバリー伯爵夫人』 350

Chicago 『シカゴ』 331, 335
Chilpéric 『シルペリク』 351
A Chinese Honeymoon 『中国のハネムーン』 347
Chitty Chitty Bang Bang 『チキ・チキ・バン・バン』 331
The Chocolate Soldier 『チョコレートの兵隊』 340
A Chorus Line 『コーラス・ライン』 332
Christine 『クリスティーヌ』 334
Chu Chin Chow 『朱金昭』 347
Cinderella 『シンデレラ』 339
The Circus Girl 『サーカスの娘』 347
City of Angels 『天使の街』 331
La clemenza di Tito 『皇帝ティートの慈悲』 355, 357
Les Cloches de Corneville 『コルヌヴィユの鐘』 350
Clorindy, or The Origin of the Cake Walk 『クロリンディ／ケーク・ウォークの発祥』 344
The Club 『ザ・クラブ』 334
Coco 『ココ』 334, 338
Le Cœur et la main 『心と手』 350
Cohan, George Michael ジョージ・M・コーハン 345
The Color Purple 『カラーパープル』 330
Il Combattimento di Tancredi e Clorinda 『タンクレディとクロリンダの戦い』 357
Company 『カンパニー』 334
Le Comte Ory 『オリー伯爵』 355
A Connecticut Yankee 『コネチカット・ヤンキー』 341
Contact 『コンタクト』 330
Le convenienze teatrali 『劇場の都合』 355
Conversation Piece 『風俗画』 347
Così fan tutte 『女はみんなこうしたもの』 356
Cover Girl 『カバーガール』 342
Coward, Noël ノエル・カワード 347
Cox and Box 『コックスとボックス』 348
The Cradle Will Rock 『ゆりかごは揺れるだろう』 335
Crazy For You 『クレイジー・フォー・ユー』 331
Il Crociato in Egitto 『エジプトの十字軍』 353
Die Csárdásfürstin 『チャルダーシュの女王』 348
Curley McDimple 『カーリー・マクディンプル』 335

D

Dafne（1598） 『ダフネ』 356

The Boys from Syracuse 『シラクサから来た男たち』 341
Brigadoon 『ブリガドゥーン』 338
Les brigands 『山賊』 351
Bubbling Brown Sugar 『バブリング・ブラウン・シュガー』 332
Buffalo Bill's Wild West 『ワイルド・ウェスト・ショー』 340
By Jeeves 『ジーブスの手で』 333
By Jupiter 『ゼウスの手で』 341
By the Beautiful Sea 『美しき海辺で』 340
Bye Bye Birdie 『バイ・バイ・バーディ』 336

C

Cabaret 『キャバレー』 335
La Cage aux Folles 『ラ・カージュ・オー・フォール』 336
Call Me Madam 『マダムで呼びなさい』 343
Call Me Mister 『ミスターで呼んで』 338
La Camargo 『カマルゴ』 350
Camelot 『キャメロット』 338
Can-Can 『カン・カン』 341
Candide 『キャンディード』 337
El Capitan 『エル・カピタン』 346
Capriccio 『カプリッチョ』 352
I Capuleti e i Montecchi 『キャプレッティ家とモンテッキ家』 355
Carmen 『カルメン』 353
Carmen Jones 『カルメン・ジョーンズ』 342
Carmen: A Hip Hopera 『カルメン／ヒップホペラ』 329
Carnival! 『カーニヴァル』 331
Carousel 『回転木馬』 339
Casanova 『カサノヴァ』 348
Castle in the Air 『無防備な城』 335
Castor et Pollux 『カストルとポリュックス』 356
The Cat and the Fiddle 『猫とヴァイオリン』 342
Cats 『キャッツ』 333
La Cenerentola 『チェネレントラ』 355
Les Cent Vierges 『百人の乙女』 351
Charlie Girl 『チャーリー・ガール』 336
Cheer Up 『元気を出して』 344
The Cherry Girl 『さくらんぼ娘』 347
Chess 『チェス』 331
Le cheval de bronze 『青銅の馬』 353
Les chevaliers de la Table Ronde 『円卓の騎士』 351

Bayaderka 『バヤデルカ』 352
Beatlemania 『ビートルマニア』 334
Beautiful The Carole King Musical 『ビューティフル／キャロル・キング・ミュージカル』 329
Beauty and the Beast 『美女と野獣』 330
Beehive 『ビーハイヴ』 329
The Beggar's Opera 『乞食オペラ』 356
La belle Hélène 『うるわしのエレーヌ』 351
The Belle of New York 『ニューヨークの美人』 345
Bellini, Vincenzo ヴィンチェンツォ・ベッリーニ 355
Bells Are Ringing 『ベルが鳴っています』 338
Benatzky, Ralph ラルフ・ベナツキー 348
Berlin, Irving アーヴィング・バーリン 344
Bernstein, Leonard レナード・バーンスタイン 337
The Best Little Whorehouse in Texas 『テキサス一番の娼家』 332
Betsy 『ベッツィ』 341
Der Bettelstudent 『乞食学生』 349
Better Times 『より良き時代』 344
Between the Devil 『前門の虎』 340
Beyond the Fringe 『周辺地区を越えて』 336
Big River 『ビッグ・リヴァー』 331
The Big Show 『ビッグ・ショー』 344
Billy Elliot: The Musical 『リトル・ダンサー』 330
Bitter Sweet 『甘辛人生』 347
Bizet, Georges ジョルジュ・ビゼー 353
The Black Crook 『黒い悪魔』 346
Bloomer Girl 『ブルーマ・ガール』 339
Blossom Time 『花咲く頃』 343
The Blue Moon 『蒼い月』 347
Die Blume von Hawaii 『ハワイの花』 348
Boccaccio 『ボッカッチョ』 350
Bock, Jerry ジェリー・ボック 336
The Body Beautiful 『ボディ・ビューティフル』 336
La Bohème 『ラ・ボエーム』 354
The Bohemian Girl 『ボヘミアン・ガール』 346
Bonnie and Clyde 『俺たちに明日はない』 335
The Book of Mormon 『モルモン書』 329
Le Bourgeois Gentilhomme 『町人貴族』 357
The Boy Friend 『ボーイ・フレンド』 337
The Boy From Oz 『ザ・ボーイ・フロム・オズ』 329

Anchors Aweigh 『錨を上げて』 338
Androcles and the Lion 『アンドロクロスとライオン』 339
Anna Bolena 『アンナ・ボレーナ』 355
Anna Christie 『アンナ・クリスティ』 332
Annie 『アニー』 336
Annie Get Your Gun 『アニーよ銃を取れ』 343
Anyone Can Whistle 『誰でも口笛を』 334
Anything Goes 『何でもまかり通る』 342
Anything Goes 『海は桃色』 341
The Apartment 『アパートの鍵貸します』 332
Applause 『アプローズ』 336
The Apple Tree 『リンゴの木』 336
Arabella 『アラベラ』 352
Ariadne auf Naxos 『ナクソス島のアリアドネ』 352
L'arlesienne 『アルルの女』 353
Armida 『アルミーダ』 355
Around the World 『世界をめぐる』 344
As Thousands Cheer 『万人の喝采する時』 344
Aspects of Love 『愛のかたち』 333
Assassins 『暗殺者たち』 333
At Home Abroad 『アット・ホーム・アブロード』 341
Attila 『アッティラ』 354
Auber, François フランソワ・オーベール 354
Aufstieg und Fall der Stadt Mahagonny 『マハゴニー市の興亡』 340
Avenue Q 『アヴェニューQ』 330
Axel an der Himmelstür 『天国の扉のアクセル』 348

B

Babes in Arms 『戦う子供たち』 341
Babes in Toyland 『おもちゃの国の子供たち』 345
Balet comique de la Royne / Ballet Comique de la Reine 『王妃のバレエ・コミック』 356
Ball im Savoy 『サヴォイの舞踏会』 348
Ballet royal de la Nuit 『夜のバレエ』 357
Un Ballo in Maschera 『仮面舞踏会』 354
The Band Wagon 『バンド・ワゴン』 341
The Band's Visit 『迷子の警察音楽隊』 329
Barbe-bleue 『青ひげ』 351
Il barbiere di Siviglia 『セビーリャの理髪師』 355
La battaglia di Legnano 『レニャーノの戦い』 354

欧文索引

・原題名一覧に記載されている欧文の人名、作品名について、言語を問わずアルファベット順に配列した。
・先頭の冠詞を除き配列したが、作品名は冠詞を含めて表示している。
・数字、略号は、その読みで配列している。
・キリル文字、ギリシャ文字は、音価でラテン文字に置き換えて配列した。
・同じ作品名で、異なる作品がある場合は、年号を併記して区別した。
・欧文表記に続けて、和文表記を記載した。欧文索引が示すのは原題名一覧のページだけなので、本文中の項目は和文索引から検索を願いたい。

A

Abraham, Paul　パウル・アブラハム　348
Ace of Clubs　『クラブのエース』　347
The Act　『ジ・アクト』　335
Adams, Lee　リー・アダムス　336
Adler, Richard　リチャード・アドラー　337
The Admirable Crichton　『あっぱれクライトン』　346
Adonis　『アドニス』　346
L'africaine　『アフリカの女』　353
Die ägyptische Helena　『エジプトのヘレナ』　352
Aida (1871)　『アイーダ』　354
Aida (2000)　『アイーダ』　330
Ain't Misbehavin'　『浮気はやめた』　332
Aladdin　『アラジン』　330
Aladdin the 2nd　『アラジン２世』　351
Alceste　『アルチェステ』　357
Ali-Baba　『アリババ』　350
All about Eve　『イヴの総て』　329
Allegro　『アレグロ』　339
Almira　『アルミーラ』　356
America　『アメリカ』　344
America's Sweetheart　『アメリカの恋人』　341
An American in Paris (1951) 映画　『巴里のアメリカ人』　338
An American in Paris (2015)　『巴里のアメリカ人』　330
Anastasia　『アナスタシア』　330

『ロデオ』 241, 339
『ロデリンダ』 51, 356
『ロバータ』 206, 342
ロビンズ、ジェローム 243-246, 251, 253, 254, 258, 294, 298-300, 339
『ロビンソン・クルーソ』 104, 351
ロビンソン、ビル・ボージャングル 152
『ロビン・フッド』 164, 345
『ロブ・ロイ』 164, 345
ロペス、ロバート 329, 330
『ロベルト・デヴリュー』 68, 355
『ローマで起こった奇妙な出来事』 264, 294, 313, 334
ロマン派 55, 57, 77, 82, 94-97, 138, 139, 164, 166, 262
ローム、ハロルド 218, 236, 252, 253, 257, 338
ロムバーグ、シグマンド 198, 199, 201-203, 274, 340, 343
『ロメオとジュリエット物語』 259, 335
『ローレライ／紳士はまだ金髪がお好き』 302, 333
ローレンス、ガートルード 237
ローレンス、スティーヴ 289
ローレンツ、アーサー 293, 294
『ロンドン塔の衛士』 125, 347
『ロンドンにて』 128, 347

わ行

ワイヤレス・マイク 285, 286, 307
ワイル、クルト 52, 204, 217, 224, 225, 237, 275, 340
ワイルダー、ビリー 273, 314
ワイルド、オスカー 88
『ワイルド・ウェスト・ショー』 187, 340
ワイルドホーン、フランク 331
ワーグナー、リヒャルト 17, 41, 43, 55, 57, 61, 64, 72, 75, 82-89, 91, 94, 233, 353
『私とジュリエット』 249, 339
『私とベッシー』 303, 332
『私に任せて』 221, 342
『私の英語はご容赦を』 197, 343
『私はぜひ正しくありたい』 222, 341
『ワルキューレ』 83, 84, 352
『ワルツが聴こえた？』 249, 293, 339
ワルツ合戦 110
『ワルツの夢』 115, 349
『ワンス』 320, 329

『リナルド』　50, 356
リバーソン、ゴダード　232-234
リファール、セルジュ　98
リフレイン　137, 219
リュリ、ジャン＝バティスト　39-41, 46, 357
『リリー』　315, 329
『リンゴの木』　266, 336
『ルイザ・ミラー』　71, 354
『ルイジアナの取引』　196, 344
『ルクセンブルク伯爵』　115, 349
『ルクレツィア・ボルジア』　68, 355
ルコック、シャルル　80, 106-108, 163, 351
ルシル・ローテル劇場　275
ルソー、ジャン＝ジャック　43, 356
ルーニー、ミッキー　289
ルネサンス座　108
ルーベンス、ポール　130, 347
ルリタニア物　201
レアンダー、ツァラー　119
レイン、バートン　238, 256, 335
レスリー、フレッド　127
レチタティーヴォ　25, 26, 33, 38, 40, 43, 44, 64, 67, 72, 80, 104, 137, 323, 324
レチタティーヴォ・アッコンパニャート　26
レチタティーヴォ・セッコ　25, 42, 44
レッサー、フランク　239, 252, 253, 258, 259, 263, 337
『レッツ・ダンス』　259, 337
『レッド・ホット・アンド・ブルー』　220, 342
『レット・マイ・ピープル・カム』　292, 332
レデラー、ジョージ　184
レーニャ、ロッテ　224, 225, 275
『レニャーノの戦い』　71, 354
レハール、フランツ　113-117, 159, 176, 340, 349
『レ・ミゼラブル』　109, 309-311, 331
『恋愛準決勝戦』　256, 338
連続活劇　137, 172
『連隊の娘』　68, 355
『レント』　286, 312, 331
ロイヤル劇場　134
ロウ、フレドリク　238, 252, 255, 256, 263, 338
『ローエングリン』　83, 84, 353
『ロキシーと素晴らしい仲間たち』　119, 348
『ロザリー』　200, 340
『ロシアの皇太子』　115, 349
ロシア・バレエ団　→バレエ・リュス
ロジャース、ウィル　314
ロジャース、リチャード　183, 200, 203, 208, 216, 218, 221, 222, 227, 231, 236-238, 241, 243, 248, 249, 252-254, 266, 339, 341
ロジャースとハート　221, 236, 243, 253
ロジャースとハマースタイン2世　203, 238, 241, 249, 252, 254
ロス、ジェリー　252, 253, 259, 337
ローズ、ビリー　183, 204
『ロスチャイルド家』　266, 336
『ローズ・マリー』（1924）　199, 201-203, 207, 343
『ローズ・マリー』（1954）映画　208, 343
『ロッキー・ホラー・ショー』　280, 334
『ロック・オブ・エイジズ』　317, 319, 329
ロックオペラ　279, 296, 311, 322-324
『ロックの教室』　297, 321, 333
ロック・ミュージカル　277-279, 301
ロッシーニ、ジョアッキーノ　26, 33, 59, 60, 63-67, 78, 355

『ユタから来た娘』（1914）米　205, 343
『ユートピア有限会社』　125, 347
『ユービー！』　303, 332
ユーマンズ、ヴィンセント　333
『ゆりかごは揺れるだろう』　230, 335
『ユーリンタウン』　318, 330
『陽気な生活』　223, 340
『陽気なニューヨークで』　185, 344
『陽気なパリジェンヌ』　129, 178, 340, 347
『陽気な娘』　116, 128, 347, 349
『陽気な離婚』　220, 221, 342
『陽気に過ごして』　294, 334
『洋上のロマンス』　256, 338
『良き時代』　183, 344
『預言者』　79, 353
『寄せ集めて』　295, 333
『ヨセフと超天然色のドリームコート』　296, 333
『より良き時代』　183, 344
『夜のバレエ』　39, 357
『四十二番街』　301, 309, 315, 316, 333
『四分の三拍子の二人の心』　→しぶんのさんびょうしのふたりのこころ

ら行

『ライオン・キング』　312, 316, 330
ライス、エドワード・E.　166, 346
ライス、ティム　296
ライス、トマス・D.　150
『ライスの夏の夜』　185, 344
ライト、ロバート　331, 335
ライト・モティーフ　72, 84
ライムライト　56
『ライモンダ』　97, 241, 351
『ラインの黄金』　83, 84, 352
ラインハルト、マックス　191
『ラ・カージュ・オー・フォール』　267, 309, 336
『ラグタイム』　314, 331
ラグタイム　149, 173, 175, 195
ラシーヌ　38, 40
『ラ・シルフィード』　95, 352
ラーソン、ジョナサン　312, 331
ラッセル、リリアン　146, 167
ラップ　255, 320-324
『ラディゴア』　125, 347
ラーナー、アラン・J.　252, 255, 256, 263, 338
ラパイン、ジェームズ　295
ラバノーテーション　247
『ラ・フィーユ・マル・ガルデ（リーズの結婚）』　138, 340
『ラプソディ・イン・ブルー』　197, 343
『ラ・ボエーム』　74, 312, 354
『ラ・マンチャの男』　272, 273, 332
ラモー、ジャン＝フィリップ　41-43, 357
『ランスへの旅』　59, 67, 355
ランズベリー、アンジェラ　267
ランナー、ヨーゼフ　110
『ランメルモールのルチア』　68, 355
リー、ヴィヴィアン　289
リー、ジプシー・ローズ　142
リー、ミッチ　272, 332
『リオ・リタ』　200, 340
リコルディ　72-75
『リゴレット』　71, 354
『リーダー・オブ・ザ・パック』　319, 330
リッチモンド、ジェフ　329
リッチングス、キャロライン　160
『リトル・ダンサー』　318, 330
『リトル・ナイト・ミュージック』　294, 334
『リトル・マーメイド』　317, 330
『リトル・メアリー・サンシャイン』　275, 335

『ミーン・ガールズ』 321, 329
ミンクス 97
ミンスキー劇場 141
『ミンスキーの劇場が手入れを受けた夜』 141, 268, 336
ミンストレル（中世） 17
ミンストレルズ（ミンストレル・ショー） 135, 136, 140, 143, 144, 147-156, 166, 185, 186, 288
ミンネゼンガー 17
『ムーヴィン・アウト』 319, 329
『無口な女』 90, 91, 352
無限旋律 43, 84
『無防備な城』 228, 335
『夢遊病の女』 68, 355
『村の占い師』 43, 356
『メイム』 263, 267, 336
メガ・ミュージカル 279, 296, 304, 308-310, 313
メサジュ、アンドレ 108, 350
『目覚めて夢見よ』 220, 342
『メスサレム王子』 158, 346
メタスタジオ、ピエトロ 33-36, 357
メディスンショー 147
メディチ 18, 20, 21, 24, 38, 49
メトロポリタン歌劇場 176, 280
『メリー・ウィドウ』 115, 116, 159, 175, 340, 349
メリク、デイヴィッド 264, 265, 310
『メリー・ポピンズ』 317, 318, 330
メリル、ボブ 331, 332, 334
メルクーリ、メリナ 289
メロドラマ 48, 50, 77, 81, 111, 133-138, 152, 167
メンケン、アラン 316, 330, 332
メンデルスゾーン 48, 55, 81, 353
『メンフィス』 318, 330
『もう一度』 303, 332
『盲人で行こう』 157, 346
モーガン、ヘレン 230
『モダン・ミリー』 315, 318, 331
モーツァルト、ヴォルフガング・アマデウス 26, 34, 48, 55, 58, 59, 62-65, 81, 88-91, 110, 356
モートン、ヒュー 164
モノー、マルグリート 109, 337
モノディ 23-26
モノフォニー 16
モリエール 38-40, 46, 90
『森の中へ』 295, 310, 333
『モルモン書』 320, 329
モンクトン、ライオネル 129, 130, 347
モンテヴェルディ、クラウディオ 26, 28, 357
『モンパリ』 187
『モンマルトルのすみれ』 118, 348

や行

ヤコボウスキー、エドワード 158, 167, 346
『やさしいイルマ』 109, 265, 337
『屋根の上のヴァイオリン弾き』 244, 263, 266, 267, 290, 336
『山の娘』 130, 347
『野郎どもと女たち』 252, 258, 313, 337
『ヤンキー・ドゥードゥル・ダンディ』 178, 345
『ユア・オウン・シング』 279, 334
『優雅なインドの国々』 41, 357
『勇敢な兵隊（チョコレートの兵隊）』 115, 175, 340, 349
『夕食に来た娘』 265, 336
『友人ジョーイ』 222, 236, 237, 341
有節形式 25
『ユグノー教徒』 79, 353
ユゴー、ヴィクトル 57, 61
『ユタから来た娘』（1913）英 130, 205, 343, 347

ま行

『迷子の警察音楽隊』 321, 329
マイスタージンガー　17
『マイ・フェア・レディ』 234, 238, 252, 255, 256, 263, 266, 267, 290, 302, 322, 338
マイヤーベーア、ジャコモ　78, 81, 83, 95, 353
『マイ・ワン・アンド・オンリー』 301, 333
マキュー、ジミー　334
幕間喜歌劇　41, 42, 44
マークス、ウォルター　334
マクダーマト、ゴルト　334
『マクベス』 71, 354
マケクニー、ドナ　300
マーケル、ウナ　289
『マジック・ショー』 291, 332
マシューズ、チャールズ　149
『マジョレーヌ』 108, 350
マスク　21, 49, 50
『マスコット』 108, 350
『マタイ受難曲』 279, 332
『マダムで呼びなさい』 196, 343
『マダム・レンツの女性ミンストレル』 155
『魔弾の射手』 82, 353
『町に来た新しい娘』 299, 332
『街の情景』 224, 340
『マチルダ』 320, 329
マッキントッシュ、キャメロン　309-311, 313, 317
『マックとメーベル』 267, 336
『魔笛』 63, 90, 355
間抜けのジップ　149, 154
『マノン・レスコー』（1856） 78, 353
『マノン・レスコー』（1893） 74, 354
『マハゴニー市の興亡』 224, 340
マーバリー、エドワード　179
『魔法使い』 124, 348
『ママの思い出』 250, 339
マーマン、エセル　221, 283
『マリア・ストゥアルダ』 68, 355
『マリガン警備隊のピクニック』 166, 346
『マリツァ伯爵令嬢』 118, 348
マルソー、マルセル　137
マンシーニ、ヘンリー　331
『マンマ・ミーア！』 317, 319, 329
『ミー・アンド・マイ・ガール』 309, 331
『ミカド』 106, 125, 130, 160, 167, 347
『ミシシッピ』 222, 341
『水着の女王』 258, 337
『ミス・サイゴン』 287, 311, 313, 331
『ミスターで呼んで』 236, 257, 338
『ミスター・ワンダフル』 266, 336
ミッチェル、ジュリアン　188
『三つのワルツ』 115, 349
『緑の柳』 258, 289, 337
『南太平洋』 236, 238, 239, 249, 339
『南の哀愁』 119, 348
ミネリ、ライザ　268
ミュージックボックス劇場　211
『ミュージックボックス・レヴュー』 208, 210, 211, 342
ミュージック・ホール　127, 133, 142, 143, 146, 175, 186, 214
『ミュージック・マン』 252, 254, 255, 322, 338
ミラー、アン　289
ミラー、バズ　299
ミラー、マリリン　200, 205
ミラー、ロジャー　331
『ミラクル博士』 80, 107, 353
ミランダ、リン＝マヌエル　320, 322, 329, 330
『ミルクと蜂蜜』 267, 336
ミレッカー、カール　113, 158, 350

『ペイシェンス』 125, 167, 348
『兵隊さんへのちょっとしたもの』
236, 341
ヘイニー、キャロル 298, 299
『平和の日』 90, 352
『ペギー＝アン』 222, 341
『ベッツィ』 200, 341
ヘップバーン、キャサリン 289
ベッリーニ、ヴィンチェンツォ 60, 64, 67, 68, 73, 355
ベートーヴェン 48, 55, 59, 63, 65, 81, 82, 110, 353
ペトリロ、ジェームズ 231, 232
ベナツキー、ラルフ 116, 118, 119, 348, 349
ヘニー、ソーニャ 236
『紅はこべ』 314, 331
ヘネカー、デイヴィッド 336
ベネット、マイケル 254, 295, 300, 309
ベネット、ロバート・ラスル 203, 204
ベミス、ミニー 247
ペーリ、ヤコポ 24, 356
『ペリコール』 104, 123, 351
『ベルが鳴っています』 244, 252, 257, 298, 338
ベルカント 29, 67, 68, 214, 281
ペルゴレージ 41, 42, 356
『ヘルツァポピン』 217, 237, 339
ヘルド、アンナ 146, 187
ベルヌ条約 61, 86
ベルリナー、エミール 228
『ペンザンスの海賊』 124, 125, 159, 160, 302, 348
『ペンシルバニア街1600番地』 256, 258, 337
ヘンダーソン、フレッチャー 204
ヘンダソン、レイ 200, 218, 339, 340
ヘンデル、ゲオルク・フリードリヒ 50-52, 81, 356
『ヘンリー・スウィート・ヘンリー』 300, 332
『ボーイ・フレンド』 264, 337
『帽子屋の女店員』 177, 345
『放浪の王者』 201, 343
『ポーギーとベス』 197, 203, 230, 232, 343
ポクリス、リー 334
『星に散る』 224, 340
ポーター、コール 216, 218, 220, 236, 238, 252, 339, 342
『蛍』 201, 343
牧歌劇 22
『ボッカッチョ』 111, 350
『北極星』 79, 353
ボック、ジェリー 263, 266, 336
ホッパー、デウォルフ 228
『ポッペアの戴冠』 27, 357
『ボディ・ビューティフル』 266, 336
ホープ、アンソニー 201
ホフマンスタール、フーゴー・フォン 88, 90
『ボヘミアン・ガール』 161, 346
『微笑みの国』 115, 349
『ほぼ正常』 318, 330
ボーマルシェ 135
ホーム、ヘーニャ 247
ホームズ、ルパート 331
ポリフォニー 16
『ポーリンの危難』 137, 345
ホール、キャロル 332
ホルダー、ジェフリー 291
『ポルティチの唖娘』 78, 354
ボルトン、ガイ 179, 200, 205
『惚れ薬』 78, 353
ホワイト、ジョージ 208, 210
ホーン、レナ 283
ボーンズ 151

『フォッシー』 314, 331
フォッシー、ボブ 244, 245, 254, 295, 298, 299, 312, 314
フォリー・ヴォードヴィル 106
フォリー・コンセルタント 106
『フォリーズ』 106, 140, 141, 183, 184, 187-189, 191, 199, 200, 205, 208-210, 217, 223, 289, 293, 294, 314, 316, 334, 342
フォリー・ベルジェール 106
フォレスト、ジョージ 331, 335
『武器と人間』 115
付随音楽 48, 50, 77, 80, 111, 133, 135, 137
『二人の盲人』 103, 121, 157, 351
『不沈のモリー・ブラウン』 255, 338
ブッキング・オフィス 145
ブック・ミュージカル →台本ミュージカル
プッチーニ、ジャコモ 64, 73-75, 85, 86, 88, 312, 354
『フットルース』 315, 331
プティパ、マリウス 96-98, 246, 352
『舞踏への招待』 299, 332
『フーピー』 200, 340
ブフォン論争 41, 42, 44, 46
ブフ・パリジャン 80, 103, 105, 107
『舞踊とバレエについての手紙』 36, 92, 352
フラー、ロイ 168, 173, 247
『フライイング・カラーズ』 223, 341
『フライイング・ハイ』 218, 339
『フラスキータ』 115, 349
『フラ・ディアヴォロ』 78, 354
フラハティ、スティーヴン 331
プランケット、ロベール 108, 350
『ブリガドゥーン』 238, 241, 256, 338
ブリッカス、レスリー 336, 337
ブリッジ 219
ブリッツスタイン、マーク 225, 230, 335
『プリティ・ウーマン』 321, 329
フリムル、ルドルフ 198, 201, 203, 207, 274, 343
フリーメイソン 62, 63
プリンス、ハロルド 254, 292-300, 311
プリンセス劇場 178-180, 199, 200, 204, 205, 257, 345
ブルックス、メル 318, 330
ブルックス、ルイーズ 174
『ブルックリンに育つ木』 223, 340
『ブルーマ・ガール』 241, 339
『フル・モンティ』 318, 330
ブレイク、ユービー 303, 332
フレイザー=シムソン 347
プレヴィン、アンドレ 256, 334
プレスリー、エルヴィス 147, 263, 268, 276, 278
ブレヒト、ベルトルト 52, 217, 224, 251
フロアマイク 283-285
プロセニアム・アーチ 31
ブロッサム、ヘンリー 177
『プロデューサーズ』 318, 330
『ブロードウェイから45分』 178, 345
『ブロードウェイを持つ男』 178, 345
『プロミシズ、プロミシズ』 272, 273, 278, 300, 315, 332
『フローラ、赤い脅威』 268, 335
『フローラの目覚め』 97, 352
『フロレンスの熱血漢』 224, 340
『フロロドーラ』 129, 130, 177, 347
フロロドーラ・ガールズ 129, 177
『ブン大将』 104, 351
『ヘアー』 276-278, 334
『ヘアスプレー』 318, 330
ベイ、ノーラ 146
ベイカー、ジョセフィン 174
平均律 62

277, 336
『ハロー、ブロードウェイ！』 178, 345
『ハワイの花』 119, 348
バワリー 143, 171
番号付きオペラ 64, 84
万国著作権条約 61
万国博覧会 57, 101, 103, 125
バーンスタイン、レナード 204, 225, 236, 243, 253, 255, 256, 258, 299, 337, 339
パントマイム 21, 36, 49, 133, 134, 137-140, 165, 167
『バンド・ワゴン』 223, 341
『万人の喝采する時』 218, 344
『ピアノ調律師』 115, 349
ピアフ、エディット 109, 187
『ピクウィック』 265, 336
ビクター・ライトオペラ楽団 229
ビージーズ 331
『美女と野獣』 312, 316, 330
ピジョン、ウォルター 289
ビゼー、ジョルジュ 80, 107, 208, 342, 353
ピタゴラス音律 61
『ピーター・パン』 257, 302, 338
『ビッグ・ショー』 183, 344
『ビッグ・リヴァー』 309, 331
ピッチンニ、ニッコロ 35
『ヒップ！ヒップ！フーレイ！』 183, 344
ヒッポドローム劇場 180, 181, 183, 222, 344
ビートルズ 263, 271, 277, 296, 319, 332, 334
『ビートルマニア』 280, 319, 334
『ビーハイヴ』 319, 329
『ピピン』 186, 291, 295, 332
『百人の乙女』 107, 108, 351
『百万弗の人魚』 182, 339
『ビューティフル／キャロル・キング・ミュージカル』 319, 320, 329
ピュリッツァー賞 198, 239, 266, 321, 323
『氷上のスターたち』 236, 335
『氷上の出来事』 236, 335
ビル、バッファロー 187
『昼と夜』 108, 350
『ピンクタイツの娘』 202, 343
『ピンと針』 218, 237, 257, 338
『ファヴォリータ』 68, 355
『ファウスト』 106
『ファティニツァ』 111, 350
『ファニー』 252, 257, 337
『ファニー・ガール』 244, 257, 264, 338
『ファラオの娘』 97, 352
ファリネッリ 29, 34
ファル、レオ 116, 349
『ファルスタッフ』 72, 74, 354
ファーレン、ネリー 127
『ファンシー・フリー』 243, 258, 298, 339
『ファンタスティックス』 275, 335
『フィオレロ！』 266, 323, 336
『フィガロの結婚』 63, 89, 135, 138, 356
『フィデリオ』 81, 353
『フィニアンの虹』 238, 335
フィールズ、W. C. 146
フィールズ、ハーバート 222
フィールズ、リュー 146, 169, 185
『風俗画』 131, 347
『風来坊』 222, 341
フェイ、アリス 288
フェイン、サミー 218, 334
フェルスター、テレーゼ 176
フォア・コーハンズ 146
フォー・シーズンズ 319, 329
フォスター、スティーヴン 148

『パジャマ・ゲーム』 244, 252, 259, 298, 337
『馬車を彩れ』 256, 338
パスター、トニー 143
パーセル、ヘンリー 50
『パッション』 295, 333
『パッシング・ショー』(1894) 184-186, 344
『パッシング・ショー』(1912-24) 186, 189-191, 208, 342
ハットン、ベティ 258
バッハ 48, 55, 89, 332
『ハッピー・エンド』 224, 340
『ハッピー・タイム』 268, 335
パップ、ジョセフ 185
ハート、モス 218, 237
バート、ライオネル 336
ハート、ローレンツ 216, 221, 222, 227, 236, 243, 248, 249, 253, 341
『花咲く頃』 199, 202, 343
『花詩集』 187
『花太鼓の歌』 249, 339
『パナマのハティ』 221, 342
バーナム、P.T. 136
ハーニック、シェルドン 250, 266, 336
ハーバク、オットー 207
ハーバート、ヴィクター 161, 162, 175-177, 201, 203, 274, 345
『バブリング・ブラウン・シュガー』 303, 332
パーマー、ミヒャエル 110
ハマースタイン、アーサー 201
ハマースタイン1世、オスカー 187, 207
ハマースタイン2世、オスカー 180, 203, 205-208, 231, 237, 238, 241, 248, 249, 252, 254, 293, 339, 342
ハーマン、ジェリー 263, 267, 336
『ハミルトン』 320, 322, 323, 329
『ハムプティ・ダムプティ』 165, 166, 346
ハムリッシュ、マーヴィン 332
『ハムレット』 149
『バヤデルカ』 97, 241, 352
バラッド・オペラ 45, 51, 52, 120, 121, 124, 160
『ばらの騎士』 88, 90, 91, 352
バランシン、ジョージ 98, 222, 242-244, 248
『パリ』 220, 342
バリー、ジェームズ・M 124
パリ・オペラ座 92, 97, 98
『パリから来た娘』 178, 340
ハリガンとハート 166
ハリス、サム・H 208, 210, 211
『パリゼット』 187
『巴里のアメリカ人』(1951)映画 256, 338
『巴里のアメリカ人』(2015) 316, 330
『パリの生活』 104, 157, 351
バーリン、アーヴィング 173, 188, 195, 196, 200, 210, 211, 216, 218, 236, 238, 252, 344
『パルジファル』 84, 86, 352
『春のパレード』 117, 349
『春の目覚め』 318, 330
『春待つ日』 256, 338
バレエ・ダクシオン 36, 93
バレエ・バラッド 209
バレエ・パントマイム 36
バレエ・ブランシュ 95
バレエ・リュス 98, 173, 242
バーレスク 45, 46, 52, 79, 120, 122, 124, 127, 133, 135, 139-142, 145, 148, 152, 161, 166-169, 288, 303
『晴れた日に永遠が見える』 256, 338
『晴れて今宵は』 206, 342
バロック 22, 39
『ハロー、ドリー!』 263, 266, 267,

『ドン・ジョヴァンニ』 63, 356
『ドンナ・ファニータ』 111, 350
『ドン・パスクアーレ』 68, 355

な行

『流されて…』 124, 346
『ナクソス島のアリアドネ』 90, 352
『ナジー』 167, 346
『懐かしの農家』 167, 346
『夏の嵐』 71, 354
『夏の夜の夢』 48, 81, 353
『70、ガールズ、70』 268, 335
『何もかも』 183, 344
『ナブッコ』 70, 354
ナン、トレヴァー 311
『何でもまかり通る』 218, 220, 221, 302, 342
『南部の唄』 153, 345
『逃げ出した娘』 129, 347
ニジンスキー 98
『日曜はダメよ』 289, 315, 334
『ニッカーボッカーの休日』 224, 340
ニブロス・ガーデン劇場 156, 159, 165, 166, 184
『ニーベルングの指環』 84, 352
日本人村 125
『日本への旅』 182, 344
ニューアムステルダム劇場 196, 316
『ニュージーズ』 317, 320, 330
『ニュー・ムーン』 202, 343
『ニューヨーカー』 220, 342
『ニューヨークの美人』 163, 345
ニューリー、アンソニー 265, 336, 337
『ニュルンベルクのマイスタージンガー』 17, 83, 353
ネイバーフッド・プレイハウス 211
ネイピア、ジョン 311
『ねえ、ダーリン』 257, 338
ネオ・バーレスク 142
『猫とヴァイオリン』 205, 218, 342
『熱帯の一夜』 206, 342
『眠そうな付添人』 318, 330
『眠れる森の美女』 97, 138, 352
ノヴェッロ、アイヴァー 101
ノヴェール、ジャン＝ジョルジュ 36, 92, 93
『ノー・ストリングス』 249, 339
ノートン、フレデリク 347
『ノー、ノー、ナネット』 300, 333
『ノバ・ボサノバ』 187
『ノールウェイの歌』 239, 335
『ノルマ』 68, 355

は行

背景音楽 135, 137
『陪審裁判』 101, 121, 123, 124, 156, 159, 348
パイソン、モンティ 318
『ハイツ地区で』 318, 321-323, 330
『バイ・バイ・バーディ』 267, 268, 278, 336
『パイプの夢』 249, 339
『ハイ・ボタン・シューズ』 244, 257, 338
バイロイト（祝祭劇場） 61, 84-87, 352
ハーヴェイ、リリアン 119
パウエル、エレノア 216
『パガニーニ』 115, 349
バカラック、バート 272, 273, 278, 332
パーキンス、アンソニー 289
『白衣の女』 297, 333
『伯爵と娘』 129, 347
『白鳥の湖』 97, 139, 351
『白馬亭』 116, 118, 119, 348, 349
バグリー、ベン 267
バコール、ローレン 289
ハジダキス、マノス 334

ディーツ、ハワード 223, 341
テイモア、ジュリー 316
ディリンガム、チャールズ・B 183, 195, 205
デ・カルツァビージ、ラニエーリ 35, 36
デ・カルロ、イヴォンヌ 289
『テキサス一番の娼家』 291, 332
デ・コーヴン、レジナルド 161, 162, 164, 345
『デストリー再び乗り出す』 257, 337
『テスピス』 123, 348
テゾーリ、ジーニン 330, 331
デニス、ルース・セント 173, 209
デ・ミル、アグネス 241-243, 248, 339
テムプル、シャーリー 276
テムプルトン、フェイ 167
『デモフォンテ』 34, 357
『デュバリーは貴婦人』 218, 221, 342
『デュバリー伯爵夫人』 113, 350
テューン、トミー 276
デラコート劇場 185
『店員の娘』 129, 347
電気照明 56, 57, 87, 125, 168, 171, 173, 247
『天国と地獄』 104, 351
『天国の扉のアクセル』 119, 348
『天使と結婚した私』 222, 243, 341
『天使にラブ・ソングを』 316, 330
『天使の街』 309, 331
ドイリー・カート・オペラ団 126, 127, 159
『トヴァリッチ』 289, 334
『トゥー・バイ・トゥー』 249, 339
『トゥーランドット』 74, 354
ドゥルーリー・レイン劇場 134, 310
トゥレンティーニ、エマ 201
『独身者たちの島』 108, 351
『トスカ』 74, 354
トーチソング 206
ドーデ、アルフォンス 80
トナディーリャ 44
ドナルドソン、ウォルター 340
ドナルドソン賞 239
トニー賞 185, 225, 239, 240, 274, 285, 286, 290, 302, 316, 323
ドニゼッティ、ガエターノ 60, 64, 67, 68, 73, 78, 111, 147, 355
『止まって！見て！聞いて！』 195, 344
トム・ショー 136
トムプソン、フレドリク 181, 182
トムプソン、リディア 140, 165, 346
トム物 136
『トラブル・ウィズ・ガールズ』 147, 345
『ドーランの叫び／観客の匂い』 265, 336
『トリスタンとイゾルデ』 72, 83, 84, 353
『鳥だ、飛行機だ、スーパーマンだ』 268, 336
『ドリームガールズ』 295, 309, 332
『努力しないで出世する方法』 258, 263, 313, 337
トルヴェール 17
『ドルの女王』 116, 349
トルバドゥール 17
『トレビゾンドの姫』（1869） 104, 351
『トレビゾンドの姫』（1871）米 157, 346
『ドレミ』 257, 338
トローブナー、リチャード 45
『泥棒かささぎ』 67, 355
『ドン・カルロ』 71, 94, 354
『ドン・キホーテ』 19, 97, 272, 352
『ドン・キホーテとサンチョ・パンサ』 105, 351
『ドン・ジュアン』 36, 357

200, 202, 207, 208, 231, 236-238, 240, 243, 244, 246, 248, 249, 251-255, 257, 259, 263, 264, 266-268, 272, 274, 277, 280, 291-293, 295, 297, 298, 301, 308, 310, 323
ダ・カーポ・アリア　219
『たくましき男』　206, 342
『ターザン』　317, 330
『戦う子供たち』　222, 243, 341
『タタールの侵略（陽気な軽騎兵）』　117, 348
タッカー、ソフィー　146
『タッチ』　279, 334
『タップ・ダンス・キッド』　301, 333
『ダナエの愛』　90, 352
『ダニー・ケイの牛乳屋』　256, 338
『楽しき世界』　185, 344
『タヒチ島の出来事』　258, 337
ダービン、ディアナ　117
『ダフネ』　24, 90, 352, 356
ダ・ポンテ、ロレンツォ　63
タムボー　151
タリオーニ、マリー　79, 95
『ダルダニュス』　41, 356
タルボット、ハワード　130, 347
『誰でも口笛を』　294, 334
ダンカン、イサドラ　173
タングウェイ、エヴァ　146
『タンクレディ』　66, 79, 355
『タンクレディとクロリンダの戦い』　27, 357
『ダンシン』　291, 332
『男性と女性』　124, 346
ダンディ、エルマー・S　181, 182
『タンホイザー』　17, 83, 94, 353
『小さなお嬢さん』　108, 350
『小さなジョニー・ジョーンズ』　178, 345
『小さなすみれが花咲く時』　117, 349
『小さなネリー・ケリー』　178, 345
『小さな花嫁』　108, 350
『小さな百万長者』　178, 345
『チェス』　311, 331
『チェネレントラ』　67, 355
『チキ・チキ・バン・バン』　315, 331
『地球を止めろ／俺は降りたい』　265, 337
チャイコフスキー　97
『チャイナタウン探訪』　168, 169, 206, 346
チャップリン、チャールズ　146
『チャップリンの独裁者』　255, 335
チャーニン、マーティン　249, 268
『茶の花』　107, 351
『チャーリー・ガール』　264, 336
『チャーリーはどこだ』　239, 258, 337
チャルダーシュ　101, 114, 118
『チャルダーシュの女王』　118, 348
『中国のハネムーン』　130, 175, 178, 347
『朱金昭』　130, 347
『蝶々夫人』　74, 313, 354
『町人貴族』　40, 90, 352, 357
『直面せよ』　236, 341
『チョコレートの兵隊（勇敢な兵隊）』　115, 175, 340, 349
ツヴァイク、シュテファン　90, 91
通作形式　25
通奏低音　23-26, 32, 67
ツェラー、カール　113, 349
『椿姫』　71, 354
『つばめ』　74, 354
『つま先立ちで』　222, 243, 302, 341
『連れてって』　289, 334
デイ、ドリス　256
ディアギレフ、セルゲイ　98, 173
ティアニー、ハリー　333, 340
ディヴェルティスマン　97
ディズニー　83, 153, 312, 313, 315-318, 320

『シンデレラ』 249, 339
『水上の音楽』 51, 356
『スウィート・チャリティ』 302, 333
『スウィニー・トッド／フリート街の奇妙な床屋』 294, 334
スカラ座 70, 73
『スカーレット』 257, 337
『スキャンダルス』 208, 210, 342
スクリーブ、ウジェーヌ 78
『少しだけ結婚して』 295, 333
スーザ、ジョン・フィリップ 161, 162, 346
スタイン、ジュール 239, 252, 253, 255-257, 264, 283, 333, 338
『スターライト急行』 297, 311, 333
スッペ、フランツ・フォン 111-113, 156, 164, 350
スティール、トミー 265
『素敵な街』 258, 337
『ステップに御注意』 195, 196, 344
ステュアート、レスリー 130, 347
ステレオ録音 234, 235
ストウ、ハリエット 135
ストライザンド、バーブラ 257, 268
ストラヴィンスキー 204
ストラスバーグ、リー 224
『スパイダーマン』 320, 329
『スパマロット』 318, 330
スミス、アレクシス 289
スミス、ハリー・B. 164
スミス、ベッシー 303, 332
『スモーキー・ジョーのカフェ』 313, 319, 331
正歌劇 28, 33, 34, 40, 42, 43, 45, 46, 63, 64, 66, 67, 75, 77, 102
『清教徒』 68, 355
聖史劇 16, 39
『青銅の馬』 78, 353
『西部の娘』 74, 354
『ゼウス』 163, 345
『ゼウスの手で』 223, 341
『世界の戦争』 182, 344
『世界の涯てに』 119, 348
『世界をめぐる』 182, 344
『セビーリャの理髪師』 67, 355
セミ・オペラ 50
『セミラーミデ』 67, 355
セルバンテス 19, 272
『セレナーデ』 120, 348
世話物 63, 75
全曲盤 228, 230-233, 235
『ゼンダ城の虜』 201, 340
『セントラルパークにて』 202, 343
『1776年』 272, 273, 313, 332
旋法 14
『前門の虎』 223, 340
『1492年』 169, 346
『善良エディ』 179, 205, 222, 301, 333, 344
『卒業』 262, 335
『即興結婚』 167, 346
『その男ゾルバ』 315, 329
ソフォクレス 22
『空飛ぶ音楽』 205, 342
ゾリーナ、ヴェラ 232
『ゾルバ』 268, 302, 315, 335
ソンドハイム、スティーヴン 249, 264, 284, 292-300, 310, 334

た行

対位法 16, 23
大歌劇 77
『大公』 101, 121, 126, 347
『タイタニック』 314, 331
『大統領』 196, 343
『第25回パトナム郡の綴り競技会』 318, 330
『太平洋序曲』 293, 294, 334
『太平洋1860年』 131, 347
台本ミュージカル 93, 137, 196, 197,

『十字軍のロンバルディア人』 70, 354
『修道女アンジェリカ』 74, 354
『十二夜』 279
『自由の女神』 196, 343
『周辺地区を越えて』 265, 336
『シュガー』 257, 315, 338
『シュガー・ベイビーズ』 289, 291, 303, 334
『朱金昭』 →ちゅうちんちょう
ジュークボックス・ミュージカル 317-320, 329, 330, 334
『出港』 265, 337
シュトラウス、オスカー 115, 118, 175, 340, 349
シュトラウス、チャールズ 267, 268, 336
シュトラウス1世、ヨハン 69, 110, 111, 218, 339
シュトラウス2世、ヨハン 111-113, 158, 218, 339, 346, 348, 350
シュトラウス、リヒャルト 85, 87-91, 352
シュトルツ、ローベルト 116, 118, 348, 349
シューバート兄弟 145, 182, 183, 186, 189-191, 208
シューバート劇場 202, 290
『ジュビリー』 220, 342
シュミット、ハーヴェイ 276, 332, 335
『ジュリオ・チェザーレ』 51, 356
『シュレック』 316, 330
シュワルツ、アーサー 223, 341
シュワルツ、スティーヴン 330, 332, 334
『殉教者』 68, 355
純正律 62
ショー、バーナード 115
『女王のレースのハンカチーフ』(1880) 112, 350
『女王のレースのハンカチーフ』(1882) 米 158, 346
『小公子(小公爵)』 108
『小公爵』 108, 350
『小ファウスト』 106, 351
ジョエル、ビリー 319, 329
『ジョージと一緒に日曜日の公園』 295, 333
ジョッキー・クラブ 94
『ジョニー・ジョンソン』 224, 340
『ジョニーの凱旋する時』 163, 345
ジョプリン、スコット 195
『ショー・ボート』 169, 180, 199, 200, 203-207, 230, 237, 313, 342
ジョルスン、アル 189, 197, 214, 288
ショーン、テッド 209
ジョン、エルトン 312, 317, 330
ジョングルール 17
ジョーンズ、シドニー 130, 347
ジョーンズ、トム 276, 332, 335
ジョンソン、チック 218, 339
『ジョン・マリ・アンダソンの年鑑』 259, 337
シラー 48, 57, 71
白井鐵造 186
『シー・ラヴズ・ミー』 266, 267, 313, 336
『白菊』 130, 347
『シラクサから来た男たち』 222, 243, 341
白浪物 78, 85
シーリー、ブロッサム 146
『シルペリク』 106, 351
『白い小鹿』 165, 346
『ジロフル=ジロフラ』 108, 350
ジングシュピール 44, 52, 62, 63, 218
新古典主義 89
『紳士は金髪がお好き』 239, 257, 302, 333, 338
『真珠とり』 80, 353

『サンセット大通り』 297, 311, 314, 333
『山賊』 104, 351
三単一の規則 39
『サン・トイ』 130, 347
三統一 39
『三人姉妹』 206, 342
『三人で群衆』 223, 341
「三部作」（1918） 74, 75, 354
『三文オペラ』（1928） 52, 224, 225, 301, 340
『三文オペラ』（1954）米 225, 275, 301, 335
サン＝レオン 96
『ジ・アクト』 268, 335
シアター・ギルド 222
『幸せな日々』 183, 344
『幸せへの踊り』 116, 349
シェークスピア 19, 48-50, 72, 133, 149, 222, 279
シェークスピア・フェスティヴァル 185
ジェナーロー、ピーター 299
『ジェニー』 223, 340
『ジェローム・ロビンズのブロードウェイ』 244, 339
『ジェロルスタン女大公殿下』 104, 157, 165, 351
『ジェーンにお任せ』 180, 344
シェーンベルク、クロード＝ミシェル 109, 310, 331
『シカゴ』 268, 295, 303, 312, 331, 335
『シカゴの大公令嬢』 118, 348
『ジキルとハイド』 313, 331
ジーグフェルド、フロレンツ 106, 129, 140, 146, 183, 184, 187-190, 200, 204, 205, 208, 211, 222, 316
ジーグフェルド・ウォーク 188
ジーグフェルド・ガールズ 129
『ジーグフェルド・フォリーズ』 →『フォリーズ』
『ジークフリート』 84, 352
『地獄のオルフェウス』 104, 109, 121, 156, 157, 351
『ジーザス・クライスト・スーパースター』 278, 279, 284, 296, 297, 311, 333
『詩人と農夫』 111, 350
『ジゼル』 95, 96, 138, 352
時代狂言 85
時代物 75
『下町天国』 256, 338
『7人の娘たち！』 165, 346
『シチリア島の夕べの祈り』 71, 354
ジップ・クーン 149
示導動機 84
シナトラ、フランク 231, 256
『ジプシー』 244, 253, 255, 257, 283, 293, 302, 338
『ジプシー男爵』 112, 350
『ジプシーの恋』 115, 349
『ジーブスの手で』 297, 333
『四分の三拍子の二人の心』 117, 349
清水金太郎 161
ジム・クロウ 149
『シモン・ボッカネグラ』 71, 354
シャイマン、マーク 330
『社交界の大騒ぎ』 182, 344
『ジャージー・ボーイズ』 317, 319, 329
ジャズエイジ 174, 191, 192
シャセイン、フランシス 167
シャトークア 147
シャネル、ココ 193
『ジャマイカ』 283, 332
シャーマン兄弟 330, 331, 333
『シャモニーのリンダ』 68, 355
シャレル、エリック 118
『ジャンニ・スキッキ』 74, 75, 354
『ジャンボ』 183, 222, 253, 341

『鼓手長の娘』 104, 351
『湖上の美人』 67, 355
『コックスとボックス』 121, 123, 348
『こっちの身にもなって』 180, 344
『ゴッドスペル』 279, 334
古典派 55, 96, 139
『今年の女性』 268, 289, 335
『小鳥売り』 113, 349
『コネチカット・ヤンキー』 222, 341
コーハン、ジョージ・M. 146, 178, 179, 210, 211, 274, 345
『ご婦人よ、行儀よく！』 197, 343
コミック・オペラ 28, 43, 44, 47, 101, 128, 157, 160, 161, 258
ゴーメ、イーディ 289
コメディア・デラルテ 28, 42, 138, 165
コメディ＝バレ 39, 46, 357
『コーラス・ライン』 290, 291, 295, 300, 309, 332
コリンズ、フィル 330
コール、ジャック 294, 299
『ゴールデン・ボーイ』 268, 336
ゴールドウィン、サミュエル 198
『ゴールドウィン・フォリーズ』 198, 343
『ゴールド・ディガース』 129, 346
コールド・バレエ 97, 242
『コルヌヴィユの鐘』 108, 350
コルネイユ 38, 40
コールマン、サイ 331, 333
『これが陸軍だ』 196, 232, 236, 343
コロス 14, 22, 24, 25, 30
コンウェイ、ヘンリー・J. 136
コンセプト・アルバム 271, 279, 296, 297, 322
コンセプト・ミュージカル 237, 265, 268, 271, 291-297, 300
『コンタクト』 318, 330
『コンチネンタル』 221, 341
『ゴンドラ漕ぎ』 125, 347
『今晩は愛して頂戴ナ』 216, 222, 341

さ行

『最後のワルツ』 115, 349
『サイド・バイ・サイド・バイ・ソンドハイム』 295, 334
サヴォイ・オペラ 101, 120-123, 126, 127, 130, 158, 273, 274
サヴォイ劇場 56, 121, 122, 125
『サヴォイの舞踏会』 119, 348
『サウンド・オブ・ミュージック』 249, 252, 313, 339
『サーカスの女王』 118, 348
『サーカスの娘』 129, 347
『ザ・クラブ』 276, 334
『さくらんぼ娘』 129, 347
『捧げ銃』 222, 341
『サージェント・ペパーズ・ロンリー・ハーツ・クラブ・バンド』 271, 332
『サタデー・ナイト・フィーバー』 314, 315, 331
ザック、ハンス 17
『ザナドゥ』 315, 331
『サニー』 199, 205, 342
『砂漠の歌』 202, 343
『ザ・ボーイ・フロム・オズ』 319, 329
『さまよえるオランダ人』 83, 353
『サリー』 199, 200, 205, 343
サリヴァン、アーサー 101, 106, 120, 121, 123-126, 156, 158-160, 162, 166-168, 176, 348
サルスエラ 44
『サロメ』 88, 352
三一致 39
サン＝サーンス 44, 45, 107
『サン＝ジェルヴェの平原』 108, 350
『三銃士』 119, 200, 201, 343, 348
『三十四丁目の奇蹟』 255, 335

『グランドストリート・フォリーズ』 211, 342
『グランド・ツアー』 267, 336
『グランド・ホテル』 309, 331
グラン・パ・ド・ドゥ 97
クリーガー、ヘンリー 332, 333
グリジ、カルロッタ 95, 96
『グリース』 280, 290, 313, 331, 334
クリスティーズ・ミンストレルズ 148
『クリスティーヌ』 289, 334
グリーソン、ジャッキー 289
『グリニッチヴィレッジ・フォリーズ』 208-210, 342
グルック、クリストフ・ヴィリバルト 34-36, 64, 93, 357
グルック・ピッチンニ論争 35
クルーナー 214, 282
グループ・シアター 224
『くるみ割り人形』 97, 241, 352
グレアム、マーサ 173, 210
『クレイジー・フォー・ユー』 313, 331
グレゴリオ聖歌 16, 22
『クレタ王イドメネオ』 63, 356
『グレート・ワルツ』 218, 339
グレニッチ、エリー 319, 330
『黒い悪魔』 138-140, 156, 159, 160, 165-167, 346
『黒いドミノ』 78, 353
『クロヴィスとクロティルド』 80
クロスビー、ビング 214, 231, 234
『クロリンディ／ケーク・ウォークの発祥』 185, 344
『軍艦ピナフォア』 124, 158, 159, 166, 348
『グントラム』 88, 352
ケイ、ダニー 237, 259
ゲイ、ジョン 51, 356
ゲイ、ノエル 331
ゲイエティ・ガールズ 128
ゲイエティ劇場 123, 127
軽喜歌劇 41, 42
『軽騎兵』 111, 350
『ゲイシャ』 130, 347
『芸術家列伝』 31, 356
『ケイの店から来た娘』 129, 347
『劇場の都合』 68, 355
『ケーキを食べればよい』 197, 343
ケーク・ウォーク 154, 185
『結婚物語』 276, 332
ケリー、ジーン 222, 236, 256, 288, 299
ケルビーニ、ルイジ 78
『元気を出して』 183, 344
『恋の歌』 206, 342
『恋の手ほどき』(1958) 映画 256, 315, 338
『恋の手ほどき』(1973) 256, 315, 338
『恋人たち』 177, 345
コヴェント・ガーデン劇場 56
『後宮からの逃走』 63, 356
『皇帝ティートの慈悲』 34, 63, 355, 357
『坑夫長』 113, 349
『こうもり』 112, 138, 158, 350
『氷に脱帽』 236, 335
『五月にしては暖かい』 206, 342
『五月の頃』 202, 343
『国際杯』 182, 344
黒人描写 150
『ココ』 256, 289, 300, 334, 338
『ここに愛あり』 255, 338
『心と手』 108, 350
『心を繋ぐ六ペンス』 265, 336
『コシキ』 108, 350
『乞食オペラ』 45, 51, 52, 120, 356
『乞食学生』 113, 158, 349
『コジ・ファン・トゥッテ』 →『女はみんなこうしたもの』

カールマン、エメリヒ　116-118, 348
『カルメン』　80, 208, 342, 353
『カルメン・ジョーンズ』　208, 239, 342
『カルメン／ヒップホペラ』　322, 329
『可愛いペルシャ娘』　108, 350
カワード、ノエル　101, 131, 200, 265, 336, 337, 347
カーン、ジェローム　179, 180, 199, 200, 203-205, 218, 222, 333, 343, 344
『カン・カン』　221, 252, 341
カンター、エディ　200, 288
カンダー、ジョン　268, 272, 313, 331, 335
『カンパニー』　284, 292-294, 300, 334
喜歌劇　28, 42, 44, 47, 63, 66, 75, 79, 104
喜劇論争　42, 43
岸田辰彌　186
『寄宿学校』　111, 350
『キス・ミー・ケイト』　221, 238, 247, 313, 341
生世話物　85
『キッド・ブーツ』　200, 340
キートン、バスター　146
『絹の靴下』　221, 341
『絹のはしご』　66, 355
キノー、フィリップ　40
キープラ、ヤン　119
『君がここにいてくれたら』　257, 338
『君がため我は歌わん』　197, 198, 218, 239, 343
『君の瞳の星』　223, 340
『君は良い人、チャーリー・ブラウン』　276, 334
キャグニー、ジェームズ　178
キャッスル、アイリーン　193
キャッスル・ウォーク　174
キャッスル夫妻　174, 189, 194-197, 242
『キャッツ』　297, 309-311, 333
キャップ、ジャック　230-232
『キャバレー』　186, 268, 272, 313, 335
『キャプレッティ家とモンテッキ家』　68, 355
『キャメロット』　256, 263, 338
キャリル、アイヴァン　101, 129, 130, 178, 347
キャロル、アール　208, 211, 283
『キャンディード』　258, 337
『ギュスタフ3世』　78, 353
『恐怖の花屋』　309, 332
狂乱の場　67, 68
『ギヨーム・テル』　60, 65-67, 355
ギルバート、ウィリアム・S　101, 106, 120-126, 156, 158-160, 162, 166-168, 348
ギルバートとサリヴァン　101, 106, 121, 122, 124-126, 156, 158-160, 162, 166-168
『キンキー・ブーツ』　320, 329
キング、キャロル　319, 329
金の時代　111, 113, 114, 158
銀の時代　113, 114, 116, 117, 202
吟遊詩人　17, 150
『クエーカー教徒の娘』　130, 347
薬屋ショー　147
『くたばれヤンキース』　252, 259, 313, 337
グッドスピード・オペラハウス　273, 274
『グッド・ニューズ』　200, 340
『蜘蛛女のキス』　314, 335
グラウト、D. J.　43
『クラブのエース』　131, 347
グラミー賞　240, 323
『暗闇の女』　224, 237, 340
グランド・オペラ　40, 77, 78, 80, 95, 181, 310

『おもちゃの国の子供たち』 177, 345
『オランダのミス・フック』 130, 347
『オリヴァー！』 265, 336
オリジナル・キャスト盤 228, 232, 238, 240, 275, 290
『オーリドのイフィジェニー』 35, 357
『オリー伯爵』 67, 355
『オリンピーアデ』 34, 357
オルセン、オール 218, 339
オルトン、ロバート 210
『オルフェオ』 26, 28, 357
『オルフェオとエウリディーチェ』 35, 357
『俺たちに明日はない』 262, 335
『オー、レディ！レディ !!』 179, 344
『音楽で敵討ち』 223, 341
『オン・ザ・タウン』 236, 242, 243, 254, 258, 298, 337
『女の子が多過ぎる』 222, 341
『女の子に夢中』 197, 313, 331, 343
『女の子を追って』 236, 335
『女の平和』 15, 356
『女はみんなこうしたもの』 63, 356

か行

カー、オズモンド 347
『快活七科』 204, 339
『会議は踊る』 110, 118, 346
『回転木馬』 238, 241, 249, 313, 339
『外套』 74, 354
カウンター・カルチャー 261, 270, 276
『カエル』 295, 333
カーカー、グスタヴ 161-163, 335, 345
楽劇 55, 82, 84, 85, 87, 88
『学生王子』 198, 202, 237, 343
『楽団を打ち鳴らせ』 197, 343
『影のない女』 90, 352
『カサノヴァ』 118, 348
カジノ劇場 158, 159, 163, 167, 184-186, 190
カジノ・フォーリー 106, 141
ガーシュウィン、アイラ 197, 237
ガーシュウィン、ジョージ 197, 200, 203, 218, 313, 330, 331, 333, 340, 343
ガス照明 56, 125
『カストラート』 29, 356
カストラート 27-29, 34, 35, 37, 39, 42, 64, 66, 67, 92
『カストルとポリュックス』 41, 356
『ガスパローネ』 113, 349
『風と共に去りぬ』 337
『カッスル夫妻』 196, 339
カッチーニ 24, 356
カート、リチャード・ドイリー 121-123, 125-127, 159
『カナリア諸島の姫』 108, 350
『火難』 88, 352
『カーニヴァル』 315, 331
『彼女の最初のワルツ』 115, 349
『カバーガール』 206, 342
『カプリッチョ』 90, 352
『かまとと令嬢』 106, 351
『カマルゴ』 108, 350
カマルゴ、マリー 93
『神々の黄昏』 84, 352
『仮面舞踏会』 71, 354
鴨川清作 187
カラスのジム 149, 150, 154
『カラーパープル』 318, 330
『ガリック・ゲイエティーズ』 222, 341
『カーリー・マクディンプル』 276, 335
ガール、フランチスカ 117
カルダーラ、アントニオ 357
『ガール・フレンド』 222, 341
ガルボ、グレタ 119, 309

エブ、フレッド　268, 313, 335
エミー賞　240
MC　186, 272
エメット、ダニエル　148
エリザベス朝演劇　19, 49, 50, 133
『エリザベート』　109, 346
エリントン、デューク　299, 303, 332
エルヴェ　105-107, 351
『エル・カピタン』　162, 346
エルスラー、ファニー　95
『エルナーニ』　70, 354
LP レコード　232-234, 240, 245, 271, 290
『エレクトラ』　88, 352
エンゲル、レーマン　234, 283
『円卓の騎士』　105, 351
エンドマン　151
『お熱いのがお好き』　315, 329
『オイディプス王』　22
『オーヴァー・ヒア』　302, 333
『王冠のダイヤモンド』　78, 353
『黄金の虹』　289, 334
『王様』　250, 267, 339
『王様と私』　244, 249, 252, 302, 313, 339
『王女イーダ』　125, 347
『王妃のバレエ・コミック』　21, 356
『多くの旗の下で』　182, 344
『おお、素晴らしき戦争！』　265, 336
『オー！カルカッタ！』　291, 332
『お菊さん』　108, 350
『奥様女中』　41, 42, 44, 46, 47, 120, 356
『オクラホマ！』　228, 231, 232, 236-241, 248, 249, 254, 290, 302, 339
オーケストラ　14, 25, 26, 28, 30, 42, 63, 72, 75, 78, 84, 85, 87, 135, 145, 162-164, 172, 176, 191, 203, 213, 278, 280-284
オーサト、ソノ　242
『お嬢様の夫』　119, 348
『オズの魔法使』（1939）映画　329
『オズの魔法使い』童話　317
オズボーン、ジョン　264
オッフェンバック、ジャック　44, 80, 100, 102-107, 109, 111, 112, 121, 123, 124, 156-158, 162, 165, 176, 346, 351
『オテッロ』　72, 354
『オデュッセイア』　21
『お転婆マリエッタ』　177, 345
オードラン、エドモン　108, 350
『踊らん哉』　198, 343
『踊る騎士』　198, 343
オーナデル、シリル　336
オニール、ユージン　299, 332
『お化け大統領』　222, 341
『叔母さんの羽根』　265, 337
オハラ、ジョン　236
オハラ、モーリン　289
『お人好しのサイモン』　222, 341
オブライエン、リチャード　334
オペラ・コミック　44-47, 54, 78, 100, 103, 161
オペラ・コミック座　45-47, 79, 80, 102, 103
オペラ座　45, 66, 76, 79, 80, 91-94, 96, 98, 102
『オペラ座の怪人』　294, 297, 309, 311, 333
『オペラ史』　43
オペラ・セリア　28, 36, 40, 42
オペラ・ブッファ　28, 36, 42, 44, 62, 63, 157
『オペラ論』　36, 356
オーベール、フランソワ　78, 105, 107, 354
『オペレッタ』　131, 347
『オー、ボーイ！』　179, 344
オホーガン、トム　279, 297, 311

『ウィル・ロジャース・フォリーズ』 314, 331
『ウィーン気質』 112, 350
ウィンター・ガーデン劇場 186, 189, 191
『ウィーンの陽気な女房たち』 117, 349
『ウィーンのワルツ』 218
『ウェイトレス』 321, 329
ウェイバーン、ネッド 188
『ウエスト・サイド物語』 204, 244-246, 253, 255, 258, 293, 298, 299, 302, 337
『ヴェネチアの一夜』 112, 350
ウェバー、アンドリュー・ロイド 265, 279, 284, 285, 288, 296-298, 310, 321, 333
ウェーバー、カール・マリア・フォン 59, 82, 353
ウェバー、ジョー 146, 169, 185
ウェバーとフィールズ 146, 185
ヴェラ＝エレン 163
ヴェリズモ 75, 85, 86
ヴェルディ、ジュゼッペ 17, 55, 60, 61, 63, 64, 70-75, 82, 86, 87, 94, 96, 317, 354
ウェルトミュラー、リナ 124
『ヴェローナの恋人たち』 280, 334
『ヴェロニク』 108, 350
ヴォードヴィル 45, 46, 52, 79, 142-146, 148, 152, 155, 169, 172, 175, 178, 183, 186, 205, 207, 212, 214, 242, 288
ウォラー、ファッツ 303, 332
ウォーレン、ハリー 333
失われた世代 192
『失われた目』 106, 351
『嘘つき王子』 176, 345
歌い通し 279, 296, 297, 308, 310, 311, 323
『歌と踊り』 297, 333
『有頂天時代』 206, 342
『美しいパースの娘』 80, 353
『美しき海辺で』 223, 340
『美しきガラテア』 111, 156, 350
『海の娘たち』 276, 334
『海は桃色』 221, 341
ウラノワ、ガリーナ 259
『ウリッセの帰還』 27, 357
『うるわしのエレーヌ』 104, 157, 351
『浮気はやめた』 291, 303, 332
『上の空』 179, 345
『運命の力』 71, 354
エイケン、ジョージ・L 136
『エヴァンジェリン』 166, 346
『エヴィータ』 280, 291, 294, 297, 333
『エウリディーチェ』 24, 26, 356
AABA形式 219
エクストラヴァガンザ 139, 147, 148, 155, 167, 175, 180, 181, 183, 184
『エグモント』 48, 81, 353
エージェント 145
エジソン 228
『エジプトの十字軍』 79, 353
『エジプトのヘレナ』 90, 352
SPレコード 172, 271
『エドウィン・ドルードの謎』 310, 331
『エドガール』 74, 354
『エド・サリヴァン・ショー』 240, 250
エドワーズ、シャーマン 272, 273, 332
エドワーズ、ジュリアン 161-163, 345
エドワーズ、ジョージ 127-130
エドワード期ミュージカル・コメディ 126, 129, 130, 160, 168, 175, 177-179, 204, 205, 347
榎本健一 141

『アラベラ』　90, 352
アリア　25, 26, 28, 30, 32, 33, 38, 40-43, 64, 67, 72, 84, 137, 219, 323
アリストファネス　15
『アリババ』　108, 350
『アルカディアの王子』　117, 349
アルガロッティ、フランチェスコ　36, 356
『アルカンタラの医師』　160, 161, 346
『アルジェのイタリア女』　66, 355
『アルチェステ』　35, 357
『アルミーダ』　67, 355
『アルミーラ』　50, 356
『アルルの女』　80, 353
『アレグロ』　249, 339
アーレン、ハロルド　332, 339
アレン、ピーター　319, 329
アロンソン、ルドルフ　158
『哀れなヨナタン』　113, 349
『アンクル・トムの小屋』　135, 136, 346
『アンゴ（ー）夫人の娘』　107, 108, 351
『暗殺者たち』　295, 333
『アンジュのマルゲリータ』　79, 353
アンダソン、M. C.　182
アンダソン、ジョン・マレー　208, 209
『アンデルセン物語』　259, 337
アンドリュース、ジュリー　249, 265, 314
アンドリューズ姉妹　302
『アンドロクロスとライオン』　249, 339
『アンナ・クリスティ』　299, 332
『アンナ・ボレーナ』　68, 355
『イヴの総て』　315, 329
イエストン、モーリー　314, 331
『錨を上げて』　256, 338
『怒りを込めて振り返れ』　264, 335
怒れる若者たち　264
『生き返ったヴィーナス』　224, 340
『粋な御婦人』　303, 332
『戦でのアメリカ人騒ぎ／侵入者たち』　181, 344
『イクシオン王』　140, 165, 346
『石工』　78, 354
『イスタンブールの薔薇』　116, 349
イタリア座　65, 102
『一番幸せな奴』　253, 258, 337
『一緒に』　183, 344
『イップ・イップ・ヤファンク』　196, 344
伊藤道郎　210
『いとしき世界』　267, 336
『イル・トロヴァトーレ』　17, 71, 354
イワーノフ、レフ　97, 351, 352
『インディゴと40人の盗賊』　112, 350
インテルメッツォ　42
インテルメディオ　42
ヴァザーリ、ジョルジオ　31, 356
ヴァージニア・ミンストレルズ　148
ヴァース　137, 219
『ヴァニティーズ』　208, 211, 283, 342
『ウィキッド』　317, 330
『ヴィクター／ヴィクトリア』　314, 331
ヴィクトリア劇場　207
『ヴィクトリアと軽騎兵』　119, 348
『ウィズ』　291, 332
ヴィスコンティ　71
『ヴィッリ』　74, 354
ウィリアムス、エスター　182, 258
『ウィリアム・テル』　→『ギヨーム・テル』
『ウィリアム・テル』戯曲　105
ウィルソン、サンディ　264, 337
ウィルソン、メルディス　252, 254, 255, 338
ヴィルトゥオーゾ　92

和文索引

・本文と原題名一覧に記載されている人名、作品名、事項について五十音順に配列した。
・清音、濁音、半濁音の順で、音引きなどの記号は、読みに含めずに配列した。
・数字については、その読みで配列した。

あ行

『アイオランシ』 125, 348
『アイーダ』(1871) 71, 354
『アイーダ』(2000) 317, 330
『愛の泉』 257, 338
『愛の驚き』 41, 356
『愛のかたち』 297, 333
『愛の生活』 224, 340
『愛の妙薬』 68, 78, 147, 355
アイヒバーグ、ジュリアス 160, 161
『アイリーン』(1917) 177, 301, 333, 345
『アイリーン』(1973) 301, 333
『アヴェニューQ』 318, 330
『蒼い月』 130, 347
『青きダニューブの夢』 117, 349
『青ひげ』 104, 157, 165, 351
『赤い風車』 176, 177, 345
アカデミー賞 240
『悪魔のロベール』 79, 95, 353
『浅草紅団』 141
アジリタ 64, 67
アステア、フレッド 146, 163, 196-198, 216, 221, 258, 288
アステアとロジャース 196, 216, 221
アダムス、リー 267, 336
『アッティラ』 70, 354
『アット・ホーム・アブロード』 223, 341
『あっぱれクライトン』 124, 346
アッピア、アドルフ 57
後出し物 152, 153
『アドニス』 168, 346
アドラー、リチャード 252, 253, 259, 337
『アナスタシア』 316, 330
『あなたには卸値で』 257, 337
『あなたは判らない』 221, 342
『アナと雪の女王』 317, 330
『アニー』 268, 273, 290, 291, 336
『アニーよ銃を取れ』 196, 238, 313, 343
アバ 319, 329
『アパートの鍵貸します』 273, 315, 332
アーバン、ジョセフ 188
アフターピース 123, 152
アブラハム、パウル 116, 119, 120, 348
『アフリカの女』 79, 353
『アプローズ』 268, 289, 315, 336
アボット、ジョージ 236, 253, 254, 294, 298-300
『甘辛人生』 131, 200, 347
『アーミニー』 158, 167, 346
『雨に唄えば』 315, 331
『アメリカ』 182, 344
『アメリカの内幕』 223, 340
『アメリカの恋人』 222, 341
『アラジン』 317, 320, 330
『アラジン2世』 106, 351

重木昭信（しげき あきのぶ）
1951年生まれ。73年から大手通信会社勤務。88年から情報通信会社で大規模情報システムの開発に従事。2007年に情報通信会社代表取締役副社長。プロジェクト・マネジメントの功績により、11年にプロジェクトマネジメント学会賞を受賞。12年情報サービス会社代表取締役社長。16年情報エンジニアリング会社顧問。会社勤務の傍ら、ミュージカルの歴史を研究し、芝邦夫の筆名でも著作を発表。主な著書に、『ブロードウェイ・ミュージカル事典』（劇書房、1984年、増補版1991年）、『ミュージカル映画事典』（平凡社、2016年）がある。

音楽劇の歴史

オペラ・オペレッタ・ミュージカル

発行日――――2019年3月13日　初版第1刷

著者――――重木昭信
発行者――――下中美都
発行所――――株式会社平凡社
東京都千代田区神田神保町3-29　〒101-0051
電話　(03)3230-6593［編集］
(03)3230-6573［営業］
振替　00180-0-29639
編集――――長峯英子
装幀――――鳥井和昌
DTP――――朝日メディアインターナショナル株式会社
印刷――――株式会社東京印書館
製本――――大口製本印刷株式会社

ISBN978-4-582-21973-9　NDC分類番号775.4
四六判(19.4cm)　総ページ408
平凡社ホームページ　http://www.heibonsha.co.jp/